グラムシとフレイレ

対抗ヘゲモニー文化の形成と成人教育

ピーター・メイヨー
Peter Mayo
訳◆里見実

Gramsci, Freire and Adult Education
Possibilities for Transformative Action

太郎次郎社エディタス

グラムシとフレイレ

対抗ヘゲモニー文化の形成と成人教育

目次

第1章 序論◆005
ヘゲモニー装置としての成人教育◆006
アントニオ・グラムシ◆020
パウロ・フレイレ◆027
成人教育分野におけるグラムシとフレイレ関連の既存文献◆034
変革を志向する成人教育◆045

第2章 アントニオ・グラムシ 革命戦略と成人教育◆053
張りあう諸力の抗争の場――ヘゲモニーと教育◆054
行為者◆057
実践の場、社会的関係性、教育内容◆070
結語◆086

第3章 パウロ・フレイレ 批判教育学と成人教育◆089
政治的教育学◆090
行為者――神学とマルキシズム◆095
デモクラティックな教育◆098
変革の行為者◆111

実践の場と、教育の内容◆114
結論◆121

第4章
共鳴と相違◆123
グラムシとフレイレ
時代と人生◆124
パラレルな面◆129
相違面◆149
結論——総合に向けて◆161

第5章
今日の問題には応えていない諸側面◆165
グラムシとフレイレ
グラムシ——階級と、その他の社会的差異◆166
フレイレと、異質なものへの社会的差別◆175
陣地戦——対立と協調◆187
情報テクノロジー◆189
結論◆192

第6章
補いあう両者の総合◆195
グラムシとフレイレ
コミットメント◆197

行為者◆203
社会運動◆207
成人教育に携わる教育者たち◆216
文化生産◆224
歴史◆232
結語◆238

第7章

結論 どんな時代のなかで、それは息づくのか？◆241
変革志向型成人教育とその社会的コンテクスト
社会変革──限定性と可能性◆242
前・革命的なコンテクスト◆243
文化革命◆263
結びに代えて◆274

訳者あとがき グラムシ、フレイレ、成人教育◆286

注◆322
参考文献◆344
さくいん◆348

第1章

序論

ヘゲモニー装置としての成人教育

成人教育のネオリベ化現象

ここ十年あまりのあいだに、成人教育の分野では、あるヘゲモニックな言説が目立って声高に喧伝されるようになった。この言説は技術的で合理的であることを要諦とし、まずなによりも「実用的な機能性」に関心を集中している。実用といっても、その実用性は「市場」で判定されるわけであり、そのことはこの言説のあり方にもただちに反映する。ほかの価値、たとえば社会的公正といった価値は市場に適応するためとあれば犠牲にしてかまわないのだ。近頃しきりにいわれていることの一つは、「フレクシブル」で「適応性」の高い労働力の供給する、そんな狙いをもった学習プログラムを造りださなければならない、という宣伝だ。スキルの学習と再学習の能力をもった労働力、というわけであるが、今日では資本は地理的な境界など簡単に無視して「高飛びをする」。そんな途方もない時代にあって雇用を確保するためには、それに適ったフレクシブルな能力をもたなければならない、ということなのである。マルクスとエンゲルスが一八四八年の「共産党宣言」のなかでつとに指摘していた資本主義の基本的傾向が[1]、そのような極端なグローバル化となって全面的に展開しているのだ[2]。

こうしたグローバル化の極度の進行は「過剰生産危機」によってもたらされる利潤率の傾向的低下に対抗して、資本主義があらたに自己の体制を立て直す手段となる[3]。そのような傾向に対抗すべく資本主義はある時期ごとに自らを再編成する必要に迫られるのであって、グラムシはこのことを著作「アメリカニズムとフォーディズム」のなかで指摘している。その初期の形態がテーラーシステムの導入であるとすれば[4]、グローバリゼーションの全面的な進展は、資本主義の最後期の再編形態ということになるだろう[5]。この進展が世界のいたるところで、とりわけ「第三世界」と呼ばれている諸地域で大衆的規模での貧困を呼びおこしていることについては、すでに多くの記録によって明らかにされているとおりである。新自由主義の効能のほどを説く数多の言説――資本主義的なグローバル化をとおして産業未発展世界を構造調整するイデオロギー的なささえとなっているそれらの夥しい言説に目をとおすのはあまり心楽しい作業ではない[6]。

だが今日このごろの成人教育にかんする言説の多くは、その基盤を新自由主義イデオロギーにおいている。一九八〇年代の初期からこのかた、それは経済発展と公共政策をめぐるヘゲモニックな言説と化した。チリのピノチェット軍事体制[7]から、サッチャー主義、レーガノミックス[8]まで、すべてそのイデオロギーで貫かれているし、IMFや世界銀行が低開発国向けに振りかざしている構造調整プログラムが、それに立脚するものであることも言を俟たない[9]。歴史的には社会主義を奉じていたはずの政権政党でさえもが、現在では〝右へ倣え〟の状態である。西欧民主主義の伝統的には二つの対立項とされていたものが、いまでは双方ともに同じイデオロギーに同じように支配されているのであって、新自由主義イデオロギーは、まさにそのような仕方で自らのヘゲモニー性を証しだてているのである。

新自由主義イデオロギーが圧倒的な影響力を誇示している点では、成人教育とて、他の諸分野と変わらない。だからして人は、ともすると資本主義的構造調整の論理に誘導されて、その枠の内部で思考し活動することになりやすいのだ。この構造調整の何にもまして顕著な特性は、かつては公共財と考えられていたもの（成人教育もその一つである）を消費財に転化し、「市場イデオロギー」に差配されるものに変質することである。

ネオリベ思考は、その赴くところからして必然的に私企業の活動領域を拡大し、関連する公的支出のカット、すなわち受益者負担の増大と政策コストの採算性を重んずる構造転換を促し、その結果、健康、教育、その他さまざまな社会サービスを利用する民衆のアクセスは大幅に制約されることになる。それはまた実質所得を低落させ、そのために「選択」の自由などという〝お題目〟はたんなる漫画になってしまう。〝さァ皆様、ご随意に〟などといわれても、教育や医療サービスに払う金のない民衆は体よく厄介ばらいされて、ケチケチ予算の下で運営される〝安かろう悪かろう〟のこの分野の公的サービスで我慢しなさいということになる。それはまた、商品価格の規制緩和と、直接税から間接税への移行を促す[10]。

しかしこのシナリオにはほかにもいくつか重要な特徴があって、それらの多くは、成人教育にたいして直接にかかわりをもっている。成人教育で決まっていわれる合言葉は「参加」である。

進歩的な観点に立って生産と学習の問題を考えるときの、これが最重要概念であることはいまでは常識になっている。この参加という概念は、ヒエラルヒー的上下関係という資本家的生産の旧来の形態にたいして、それとはちがう人間関係のかたちをつくりだそうとする多種多様な実験に由来して形成されたものである。一方に旧ユーゴスラヴィアで試みられた自主管理の実験があり、近年まで続けられたマルタ共和国の造船所でのそれ、協同組合の形式をとった労働者自主管理制度がある。こうした実験のなかで、学習がどのようにプログラム化されたかを批判的に検証した教育学関連の文献も、いくつか公刊されている[11]。

とはいえ資本主義の底力の一つは、かつては敵対物であった思想や発想を已れの懐に取りこんで徐々に希釈化し、支配的言説の一部に変質させてしまうそのダイナミズムのなかに示されている。最近しきりに奉じられている「トータルな品質管理」を例にとってもよい。そこでは、たとえば「労働者マネージメント・チーム」なるものが創設され、これは昨今盛んな被雇用者の経営参加に企業の側が一歩近づいた形態であると論じられている。経営側は、このような「擬似参加」をとおして、労働者が職場における細々とした問題、お茶だのタオルだのトイレだのをはじめとする諸々の些事を、自分たちの裁量で解決していくことを奨励するのである。おそらく、これによって企業への忠誠心が強化され、生産性も向上するのかもしれないが、ただし組合方式による真の経営参加、集団的な自己決定にもとづいて戦略を立てていく真の参加にかんしては、断じて認めないのである。

生産の現場ばかりでなく、その外部に広がる公共の領域においても、参加の思想を新自由主義の文脈のなかに組みこんでいく試みがしきりにおこなわれている。ほんの先ごろ、私は故国マルタ島のコットネラCottonera地区で開かれた「コミュニティ開発」をめぐる集会に出席した。島では「無気力」という定評をもらっている一角である。マルタ共和国の五人の閣僚が集会にメッセージを寄せていたが、彼らがそこで力説していたのは、地域開発はまずなによりも住民自身の努力によっておこなわれるべきであり、いたずらに「政府の援助」を当てこむものであってはならないということであった。プロジェクトはまだ始まったばかりであり、あれこれ判断を下すまえに慎重になりゆきを見守る必要があるだろう。

民主主義が本当にその名に値するものとなるかどうかは、草の根の人びとがそれによって力をつけていくことができるかどうかで(すなわちgrassroots empowermentの成否で)判断できると、私はつねづね考えているのだが、そのことは平等権の原則に従ってサービスを提供し、その一定水準の質を確保するという国家の責任をいささかも免責するものではない。われわれはそれこそ全地球規模で「エンパワーメント」や「民主主義的な能動市民」などといった概念を掲げる言説の洪水にさらされていて[12]、成人教育の分野でもそれらが広く流通しているのであるが、残念ながら、これらの概念は簡単に底の割れるまやかしの概念であることが多く、しばしばニューライトの手であられもないものに歪曲されてしまっているのである。マーガレット・レッドウィズが論じているように、「〝エンパワーメント〟とか〝アクティブ・シティズンシップ〟といった解放の言語がニューライトに簒奪され、社会的責任を家族、個人、地域社会におっかぶせる手口として使われている[13]」ことを、われわれはいたるところでみせつけられている。このシナリオは、とりわけ財政緊縮という大義名分の下で進行する。私がこの章で少し、本格的には後の章で言及することになるサンパウロ教育長時代のパウロ・フレイレの仕事は、この点で示唆的なものといえるかもしれない。そこでは社会運動と国家とのパートナーシップを土台として、コミュニティ・エンパワーメントが実現している。

「あるべき」現実ヴィジョンの再興

成人教育にかんする論議のなかで、いま一つ考慮に値する問題点として、ポストモダン的な思考パラダイムについて一考しておく必要があるだろう。ほかのどの分野でもそうだが、成人教育についての諸文献のなかでも、近年はその種の議論が頻出するようになっている[14]。成人教育に携わる教育者が、その系譜に属する著作家たちの仕事から多くの洞察を得ることができるのは、けだし明白だ。解放の言説がとどのつまりはそこに根ざしている「啓蒙」のプロジェクトに、ポストモダンのパラダイムは深刻な疑問を投じているし[15]、解放の言説がたえず「全体化」の言説と化していくことにたいしても、それは適切な警鐘を投げかけている。しかしながらポストモダニズムの撚糸のなかには虚無的で麻痺効果をもった麻糸も織りこまれている[16]。パウラ・オールマンとジョン・ウォリスがそのポストモダニズム批判のなかで述べているように、ラディカルな成人教育や批判的知性をめぐる論戦のなかで、それは結局のところ「ラディカリズムの袋小路」をいいたてることに終始してしまうのだ[17]。フレイレをはじめとする同時代の著作家のなかには、そうした傾向を指して「反動的ポストモダニティ」と呼ぶ者もいる[18]。こうしたポストモダンのエピゴーネンは、言葉の綾をもてあそんで人をたぶらかす[19]。フレイレに寄せた感動的な一文でヴァレリー・スキャタンバローが述べているように、これらのエピゴーネンの関心の的は、主体の内破、あるいは主体を言説のたんなる機能に還元すること、たえず自己増殖する記号の海を目的もなくただ漂うだけの存在に浮動化する[20]ことでしかない。大きな物語の終焉をいいたてる者たちがいるが、何をいおうとしているかといえば、対立する大イデオロギーの時代はもう終わったということでしかない[21]。

この思考の根底には、人は人間解放をめざして共同で何かをおこなうことができるという思想への否定の意思が潜んでいる。フレイレは彼の最後の著作の一つで、次のように結論づけている。このイデオロギーによれば、

私たちはもう被抑圧者の教育など、主張しつづける必要はない、事実の背後にある論理を暴く必要もないし、被抑圧者が批判的な知識を獲得し、変革の行動に乗りだすことも不要である、ということになるでしょう。技術的な訓練にいらざる口だしをするな、社会の動きやその原因を自分の職業的な営みにそくして理解していく、そんな力を育てる

教育をされては困るということなのでしょう。この狡猾なイデオロギーの立論によれば、いま私たちがなさねばならぬことは自分が生産しているものにたいする一切の関心を排除して、ただただ生産に気持ちを集中すること、それがだれの利益となり、だれに厄災をもたらすかを問わないことなのです[22]。

それを尻目に、世界のいたるところで社会福祉事業は情け容赦なく切り捨てられ、その結果として大衆の貧困が深まっている。南北の格差は広がる一方だし、同じヨーロッパの内部でも南部や東部からの移民の波は慢性化して、「第一世界」のなかに「第三世界」を現出している。階級、ジェンダー、人種、民族、セクシュアリティと能力の有無を基準にしておこなわれる露骨な差別をみるにつけ、私は思わないわけにはいかない。どうして技術的な「いかに」だけに関心を集中しなければいけないのか、こんな現実をみながら、それでもなおわれわれは「何を生産しているのか」「だれを益して、だれを害しているのか」を問わずに済まされるのか、と。(フレイレの言葉を私なりに敷衍すれば、そういうことになるだろう。)「かくある」現状を固定することをめざした教育ではなく、「あるべき」現実、「ありうる」現実のヴィジョンを原動力にしておこなわれる教育に、われわれが心惹かれる理由はまさにそこにある。大約以上のような理由からして、われわれは成人教育においても解放の視点を堅持すべきであると考える。成人教育のヴィジョンは、フレイレのいう'menos feio, menos malvado, menos desumano'(より醜悪度の低い、より残酷でない、そしてより非人間的でない）世界[23]の創造に寄与しようとする意志の反映でなければならないのだ。

フレイレが全世界の教育者たちの想像力をはげしくとらえたそのときから、一貫して問いつづけてきたこと、すなわち、中立的な教育などというものはありえない、だとすれば君はだれの側に立って教え、行動するのか、という問いのまえに、私たちはあらためて立たされているのである。ラディカルな成人教育論集を編纂したジェーン・トムソンは、フレイレの言葉を引きながら、教育には二つの形態があると述べている。そのどちらも、決して中立ではありえないのだ、と。

中立的な教育、などというものはない。教育は諸世代を現システムの論理に容易に統合させ、それに順応させる道具として機能するのか、それとも〈自由の実践〉となり、人間が批判的に、そして創造的に現実とかかわり、その世界の変革に参与する道を発見するすべとなるのか、そのどちらかでしかありえない[24]。

この定言はフレイレの「馴化の教育」と「解放の教育」という、よく知られた対比とこだましあっている[25]。どちらを選ぶかは、その人の価値観によって異なってくる。私の価値観は断固として後者を、はるかに厳しい荊の道である後者をとれと命じる。だからして本書は、変革志向型、解放志向型の成人教育のありようを論題としてとりあげる。私はある確信の下で本書を書いた。人びとは教育し、学習し、変革に向けてともに行動をおこすことができる、という確信だ。変革のための行動は制度の外側でおこる、と同時に、制度の「内側」においても、それをおこすことができる。国家に統制された制度の側、政府の外側の運動や組織、そのどちらの側からでもおこしうるのだ。何年かまえにミカエル・ウエルトンが表明した見解を、私も共有している。「社会構造にたいする抵抗、社会構造の変革、それはそこに住んでいる成人たちのあいだから発生する。それを裏打ちしているのは、住民の学習能力である。新しい世界の見方、その内部で行動する新しいやり方を学びとる、彼ら・彼女たちの学習能力である[26]」と、この成人教育研究者はいう。

「制度の内側」という私の表現は、ジェーン・トムソンによって定式化されたフレイレの主張、すなわち、変革志向型教育を志として選んだときに、われわれはシステムの論理と「かかわりをもつ」(engage)ことになる、という命題を頭において選択したものだ。かかわりをもつ理由はいろいろあって、制度を変革するためにはまずそのなかで生き残らなければならないという消極的な理由が全部ではない。たしかに生き残るということは、多くの者にとっては、そのシステムの内部で生計を稼ぎだすということだろう。だがいちばん重要なことは、われわれの変革の行動が効果的であるためには、体制の論理と切り結ぶ(＝エンゲージする)必要がある、ということなのだ。グラムシも、フレイレも、この方向で論を展開している。前者はそのために「陣地戦」という戦略を提起しているのであるが、これは本書の第2章で述べるように、グラムシのヘゲモニー概念にとって中心的な位置を占めるものだ。後者は終始一貫、「戦術的にはシステムの内部で、戦略的にはシステムの外部で」と説きつづけることで、同じことをおこなっている。この点とかかわっての私の印象をいえば、トムソンが先に提示していた二つの教育形態の対置は、むしろ、一つの連続体の二つの極として捉えるほうが現実に適うのではないだろうか。批判的に暮らし働くことで、そこにはらまれている緊張にたいする感受性が磨かれ、連続体の変革の極に向かう動きが強まるのであるが、他方でわれわれは日常的に物質的な諸力と格闘しなければならず、必然的に他方の極に引き寄せられていくのである。

変革をめざす成人教育の道しるべ

システムの論理と批判的に、かつ弁証法的にかかわりあうことによって、上述のような緊張に耐えて生きる備えが培われる。そうしたエンゲージメント(関与)は、システムと制度は一枚板の実体ではなくて、そのなかで闘争が生起する場を提供するものであるという深い確信から生まれてくる。本書はグラムシの社会変革思想を導きの糸としながら、どんな支配的な思想と実践といえども、広大で流動的なある闘争の現場では、どこからいつ挑戦の矢が飛んでくるかわからないという確信の下に書かれている。その闘争の現場が、すなわち市民社会なのである。

市民社会という語は、成人教育関連の文献のなかでは使用頻度が突出して高い語である。しばしばロマン化されてもいて、民衆の反体制政治運動のアリーナと目されている[27]。いうまでもなく、この概念がとりわけ大きな重みをもって語られるのは、全体主義国家の環境下に書かれた非服従者たちの著作と行動においてである。コルスガードはこのことを指摘して、一九八〇年代の東欧の知識人や南アフリカのアフリカ諸国民会議によって市民社会という概念に非常に積極的な意味内容が付与されたと論じている[28]。

私は「闘争」という語を使っているが、これはすなわち、私がグラムシの市民社会の概念を踏襲することを暗に示すものだ。彼の考える市民社会は、大方のところ支配の制度をとおしてヘゲモニックな既存の配置が打ち固められているとはいうものの、とはいえその支配の制度そのもののなかにすら、それらの配置を不断に問題化し、問い直す場、エア・ポケットのごときものがしばしば内包されている領野とみなされている。グラムシのヘゲモニー概念をエラボレートしようとしたステュアート・ホールが、その試みのなかで強調しているように、「創設の時代がそのまま持続する可能性はきわめて乏しい。そこには、オートマティックにくり返されるものなど、何もないのだ。それらはアクティブに構築され、アクティブに維持されなければならない[29]」。

アントニオ・グラムシとパウロ・フレイレの著作から読みとることのできる上記のような論点を、本書ではさらに敷衍して論述することになるだろうが、その場合に不可欠なのは、彼らの長大な、グラムシの場合でいえば往々にして断片的な書き散らしノートに過ぎないもののなかで閃光を放っている社会変革の総体的な見通しを文脈としてふまえつつ省察をすすめることだろう。彼らは、相互に異なるとはいえ明らかに左翼の、社会変革をめざす政治運動に参加し、だからして支配の制度的、構造的、象徴的な形式に反対するそのときどきのたたかいの渦中で思考し、行動した。そうした闘争のなかで成人教育という形式が重要な役割を果たすことを、二人はしっかりと見定めていた。

両者の思想のあいだには、明白な収斂点があると同時に、相互に補いあう面がある。私はそのことを、本研究をとおして明らかにしたい。この点と関連して、グラムシがフレイレの思想にある影響を与えているという事実を、はじめに一言しておくべきかもしれない。サルデーニャ出身の政治家の「文学と国民生活 Letteratura e Vita Nazionale」をフレイレに紹介したのはマルセーラ・ガハルドで、一九六八年、彼がチリに亡命していたときである[30]。フレイレは自分の思想がグラムシの影響を受けていることを、いろいろな機会に認めているのだが、とりわけ一九九三年の秋、ロンドン大学教育研究所主催のパネル・ディスカッションの場で、ある参加者に以下のように答えている。

ぼくは亡命生活に入ってから、ようやくグラムシを読んだのです。グラムシを読んで、ぼくは気がついたのです。彼を読むずっとまえに、ぼくはグラムシの影響を多分に受けてきたのだ、と。すごいことですよね。私たちは誰かの思想に、しかもその人の知的労作に直接に触れることもなしに、影響されてしまうものなのだとわかったのです[31]。

そのずっと以前から、フレイレはグラムシが彼に深い影響を与えていること、とくに「彼の他者の文化にたいする透徹した洞察[32]」に強い感銘を受けたことを語っている。とくに彼の会話体の書物にはアントニオ・グラムシの思想が濃い影を落としている[33]。自分の思想形成の歳月をふりかえるときに、フレイレは、自分に重要な影響を与えた思想の源として、ファノン、メンミ、ヴィゴツキイとともにグラムシの名をあげることを忘れない[34]。フレイレの仕事がラテンアメリカ民衆教育運動の一部としてあること、それが「オールタナティブなマルクス主義的ヒューマニズム、たとえばアントニオ・グラムシのような諸個人の思想に多くを負っていること[35]」を忘れてはならないだろう。われわれはまた、ラテンアメリカにおけるグラムシ受容の深さ、それがこの地のニューレフトに与えているインパクトの大きさにも留意しておかなければならないだろう。最後の点についてはファウンデスがその著書のなかで強調していることの一つである[36]。

そのうえさらに、フレイレもその創立メンバーの一人であるブラジル労働者党Partido dos Trabalhadores(略称PT[37])の運動論にも、グラムシの思想は深甚な影響を与えている。グラムシとフレイレは相補的ともいえるものを表わしているから、両者から一つのジンテーゼを定立することが可能である。本書における私の企図は、成人教育にかんする二人の洞察の総合に向かって一石を投ずることである。この総合は変革をめざす成人教育に理論的な道しるべを提供するものとなるかもしれない、という感触を、私は抱いているのだ。とはいえ、建物を立ちあげようとする者は、石を一つまた一つと積みあげていかなければならない。両者の思想を論ずるまえに、問題の二人について、それぞれの略歴をざっとたどっておくほうがよいだろう。

アントニオ・グラムシ

アントニオ・グラムシ（一八九一―一九三七）の生地はサルデーニャ島である。農業経済を基本とする貧しい島で、強烈なご当地意識（Sardismo）、高い非識字率、迷信と魔術にたいする根深い信仰によって特徴づけられている。ジュゼッペ・フィオーリはアントニオの兄ジェンナーロの例をあげながら、「彼の父方の一族は典型的な南部富農階級に属し、この階級は国家官僚の中位人材の供給源であった[38]」と述べている。母方の家族については「中流庶民で、イタリア村落の生活水準を考えると、暮らし向きはかなりよいほう[39]」としている。

グラムシは身体障害者であった。現在ならばポット氏病（脊髄結核）と診断されるであろう病気にかかり、「いつまでたっても四フィートと九インチの背丈にしかならなかった[40]」。彼の身体欠陥を家族は使用人の腕から落ちたためとしている。しかしながらこれは、身体障害者には悪霊がとり憑いていると邪視する土地の迷信を考慮して、家族が真相を隠蔽しようとしたものではないかと解されている[41]。身障者をめぐるこのような状況はグラムシのサルデーニャ観、南部観、そしてフォークロアをめぐる思考に必然的にある影響を与えることになった。彼の著作のなかではこのフォークロアは、一種侮蔑的な響きをもつ言葉として使われている。

健康がすぐれなかったグラムシは、自然を友として幼年時代を過ごした。遊び相手は百姓や羊飼いの子どもたちであった。就学もやや遅く、七歳半になってからである[42]。グラムシがまだ年若い頃、彼の父親はささいな汚職の罪で逮捕され、刑務所送りになった。その結果、グラムシは学業を中断、被雇用者の世界に足を踏み入れることになった[43]。結局は学業を再開して、中学校、高等学校へと進学するが、一九一〇年七月二十六日、地元紙『サルデーニャ連合』にはじめての記事を寄せている[44]。卒業後は、トリーノのカルロ・アルベルト寄宿学校の奨学生検定をめざす。これは旧サルデーニャ王国の貧困学生を対象とする奨学生制度だ[45]。うまくこの奨学金をとれればサルデーニャ島の農村的環境から抜けでることができる。こうしてグラムシはイタリア工業の心臓部トリーノで大学教育を受けることになった。トリーノ大学では学位取得をめざして多様な科目を履修したが、そこには哲学、文学、芸術批評、文献学、言語学などが含まれている。グラムシは優秀な学生であった。自分の専攻分野である文献学と、それに言語学において[46]、とくにそうだった。彼が接した教授のなかにはウンベルト・コズモ、アンニーバレ・パストーレ[47]、ルイージ・エイナウディ[48]、ピエトロ・トエスカ[49]といった教師たちがいた。

トリーノといえばフィアットの本拠であり、南部からの大量の移民労働者を受け入れている大都市であるが、この町の労働者階級はとびきり戦闘的で、いつでも街頭にくりだす構えをもった人びとであった。グラムシは、のちにこの都市を「イタリアのペテルスブルグ[50]」として描きだすことになる。彼はイタリア社会党に入党し、たちまち、その積極的な活動家となった。身体が不調で懐も乏しかったので学校は諦め、ジャーナリストとして、また成人教育家として、革命政治と労働者教育に身を捧げることにした。グラムシの寄稿先は *Grido del Popolo*（人民の叫び）と *Avanti!*（進め）のトリーノ版であった。成人教育家としては労働者教育サークルで講義し[51]、Club Vita Morale（道徳的生活クラブ）を創立した。著作のなかには劇評もふくまれている。シェイクスピア、チェーホフ、イプセン、ピランデッロなどの上演作品である（最後のシチーリャの劇作家については、本格的な研究を志していたようで、一九一五年から二〇年にかけて盛んに筆を揮い、それは都合二百ページに及ぶ一巻にまとめられている[52]）。社会、政治にかんする論争的な文章も多く、*Avanti!* のコラム Sotto la Mole[53]の執筆者であった。一九一七年、グラムシは *Il Grido del Popolo* の編集人となり、アンジェロ・タスカ、ウンベルト・テルラチーニ、パルミーロ・トリアッティらとともに *L'Ordine Nuovo*（新しい秩序）の第一号を発行する。最初は社会主義文化週刊誌であったのだが、日刊紙となり、ついで隔週発行の出版物へと、変転を重ねた[54]。

翌年にかけて工場評議会運動が呱々の声をあげる。グラムシはこの工場評議会運動を生産における社会主義的な関係性を培う教育機関と考えており、それはとりもなおさず社会主義国家の先行形態たるべきものであると受けとめていた[55]。この年、工場労働者はゼネストに入った。そのなかにはフィアット労働者の工場占拠もふくまれていて、グラムシはこの運動に深くかかわって闘争をはげました[56]。このたびの蜂起では、当てこんでいた国内各地からの支援は乏しく、労働者たちは孤立状態におかれた[57]。とうとう彼らは降参を余儀なくされ、労働条件の改善を約束する一代目社長のジョヴァンニ・アニェッリの約束のまえで動揺することになった——その約束も、まもなく起こるファシストの権力掌握によって空証文となるのだが[58]。首相ジョヴァンニ・ジョリッティ[59]があらたに「労使の協調」をうたったり、「労働者管理」の立法化を口走ったりしたが[60]、いずれも漠とした口約束だった。

そのかんにグラムシはイタリア社会党内部のコミュニスト分派の重要人物となっていて、一九二一年一月、リヴォルノで開かれた第七回社会党総会での分裂を経てあらたにイタリア共産党(PCI)が結成されると[61]、その中央委員会のメンバーとなった。同じ月に、グラムシはツィノ・ツィーニ教授をはじめとする何人かの協働者とともにプロレタリア文化研究学院を設立しているが、これはルナチャルスキイの指導によるモスクワ・プロレトクルト[62]の一支部であった。グラムシがイタリアでかかわった成人教育の多くは短命に終わり、この学院も例外ではなかったから(一九二一―二二[63])、その実態を過大視することにたいしては慎重であるべきだろう。グラムシはある種のプロレタリア文化協会を発展させる構想をもっていたが、これはプロレトクルトばかりではなく、ロマン・ロランやアンリ・バルビュスの『クラルテ』[*訳注]の運動にも多分に鼓舞

*第一次大戦から帰還してトリーノからさして遠くはない南仏の山村で教職につき、いわゆる教育協同組合運動を開始しつつあったセレスタン・フレネ Célestin Freinet は、この時期(一九二三―二五)の『クラルテ』に九編のコラム記事を執筆している。グラムシがそれを目にしていたかどうかは不明だが、この協同組合運動が第二次世界大戦後は国境を越えてイタリアに伝わり、ユニークな展開をとげてこの国の教育革新の推進力になっていくことになる。

されたものであった[64]。『クラルテ』は「知性の悲観主義と意志の楽観主義」という名文句を掲げ、それは『新しい秩序』にもそのまま踏襲されたため、早まってしばしばグラムシ自身の発案と誤解されている。

一九二二年、ファシストが権力を掌握した。そのとき、グラムシはモスクワにいた。そこでジュリア・シュフトと出会い、結婚して二人の男の子が生まれた。その一人、ジュリアーノの顔はとうとうみず仕舞いだった。ファシストが権力を握ったことで、共産党指導者にたいする迫害が強化された。グラムシは国外からPCIとの連絡をとりつづけ、あまつさえその日刊紙に『ウニタ〔統一〕』という、いまでも使われている題字を提案すらしている。ジャコモ・マテオッティ〔統一社会党国会議員――訳注〕が暗殺された日の夕方、グラムシはイタリアに舞い戻った。以来、激しい党活動の日々がつづき、成人教育の仕事も、その活動の一部をなしている。党通信学校の設立、学習資料の準備と執筆などなどである[65]。グラムシはこの時期、イタリア共産党のその後の政治路線を決めたあの有名なリオン・テーゼTesi di Lioneの定式化にもかかわっている。パルミーロ・トリアッティとの協力関係はきわめて緊密であった[66]。

一九二六年、国会議員は拘束できないことになっているにもかかわらず、グラムシはファシスト政権によって逮捕される。ローマのレジーナ・チェーリ刑務所に拘留され、次にウスティカ島へ送られ、さらにまた北部に連れ戻されてミラーノのサン・ヴィットーレ監獄に収監される。その後、またまたレジーナ・チェーリ刑務所に引き戻されてPCI指導者にたいする一斉裁判に付され、最後には南部のトゥーリの監獄に送られている。この裁判でグラムシは五月二十八日と六月四日の二回にわたって二十年四か月と五日の刑をいいわたされた[67]。訴追者は法廷で「二十年間にわたって、われわれはこの頭脳の働きを停止させなければなりません」とまでもいいはなったが[68]、彼の言葉を根絶やしにすることはできなかった。

この裁判の以前も以後も、グラムシの身体と心理は大きな苦しみに苛まれた。そこには隔離による孤独、一つの刑務所から他の刑務所に移送されるときの過酷な旅、それはほとんど半島の端から端までの長旅であることもしばしばで、パレルモからウスティカ島に渡るときなどはさんざんに待たされた挙句、出発しては引き返すという失態をくりかえしている[69]。刑務所の物的環境も劣悪であった。にもかかわらず、少なくとも拘留されてからしばらくのあいだは、組織づくりに取り組もうとするエネルギーをグラムシは失っていない。

ウスティカ時代のグラムシはアマデオ・ボルディーガやその他の政治囚仲間とともに流刑者の島で成人教育の活動をつづけ、「刑務所学校」scuola dei confinatiを立ちあげている。外からの援助もあった。彼の長年の友、ピエロ・ズラッファ(サルデーニャのカッリャリ大学の経済学教授、ケインズに招かれ二七年からケンブリッジ大学に移る)がミラーノの書店に口座を開き、グラムシの手許に定期勘定で本を送れるようにした[70]。学校はよく整備されたプログラムを備え、多様なレベルからなっていた[71]。グラムシが島を離れてから送った手紙では、レベルを三段階にして、最後の階梯では学校というよりもサークルのようなものにして、参加者が特定のテーマにかんして話を準備し発題するrelatori形式にすべきではないかとも提案している[72]。プログラムのなかにはいろいろな外国語もふくまれていた。この学校でのグラムシは教師であると同時に生徒だった。彼は歴史と地理を教えたが、ドイツ語コースの履修者でもあった[73]。グラムシ自身が教師・学生としてこの学校で活動することのできた期間はほんのわずかで、一九二六年十二月七日から一九二七年一月二十日までである[74]。

日々の党務から解放されたグラムシは、その幽閉生活の孤独を逆用して深い思索に裏づけられた大量の文章を書きつづった。そこには家族、友人宛ての夥しい数の書簡がふくまれていて、そのなかでさまざまな問題が考察されている。アントニオ・サントゥッチはグラムシの文通相手をリストアップしているが、そこにはジョゼッペ・ベルティ(ウスティカ島に拘留された政治活動家である)、ヴィルジニオ・ボリオーニ(この人もウスティカの政治的被拘禁者)、グラムシの弟のカルロ、息子のダリオ(ダルカ)、第二子のジュリアーノ(ジュリーク)、姉のグラツィエッタ、もう一人の姉のテレジーナ、母のジュゼッピーナ(愛称ペッピーナ)、クララ・パッサルジエ(彼のローマ時代の女家主)、妻のジュリア(ジュールカ)・シュヒト、ジュリアの妹のタターニャ(ターニャ)・シュヒト、ピエロ・ズラッファなどの名があがっている[75]。

しかしグラムシの獄中の仕事のなかでももっとも長い生命力をもつのは、彼がfür ewig(永遠に残るものに)にしようとした労作の膨大な断章で、多様な問題についての考察が、そこでおこなわれている。一九二七年三月十九日付けのターニャ宛書簡では、この「永遠のために」という想念が彼を苦しめていること、こうした「現象」が囚人にはありがちなことが語られている。詩人のパスコリを虜にしたゲーテのあの強迫観念がいまの自分にもとり憑いているのだ、と[76]。これらのノートは『獄中ノート』に集録されていて、二十世紀の政治思想の傑作として広く注目されている。グラムシのノートは房室での執筆許可が下りた一九二九年二月八日から開始されている[77]。最終段階で、刑期は短縮された。往診した医師は、彼の健康状態は危機的であり、病院への移送が必要であると診断した。一九三七年四月、グラムシは釈放され、ローマのクィシサーナ病院に入院するが、その月に彼の生命は尽きた。四月二十七日、早朝四時十分、二日まえからの脳溢血の発作が悪化して、グラムシは死んだ[78]。

彼は健康をとり戻したらソ連に出国し、妻子と再会したいと考えていたようだ[79]。葬儀に来た人間は親族よりも公安警察の人間のほうが多かった。親族はただ二人、義妹のタターニャと弟のカルロだけだった[80]。

パウロ・フレイレ

パウロ・ヘグルス・ネーヴェス・フレイレ(一九二一―一九九七[81])は二十世紀最大の教育思想家の一人と目されている[82]。ブラジルでの彼の実践、そして世界のさまざまな国、さまざまな地域でその後におこなわれた諸実践をベースにして生まれてきたその教育思想は、三十年余にわたる歳月のあいだに数多くの著書、論文、ビデオやオーディオのテープにまとめられている。成人教育の領域での仕事が中心ではあるが、教育一般、初等教育や高等教育にかかわる著作も多い[83]。

フレイレはペルナンブコ州のレシーフェで生まれた。ブラジルの北東部、ノルデスチと呼ばれている地域である。この国でももっとも貧しい地域の一つである。中産階級の家庭に生まれているが、一九二九年の大恐慌がブラジルに波及したときは飢餓も経験している。フレイレの言によれば、この飢餓の経験が、彼を、都市の周辺部に住む貧しい人びとの暮らしと結びつけた[84]。

フレイレは半封建的な生産関係がのさばる地域のなかで生活した。土地にアクセスしようとすれば農民 campesinos はこれに忍従するほかはなかった。農村部の土地所有者階級は南東部、すなわちサンパウロ一帯に立地する国内産業ブルジョアジーと歴史的に同盟関係を結んでいた[85]。そこに現出するのは富と権力の著しい落差であり、これは、一国の命運が植民地主義や新植民地主義の利害にもとづいて誘導されている地域に通有な状況である。

フレイレが嘗めた飢餓の体験は、学校での遅れの原因となったが、彼はそこから立ち直り、最終的に法律専攻の大学生になった。法律家としてのキャリアは短かった[86]。一九四七年、彼は産業社会事業団(SESI)で働くようになり、十年間、そこにとどまった[87]。フレイレは教育・文化部のディレクターであったが[88]、これはSESI教育委員会の下部機関であって、委員会を統括していたのは彼の旧友のシド・サンパイオであった[89]。ここでフレイレは貧しい子どもたちとの接触を深め、その親たちとかかわりあうようになった。このときの経験はフレイレの教育思想の形成にとっての大きな肥やしになった。彼の最初の著書としてのちに出版される教育関連のドクター論文にも、それが如実に反映している。論文は一九五九年、当時のレシーフェ大学、いまでいうペルナンブコ州立大学の審査をめでたく通過した[90]。

フレイレはその一方で、当時ペルナンブコでおこっていた「民衆文化運動」にも参加し、その一部門である成人識字教育にも従事していた。「語を読むこと」と「世界を読むこと」とを統一的に把握する彼の識字方法論はそのなかで確立され、彼の教育学の大きな柱になった。この方法をもちいてリオ・グランデ・ド・ノルチ州の町アンジコスでおこなった実験はめざましい成功をおさめた[91]。ポプリスタのジョアン・ゴラール政権はフレイレを招聘して、全国規模で同様のプロジェクトを立案し、実施できないだろうかともちかけたが、しかしこの企画は急きょ沙汰やみとなった。一九六四年、軍部がクーデタを引きおこしたのである。軍部の背後には多国籍資本がいた。

彼の「被抑圧者の教育」が見事に成功をおさめたので――民衆が文字を獲得し、それゆえに投票権を得るという意味で、それは政治と直結した効果をもった――フレイレはこの国の反動勢力によって、現状を覆す惧れのある危険分子とみなされるようになっていた。一九六四年のクーデタ後に成立した軍事体制は多国籍企業とラティフンディウムの護持に汲々とする地主階級の利益を体現するものであったから、彼らにとってフレイレは「破壊分子」以外の何者でもなかったのだ。彼はただちに逮捕され、ついで国外亡命を強制された。

フレイレはボリビアに逃れ、しばらくはそこに滞在した。それからチリに移り、ここでも識字の活動に従事した。当時のチリはエドワルド・フレイのキリスト教民主党政権下にあり、政府は農地改革事業の一環としてカンペシーノの識字化政策を進めていたのである。ユネスコとチリ農業改革公社に奉職して、フレイレはここで五年を過ごした[92]。ここでは多くの知識人と協働する機会を得た。とりわけ前記のマルセーラ・ガハルドはフレイレのきわめて緊密な協力者であった[93]。

チリの次はメキシコ、そしてアメリカ合衆国であった。とくにマサチュセッツでは腰を据え、比較的貧民の多い住区でほぼ一年近いあいだ、暮らすことになった[94]。そこで二冊の著書の英訳を監修し、自主セミナーを開き、ハーバード大学で教えもした[95]。ハーバード大では「開発と社会変化にかんする研究センター」に任用されていた[96]。マサチュセッツでもさまざまな知識人の知遇を得たが、そのなかにはその後親しい友人となるジョナサン・コゾルもいた[97]。

一九七〇年一月、フレイレは合衆国を去ってスイスに出立した[98]。スイスでの勤務先は世界教会評議会であった。そこでの勤務の一環であったが、ギニア・ビサウ、サントメとプリンシペ、カーポ・ヴェルデ、モザンビークなど、旧ポルトガル植民地であったアフリカ諸国で、政府の教育コンサルタントとして働いた。ジュネーヴでは文化行動研究所の設立にも参画している[99]。

それまでのフレイレの思索には、著作を手がかりにしてみていくと、何人かの人びとの影響が現れている。ヘーゲルとマルクスはその筆頭だろう[100]。しかしフレイレはほかにもいろいろな著作からの引用をおこなっていて、そこにはレゼック・コラコフスキイ、カレル・コシーク、エリヒ・フロム、アントニオ・グラムシ、カルル・マンハイム、ピエール・フルテール、ティヤール・ドゥ・シャルダン、フランツ・ファノン、アルベルト・メンミ、レフ・ヴィゴツキイ、アミルカル・カブラル、それにキリスト教人格主義の理論、トリスタン・ドゥ・アリアードやエマニュエル・ムーニェのそれがふくまれている。フレイレの著作を貫いている基調は二つだろう。マルクス主義と解放の神学である。

フレイレその人は「信仰の人[101]」であった。一九五〇年代後期から六〇年代初期にかけてブラジルではラディカルな宗教諸組織が力をつけて青年たちの心をとらえたが、おそらくフレイレはそんな時代の風のなかで自己の思想を生成したのであろう。教育にたいするフレイレの所見と一九六八年にメデリン(コロンビア)で開かれた第二回ラテンアメリカ司教会議の教育関係文書とのあいだには、強烈な類似性がある。この会議は、周知のように解放の神学の発展にとって決定的な画期となった[102]。

十七年間の亡命生活ののちにブラジルに帰還したフレイレは、積極的に政治にかかわり、彼自身が創立メンバーでもある労働者党のために奔走した。この党は、ブラジルの三つの左派政党の一つである[103]。フレイレはグレナダとニカラグアの識字キャンペーンでも、コンサルタントとして活動した[104]。

一九八六年、フレイレは夫人エルザを失い、男やもめになった。エルザはレシーフェ出身の学校教師で、二人は一九四四年に結婚し、三人の娘、二人の息子をもうけた。彼がエルザ（正式な名はエルザ・マリア・コスタ・オリヴェイラ）から受けたインスピレーションは甚大なものがあり[105]、実際、彼女は夫のいくつかのプロジェクトの協働者になっている。一九八五年には二人して合衆国キリスト教教育者協会賞をもらっている。これはキリスト教徒の教育者に授与される代表的な賞だ[106]。一九八八年三月二十七日、フレイレはアナ・マリア（ニータ）・アラウジョと再婚した。彼女自身も教育者であり、フレイレの恩師の娘である[107]。

翌年の一九八九年、フレイレは労働者党首班下の大サンパウロ市自治体政府の教育長に就任する。ルイザ・エルンジーナ・デ・ソウザが、ときの市長を務めていた。在職中に、フレイレは、学校部門と成人教育部門の両方で、いくつかの行政改革をおこなっている[108]。七十万名の生徒が学んでいる六百五十四の学校に責任を負うとともに、成人教育と識字教育事業にもかかわる（サンパウロMovaプログラム）のが、彼の任務であった[109]。その場合に重要視されたのはできるだけ大衆組織を巻きこむこと、また教育の問題に取り組むときにカナメとなる人びとへの働きかけを強化することであった[110]。

一九九一年に教育長を退任してからも、フレイレはさまざまな仕方でアクティブな活動をつづけた。会議での基調講演、ワークショップなどのほかに多くの著書や論文のなかで、自分の思想を展開し、整理しつづけた。一九八〇年代以降、彼は共著のかたちでの著作を多くおこない、多くの教育者、著作家との対談を「トーキング・ブックス」の名で本にしている。そのなかにはテネシーの高地民高等学校の創立者であるマイルズ・ホートンとの対談[111]、ブラジル・ドミニコ会の修道士で神学者のフレイ・ベット[112]、亡命中のチリの哲学者アントニオ・ファウンデス[113]、アメリカの批判教育学の組織者アイラ・ショア[114]などがふくまれている。パウロ・フレイレとマサチュセッツ在住の教育学者ドナルド・P・マセードとの仕事上の強い絆はカーポ・デ・ヴェルデ以来のものだ[115]。フレイレ自身も相変わらず多くの本を書いた。一九九六年には姪に宛てた手紙を出版している。自分の成年時代、子ども時代、亡命生活、同時代の論争などについての、一連の省察である[116]。晩年にはほかにも何冊かの本が出版された。死後にもたくさんの本が刊行されていたり、出版準備中であったりする[117]。

一九九七年五月、フレイレはキューバ行きを予定していた。フィデル・カストロ賞の受賞に参列するためだった。五月二日早朝、彼は心臓に異常があって、サンパウロ・アルベルト・アインシュタイン病院に緊急入院した。そしてそこで最後の息を引きとった。

未亡人アナ・マリア・アラウジョ・フレイレによると、一九九七年の彼の予定はすべて決まっていた。もう一冊、本を書こうとしていた。さらにほかの人との共著を、三点ほど、考えていた。その一つは「新自由主義の決定論的宿命論」というものであった[118]。これまでの三十五のほかにいろいろな国から六つの賞を受けることになっていた[119]。死の直前、パウロ・フレイレはこういったと伝えられている。「愛を抜きにして、ぼくは教育を考えることはできない。なぜ自分が教育者であるかといえば、それはなによりも自分が愛を感ずるからだ[120]」と。

成人教育分野におけるグラムシとフレイレ関連の既存文献

この二人が変革志向型成人教育 transformative adult education の理論的発展にとってただならぬ意義をもつ理論家であり実践者であることは、この分野の多くの著作家たちがかねてから認め、強調してきたことだ。ラディカルな成人教育について立ち入った考察をおこなっている論者は、この二人の少なくともどちらかについてかなりのページをついやした論述をおこない、その傍ら、もう一人についても一応の、しかしながらしばしば洞察に富んだ論評をおこなっている[121]。同じことは教育理論、もしくは社会理論一般を扱った労作についてもいえる。ポール・ランサムのグラムシ研究、レイモンド・A・マロウとカルロス・アルベルト・トレスの「二人のグラムシ」についての論考、それらはその代表例だ[122]。

グラムシと成人教育にかんする既存文献

一九九七年、グラムシ死後六十年を記念する研究集会とセミナーがイタリアで開催されたが、これはグラムシの教育思想に正当なスポットを当てる集会となった。「ヘゲモニーの新しい形態——ニューメディア、教育とコンフォルミズム」と題するカンファレンスがナーポリで一九九七年十月、ルチアーナ・カステッリーナの司会でおこなわれた。他方、ローマでは学校向けの企画として、「グラムシと学習社会」と題するセミナーが教員民主主義協会Associazione Democratica degli Insegnantiの肝いりで開かれた[123]。

グラムシ関連の文献はもちろんイタリアだけでなく、世界の各地で続々と生まれている。エリック・ホブズボーム編『ヨーロッパとアメリカのグラムシ』はそれを遺憾なく示すものだろう[124]。グラムシの影響は驚くほど多様な分野に及んでいる。フレイレについても、その生涯、思想を論じた文献がぞくぞくと出版されている。グラムシと教育にかんして真正面から論じた文献としては、マリオ・アリジェロ・マナコルダ、アンジェーロ・ブロッコリ、ハロルド・エントウィッスル、ティモシィ・アイルランド、イターリア・デ・ロビオ・アンツィアーノとアティリオ・モナスタによって書かれたものがある[125]。マナコルダはグラムシの教育論文集の編者でもある[126]。これらの文献の多くはグラムシの教育思想を広いコンテクストの下で、いうなれば学校教育の枠組みをはみだした視野のなかで分析している。英語圏における成人教育をめぐるラディカルな論議をとりあげた書物のなかでも、グラムシの業績はしばしば重要な参照項となっている[127]。トレスとラ・ベルの諸著作はラテンアメリカとカリブ海地域におけるノン・フォーマル教育に及ぼしたグラムシの影響をテーマとしたものだ[128]。

しかしながら、グラムシの成人教育についての思想とその意義を、さらに早くからとりあげてきた労作もある。この点にかんする初期の論考の一つはおそらくトム・ラヴェットの、北アイルランド労働者階級のコミュニティ教育に取り組んだ論文だろう[129]。ハロルド・エントウィッスルの著書『アントニオ・グラムシ――ラディカルな政治のための保守的なスクーリング教育』は、英語による最初の本格的なグラムシ教育論研究の成果の一つであり、膨大なイタリア語原資料と第二次文献を駆使して書かれた重厚な書物である[130]。成人教育の章では、政治教育、知識人の形成、文化、工場評議会、職業技術教育についてのグラムシの所論が俎板に乗せられている[131]。この本はグラムシの学校教育観の解釈をめぐって論争の的になるのだが、しかし何人かの人びと、とくにブラジルの哲学者デルメヴァル・サヴィアーニによって[132]、さらにやや遅れてこの問題に介入したグイ・B・セネーゼらによっても支持されている[133]。しかしティモシィ・アイルランドのモノグラフ『アントニオ・グラムシと成人教育――ブラジルの経験から考える』は、ずばりグラムシの成人教育思想に焦点をあてている[134]。ブラジル民衆教育に及ぼしたグラムシの影響がとりわけ組上に乗せられている。

直接にグラムシ研究を目的とする文献ばかりでなく、成人教育関連の学術文献には彼の名が頻出する。そうした文献のなかにはW・ジョン・モーガンの一連のそれもふくまれているが[135]、彼の第二弾雑誌論文は、グラムシ、レイモンド・ウィリアムズを論じた成人教育論比較研究である。ポール・F・アームストロング[136]は、ダイアナ・コーベン[137]と同じように職場や地域社会におけるインフォーマルな政治教育の重要性を強調し、とりわけグラムシにとって成人政治教育は学習者を「常識 common sense」から「良識 good sense」へと誘《いざな》うものとしてあったと特記している。これは、グラムシ教育観のきわめて肝要な一面である。というわけでウォルターー・アダムソン『ヘゲモニーと革命』のなかの一章は「政治教育とコモンセンス」となっているし、ポール・ランサム『アントニオ・グラムシ』には「政治意識——教育と知識人」と題する一章がある。フェデリコ・マンチーニの「工場評議会」をめぐる論考はグラムシ成人教育理論の射程に関心をもつ人にとっては必見の文献といってよい[138]。これら三点の文献については、当然、本書の以下の論述の過程でも触れられることになるだろう。

フランクフルトのゲーテ大学出身の社会学者アーシュラ・アピッチはドイツ語とイタリア語でグラムシについての多くの論文を書いているが[139]、移民・エスニシティの問題との関連で、グラムシの移民観と南部論について成人教育雑誌で論考を発表している[140]。彼女によると、この問題にたいするグラムシの所見は今日の多文化主義論争と非常に密接にかかわるという。他方で、ポーラ・オールマンとジョン・ウォリスは、グラムシの思想を新しい時代 New Times の文脈のなかで読み解き、現代イギリスのラディカルな左翼教育実践のなかに彼の思想を活用することをめざして、共著の形で長大な著書をものしている[141]。

フレイレと成人教育にかんする既存文献[142]

成人教育に特化してフレイレを論じた文献は少なくない[143]。もちろん、成人教育にかぎらず、教育や社会参加全般をとりあげた文献も非常に多い。雑誌に掲載されたもの、フレイレの本のイントロダクションとして書かれたものと、いろいろだ。そのなかでもっとも忘れがたいのは、私の感想だが、『教育の政治学』の序文として書かれたヘンリー・ジルーの文章である。これはのちにジルー自身の著書にも再録された[144]。ジルーは北米の批判教育学の指導的提唱者の一人で、数多い自著の諸章のなかでもフレイレについての切りこみの深い文章を多く書いている。ごく最近の論文ではポストコロニアル政治とフレイレ理論との関連が問題にされている[145]。

フレイレが逝去し、世界中で彼の仕事を追念する出版物の数が急増することになった。たとえばアメリカの文化・教育誌『タブー』は一九九七年秋号の大半をフレイレの特集にあて、世界各地からの多くの寄稿を掲載している。内容は多様で、教育思想へのフレイレの貢献を論じた論文もあれば、個人的なエピソードを記したものもあり、後者には二度目の伴侶であったニータのそれもふくまれている[146]。雑誌 *Convergence* は成人教育国際会議（ＩＣＡＥ）の機関誌であるが、組織のかつての名誉会長であり、著名な寄稿家でもあったフレイレの回想に一号まるごとをあてて特集を組んでいる。もう一つ、『ニュージーランド成人学習ジャーナル』も、ブライアン・フィンドセンとピーター・ロバーツの編集でフレイレの理論と実践を論じた多様な論文を特集している[147]。

フレイレの業績に捧げられるフォーラムは引き続き多くの国ぐにで開催されたし、今後もされつづけるだろうが、もっとも有名なのは一九九八年の四月末にサンパウロで開かれたそれだろう。主催はパウロ・フレイレ研究所であった。フレイレの追悼記事は諸雑誌、成人教育年報に掲載され、ニューヨーク・タイムズ、ガーディアンなど、世界中の国内紙で報道された。私の故国マルタでも、逝去後まもなく、新聞はパウロ・フレイレのプロフィールを紹介する人物誌を載せていた。

フレイレの思想を思いおこし、社会活動の多様な分野にたいするその影響を評価する出版やカンファレンスは、おそらく今後二十年以上にわたって絶えることなく続くとみてよいだろう。フレイレ自身が世に問うた著作の数も膨大で、そのことは本書全体をとおして言及され引用される書名の量からもおのずと明らかになるだろう。そのいくつかは、まだ出たばかりであったり、これから公刊される予定のものであったりする[148]。そのうえ、フレイレがポルトガル語やスペイン語で書いた著作で現在英語に訳されつつあるものもある。フレイレ自身の仕事、そこにはさまざまな雑誌に掲載されたフレイレの論文、ビデオやオーディオでの意見表明がふくまれているが、それらに加えて、ここ十七年あまり、まったく異なる文脈のなかにフレイレの思想を当てはめようとする研究もいくつかみられるようになった。アイラ・ショア編の実践記録、あるいはスコットランドの首都エディンバラのジョージー・ダルリイ地区での地域社会成人学習プロジェクトを対象としたフィールド調査なども、これに属する[149]。英語で読める包括的で批判的な研究、編著の類も多い[150]。もっともよく知られている論文集の一つはロバート・マッキーの編纂によるもので、オーストラリアで出版されている[151]。

ピーター・マクラレンの二冊の本[152]――一冊はピーター・レオナードとの共編で『パウロ・フレイレ――批判的エンカウンター』(Paulo Freire: A Critical Encounter)、もう一冊はコーリン・ランクスヒアーとの共編による『解放の政治学――フレイレからの出立』(Politics of Liberation: Paths from Freire)は、おそらく英語で読めるもっとも包括的で現代的なフレイレ論集といえるだろう。多様な原典から集められた記念碑的な論文が、あらたな改訂を加えたうえで再録されているが、そこにはマクラレン自身のフレイレ『教育の政治学』への論評(初出はEducational Theory)、よく引用される *Herrard Educatinal Review* 掲載のキャサリーン・ワイラー論文、ボツワナ大学の出版物 *Education with Production* からはカルロス・アルベルト・トレスの論文などが収録されていて、そこにはサンパウロ教育長時代にパウロ・フレイレがおこなった改革についての考察もふくまれている[153]。この序論の前置の部分でマクラレンは、フレイレはポストモダン思想が帯びているある種のニヒリズムと政治的諦観主義に〝待った〟をかける有効な手がかりを提供していると述べている。ワイラー論文はフレイレの思想とフェミニズムの諸潮流との融合を志向したもので、フレイレの仕事を社会運動の諸問題とつなげて考える思想潮流、たとえば『解放の政治学』所収のベル・フックスのそれ[154]などと呼応して現われたものである。抑圧の特殊な諸形態に注目するワイラーの論文は、同じような抑圧にさらされている他者たちのそれ、たとえばアフリカの女たちがおかれた状況をふまえたアズゲェデット・ステファァノスの優れた論考とも結びつくものだ。ここでいうアフリカとは、フレイレのいくつかの著作の重要な背景になっているギニア・ビサウであり、ステファァノスの故国であるエリトリアである[155]。この二冊の論集に収められている論文については、これまであげてきた文献と同様に、本書のそこここで言及されることになるだろう。

グラムシとフレイレを総合する

フレイレとグラムシ関連の文献は、どちらもまことに夥しい数にのぼる。どちらの研究もじつのところは一種の「産業」と化しているのではないかと、これを冷ややかにみる者もいる。問題の研究の大部分は、もっぱら両者のどちらかに専化していて、もう一方は横目におくもののパスで済ませている。にもかかわらず横目におかざるをえないのは、これから私が示そうとするように、両者の結節点があまりにも大きいからである。

二人の著者の思想を結びつけて考えている文献がないわけではない。マージョリー・メイヨーの『明日をイメージする』には、成人教育をめぐる二つの観点を対比した一章がある[156]。一方はこの序論の冒頭で記した市場誘導型であるが、これにもう一つの成人教育論、すなわち社会変革を志向する成人教育像が対置されている。後者を表わすものとして彼女が一定量のページを割いてとりあげているのは、グラムシ、フレイレ、そしてエットーレ・ジェルピといった人びとの仕事である[157]。ダイアナ・コーベンも、二人の著者について書いている[158]。本書が印刷にまわされた現時点では、この研究はいまだ公刊にいたっていない。とはいうものの、私と著者とのあいだには個人的なコミュニケーションがあり、彼女の研究は本書の立場や以下に紹介する諸家のそれとはまったく対立するものであることがわかっている。彼女によれば、「成人教育文献においてはグラムシの思想とフレイレのそれとのあいだには結びつきはないと考えられており、それが広く承認されている」[159]という。

　グラムシとフレイレの思想を連繋する試みの過程で、私は自分自身の論文とともに、いま一つ、トム・ラヴェット編集の八八年版『読本[160]』に収録されたポーラ・オールマン担当の一章を引き合いに出すことになるだろう。ごく最近では、マーガレット・レッドウィズが批判教育学の視点から地域開発の分野での変革的行動を提唱した労作を書いているが、これもグラムシとフレイレの影響が顕著な労作で、後者にかんしてはまるまる一章をその著作の検討にあてている[161]。そのほかではポール・ランサムやピーター・レオナードの著作が思い浮かぶが、それらはとくに成人教育をとりあつかったものではない[162]。

　オールマンは上記ラヴェット編の編著のなかでイデオロギーをめぐる長大な議論を展開しているのであるが、そのなかでグラムシ、フレイレ、それにもう一人、イリッチをとりあげている。これはオールマンがノッティンガム大学のディプロマ・コースで主宰しているセミナーの成果なのだが、オールマンと参加者は、成人教育にたいする社会主義的アプローチとはどのようなものかを探ることにしたのである。オールマンは成人教育を、「未来を先取りする営み」の一部をなすものとみるのであるが、これはまさにグラムシのそれと同じであって、グラムシにおいても、それはすべての革命に先行しなければならない営為なのである。

　グラムシが自らに課した課題は――それは当然グラムシに鼓舞された成人教育実践の取り組まなければならない課題ともなるのであるが――物的な現実（分析がおこなわれるまさにその時点におい

て目の前にある物的な諸条件）にたいする弁証法的な関与 engagement である[163]。いいかえれば、物的・社会的諸力の弁証法的な運動を、知覚レベルにおいて捉えぬく、ということである。このことのなかには、われわれの関係性、われわれの諸実践のなかに姿を現しているイデオロギーを、その物質的表現において分析する、ということがふくまれている。フレイレがおこなっている弁証法的な実践 praxis は、こうした変革的な学習を成立させる教育的な方途として、もっとも適切なものだ、というのである。

ご覧のとおりポーラ・オールマンはグラムシとフレイレの双方にたいする懇切な評価をおこなっており、この自著の主張に背中を押された彼女はノッティンガム大学で、グラムシ＝フレイレ的とも形容しうる講座運営を展開しているのである。彼女の仕事は、しばしばその同僚であるジョン・ウォリスとの二人三脚でおこなわれてきた。われわれのグラムシ観・フレイレ観は一致したものになっている。われわれはともに戦線を張り、このグローバリゼーションの時代の下、社会にコミットする成人教育を構築するうえでのグラムシとフレイレの洞察の意義を明らかにする冒険に乗りだそうと思う[164]。

本書のプロジェクトの端緒は、一九八六年の秋、カナダのエドモントンにおいて始まった。私はアルバータ大学の修士課程大学院生であったが、レイモンド・マロウ教授の社会思想史の授業を履修し、期末レポートの主題として二人の思想の比較を試みたのである。比較に先立ってマルクスの、とくに初期マルクスの著作の一節をめぐって、前置きめいた考察をおこなった。

二人の思想を教育論を中心にして比較するという私の予備的な試みは最後には成人教育に的を絞った修士論文のテーマへと発展した。

何年かたち、故国のマルタ島で成人教育に従事したあとで、私はこの試みを再開した。トロントのオンタリオ教育研究大学院で、私は社会学の博士課程を履修していた。指導教官はデイヴィッド・W・リヴィングストン教授であったが、私の比較研究のプロジェクトをさらに進めるようにと激励された。私に投げかけられている課題は、二人の思想を総合することで、変革的な成人教育を推進する何らかの手がかりを発見することであった。上に紹介した文献の多くは（コーベンの本は例外となるであろうが）、変革のプロジェクトにおいて二人の思想が共通の志向性をもつことを認めているといってよいだろう。二人の仕事を一巻に相当するページをついやして分析する必要がある、——そこで光波を放っている彼らの思想を、現代にたいするその限界性をも正しく視野のなかにおきながら総合化する必要があると、私は感じている。トロントで私がおこなおうとしたのは、そのような作業であった。本書の骨格は、その作業のなかで形づくられている。この問題をとりあげた私の既発表論文の多くは修士論文と博士論文をもとにして書かれている。そしてそれらが本書のベースとなった[165]。それらで展開した議論の重複する部分は、当然のことながら本書では除去されている。

上記の著者たちの多くは、成人教育実践はすぐれて変革を志向するものであるべきだと考えており、本書もその点では同様である。とするならば、そのようなアプローチに要件として求められるものは何だろうか？

変革を志向する成人教育

私が以下で記述する変革志向型成人教育の理論とは、教育的介入が帯びる政治性をそれとして直視した理論ということである。それはまた、J・E・トーマスのいう「システムを根っこから変えること」に目線を据え[166]、したがって抑圧の構造的に決定された形態から派生する一連の症候に身を委ねない、社会の変革を志向する成人教育のありようを追求する理論でもある。

こうした考察は一連の疑問を誘発せずにはいない。そしてそれらは、私の眼には、ある教育者の仕事が変革志向型成人教育実践の理論とみあうものといえるかどうかを判定するときの基礎となるように思えるのだ。オールタナティブで変革志向的な教育理論は、教育システムの主流にたいする批判に立脚するものでなければならない、と、私は考える。だからしてまず浮かんでくるのは、〝この研究には「批判の言語[167]」がふくまれているのか〟という問いである。「批判の言語」という言葉で私が意味しているのは、教育システムをより広範な社会システムや支配の構造と結びつけて分析する、ということであり、と同時に、にもかかわらずそれらのシステムが「相対的な自律性」をもつことをも没却しない分析であるということである。それはまたある種の弁証法的関与を要件として求める。すなわち、支配の言説とヘゲモニックな詭弁が張り巡らしたべニヤ板の裏側に矛盾・対立が伏在することを暴露するのであって、これはフレイレが「ベイルを剥がす」という言葉で表わしている過程と同義である。それと連動して、こんな問いも出てくるだろう。〝教育をとらえる視点が、従来の、メインストリームのそれとどこまで異なるものたりえているのか〟、という問いだ。これはいいかえれば、その研究のなかで教育の政治性がどこまで捉えきれているか、その渦中にある研究者(たち)が、「中立性」の神話に惑わされることなく、権力の利害と社会的力関係をどこまで直視しきれているか、ということである。

次の審級は、その研究のなかにはたしてジルーのいう「可能性の言語」がはらまれているかどうか、ということである。もうすこし包括的にいえば、ロジャー・I・サイモンが「可能性の投企」としているものの輪郭が、そこにみられるかどうか、である。すなわち、目の前の現実的な諸条件によって決定された活動でありながら、同時にまた、いまだ来たらざる状態によって決定された活動でもある[168]、ということだ。研究者の分析は、行為者の存在に余地を残したものだろうか？　成人教育のなかでの行為者の問題がとりあげられるとき、当然のことながら、私はそのことを前提として認めているだろう。そう、探求されるべきは、「批判的な意識存在としての行為者[169]」なのだ。だがその行為者の役割を担うのは、だれなのか？　この問いに答えて、まず私が考えるのはある種の成人教育従事者だ。社会の変革に向けて行動することのできる教育者である。それからサバルタン・グループ(従属層集団)のなかにも、そういう人たちがいる。抑圧的な社会関係の下で苦しんでいる人びと、かれらもまた変革の可能性を追求する行為者ではないのか？　この問いは、私たちを階級の問題、ジェンダーの、民族の、その他さまざまな社会的差別の問題の探究に導く。

以下の諸問題も重要である。従属諸集団の大義を有効に主張することのできる、より大きな行為者集団が存在するのだろうか？　もし存在するとすれば、そのより大きな行為者とのかかわりのなかで、ラディカルな成人教育が果たしうる役割とその意義を、われわれの研究はどれだけみとどけ、どれだけ説明することができているだろうか？　このことを考えていくと、われわれは政党や社会運動の問題にどうしても思いいたらざるをえなくなるのであるが、とくに後者を社会変革のエージェントとして非常に重要視する文献が近年は増加している[170]。「成人教育と社会運動」をとりあつかったその分野の文献がますます多くなっていることにも注目しておきたい[171]。

変革志向型の成人教育という以上、そこで提唱する教育が、今の社会を風靡している教育とどうちがうかをぜひともはっきりさせなければならないし、どこが決定的な分かれ目となるかも突きとめなければならない。進歩的な成人教育は、プロセスにことのほか大きな重要性をおく傾向がある。すなわち学習場面で生まれる社会的関係性に特段の力点をおくのである。こうした関係性は社会をどこまで民主主義の方向に向かっておし進める力となるのだろうか？

対話型の教育で進歩的な教師がおこなうことと、「預金型教育」のなかで伝統的な教師がおこなうこととを対置したフレイレの『被抑圧者の教育学』の議論がここで重要になってくる。それは社会的関係性の問題をただちに前面に押しだすからである。私は、社会的関係性の問題は非常に重要な問題である、なぜなら、それは権力が自らを顕す場であるからだ、とも考えている。私の考えでは、権力はモノの形では正当化されない。そうではなくて、社会的諸関係の複合体として認知されることを求めるのである。人は権力をささえている社会関係のいくつかを変える努力をとおして権力構造に揺さぶりをかけることも可能なのだ。そして教育における関係性の組みかえは、他の社会的実践の場での同じような動きと相俟って、この点での重要な寄与をおこなう可能性をふくんでいる。

とはいうものの、進歩的な教育といえども、教育の内容の問題に無関心を決めこむわけにはいかない。正統な知識として折り紙をつけられるのは、だれの知識なのか？　どうしてそうなのか？　どんな知識が「文化的恣意性」(ブルデュー)として記号的な値を帯び、もしくは、より単純に支配諸グループの文化的な好みの対象として選びだされるのか？　これらもまた、批判的で民主主義的な理想にインスパイアーされた教育の理論と実践上の重要課題となるはずである。——というわけで、本書の中心的なテーマの一つは、「文化的生産」の問題である。

さらにまた、成人教育という分野には一つの伝統がある。もちろん、ほかの分野、たとえば批判教育学などでもそうなのだが、そこでは、教育は学校教育にかぎられたものとはみられていない。それは非常に多様な教育実践の場をふくんでいるのである。教育は形式的な制度の枠組みを越えた、より大きな文脈のなかで、より広い概念の下で捉えられなければならない、という認識だ。また、学習というプロセスは、社会の既存の権力関係に抗しておこなわれるにせよ、それを支持しておこなわれるにせよ、さまざまな瞬間に、さまざまな場で、われわれの人生のすべてをとおしておこるものである、という認識である。この点はグラムシの章（第2章）でヘゲモニーについて論ずる際にもっと立ち入って述べたいと思う。対抗ヘゲモニー的な成人教育の戦略は、それゆえにできるだけ広範な社会的諸実践を包含するものであることが必要なのだ。

グラムシとフレイレを解説する諸章では、この二人の理論家が、教育のこの三つの側面——すなわち、社会的諸関係、実践の場、内容のそれぞれにかんして、どれだけの素材を提供しているかを検証したいと思う。三つの要素はラディカルな成人教育の過程ではどれもが密接に関連しあっているから、それらを分離して考察することは愚行であると、おそらくそんな議論もなりたつことだろう。この相互関連性はフレイレの「預金型教育」と「文化侵略」という概念から、もっともよく説明がつく。預金型教育とは、ヒエラルヒー的な関係性によって性格づけられる教育であって、だからして、文化の押しつけ（文化侵略）を引き起こす前提条件を創出するのだ。被教育者たちは、教室での授業に自分の文化をもちこむ可能性を奪われる。彼らの文化は価値を否認される。自前の価値を認めるような仕方で授業に参加することはできない。そうした授業での学びは、人間が経験する一般的な学びの、統合的な一部を構成するものではありえないのだ。私はこれらの三要素の相関性が非常に重要であることを認めてはいるけれども、しかし整理の都合上、以下の説明ではそれらを分けて提示することになるだろう。

第2章ではグラムシの成人教育にかかわる思想を、原資料と二次資料をふまえた（資料にはイタリア語のそれがふくまれる)今日的な視点から解説したい。グラムシがわれわれのまえに残しているのは、広範多岐な問題をとりあげたきわめて膨大な断片の山であり、それはしばしば謎めいた言葉で書かれている。成人教育にかんする彼の思想のなかには、言外の意味をふくんだ(＝implicit な)ものもある。グラムシ本人はさまざまな形の成人教育に直接にかかわっているのであるが、そんな事実を通りこして、彼が残しているœuvre(作品)はたんにラディカルで政治的な成人教育だけでなく、もっと壮大なプロジェクトへのある関与の反映として書かれている。にもかかわらず彼の社会理論の巨大な総体から、読者は変革志向型成人教育実践に向けての無尽蔵の示唆を引きだすことができるだろう。彼の遺稿の多くが謎めいた言葉で書かれているということは、しばしば問題を引きおこす。さまざまな解釈がそこから可能になるからである。ポスト構造主義の流れを汲んだショウスタック・サッスーンは、グラムシは「開かれた祖型的テクストを産出した。読者は、それを読むそのたびごとに、テクストを再創造しなければならないからである[172]」と論じている。テクストの読みにたいするこの態度は、あきらかにフレイレが推奨endorse しているものでもある[173]。

第3章ではパウロ・フレイレをとりあげる。ここでの解説はそれほどむずかしい仕事ではない。イタリアの理論家とは異なって、フレイレは、少なくとも成人教育の思想にかんしては、「自分用に」多くを語っているからである。この章では、フレイレの思想をできるだけ現代史の文脈におきながら解説することにしたい。このかんの歳月のなかで、また彼の思想の本来の生地とは異なる環境のなかで、それがどう展開したかをみていきたいのだ。

第4章はグラムシとフレイレの成人教育にかんする思想を比較・分析したものだ。この章で析出される相互に補いあうテーゼは、彼らの思想を総合するときの足がかりとなるだろう。二人の思想を、その差異、その相補性と合一性において比較する作業は、もう一つの比較、すなわち二人の理論家がおかれたそれぞれのコンテクストの比較によって導かれるものだろう。

比較分析を享けた短い章、第5章では、彼らの思想の限界外にある今日の成人教育の固有の問題を浮き立たせたい。人種の問題、ジェンダー、セクシュアリティの問題、（農民と産業労働者階級とのそれをふくんだ）階級関係の問題が、とくに重要視される。また地球規模での資本の移動、情報テクノロジーにどのようにアクセスし、それを批判的にとりこんでいくのか、といった問題群が浮上する。

第6章はグラムシ、フレイレだけでなく、批判教育学、カルチュラル・スタディーズ、フェミニズム、反・人種差別教育、そしてもちろん成人教育など、関連諸分野の文献をもふまえた総合の試みである。この議論は、本書全体をとおして描きだされる教育像はどのようなコンテクストの下で発展することができるかを考察する第7章の試論によって締めくくられることになる。

第2章

アントニオ・グラムシ

革命戦略と成人教育

アントニオ・グラムシがしばしば逆境のなかで書きつづった断片的な著作群は、西欧社会の変革を志した政治家の、そのための革命戦略を明確化しようとする模索の記録である[1]。政治的な帰属からいうと、彼は最初は社会党員で、その後、共産党の活動家となった。後者はプロレタリア革命を最終的な目標として掲げる政党である。それゆえにグラムシの政治構想はすこぶる包括的なもので、教育問題の分析や検討を超えた広大な射程のなかで形づくられている。とはいえ教育は――より広い概念とコンテクストのなかに定位された教育は、彼の社会変革の戦略全体のなかで非常に重要な役割を与えられているといってよいだろう。この重要な役割は、レーニンからの借用であるとはいえ特殊にグラムシ的に定式化されたヘゲモニー概念との関連の下で与えられている[2]。

張りあう諸力の抗争の場――ヘゲモニーと教育

ヘゲモニーを厳密にグラムシ的な意味で定義するならば、「社会的現実が全側面にわたって一階級によって支配されるか、もしくは一階級に支持を与えている社会状態[3]」ということになるだろう。私もこの定義にそって論をすすめていきたい。とはいえ私の関心はラディカルな成人教育の理論にたいしてこの概念がどんな可能性を提示しているかを明らかにすることにあるので、射程をやや広げて一階級という語を支配的な諸集団におきかえることにしたい。私がそうするのは、所与の社会における権力の多面的な相貌を重要視したいと考えるからである。（多面的であるが、かならずしも無関連というわけではない。）

社会生活のこうした諸相は、影響力の行使と合意の獲得をとおして、民衆のあいだに生成され、また民衆に受け入れ可能なものにされていく[4]。その作用を担っているものの一つが「学習」である。グラムシにおいては、すべてのヘゲモニー的な関係性は本質的に教育的関係性である[5]。この教育関係に関与する行為者は、グラムシの考えでは市民社会を構成する諸々の制度であり、まさにこれこそが権力の文化的岩盤を形づくっているのである。たとえば法、教育、マスメディア、宗教などの社会制度であり、イデオロギー制度である。西欧社会では国家は、こうした諸制度のネットワークに包囲され、またそれらにささえられている。それらは、国家が難局に直面して「びくついた」ときなどに、きまってそのありがたさが痛感される「強力な要塞と塹壕のシステム」のようなものと考えられていた[6]。そうした性格をもつ学校やその他もろもろの教育造営物は、なんら「中立」なものではなく、既存のヘゲモニーを打ち固めるはたらきをするものので、だからして支配的諸グループ、とりわけブルジョアジーの利害と緊密に結託したものであった。

国家と市民社会を論じたグラムシのどの著作にも一貫して教育諸制度への批判がみられる。どの著作にも西欧資本主義的社会編成における教育政治の分析が要素としてふくまれている。教育は現存ヘゲモニーの固定化にあたって重要な役割を果たすものとして捉えられているのだ。支配的な生き方、すなわち優勢な生産様式をささえ、またそれによってささえられている一律な生活の仕方への合意を確保するうえで、教育の役割は決定的だ。ファシスト支配の最初の数年間にイタリア資本主義国家は初等教育への就学を義務化するのだが、グラムシはそのジェンティーレ改革批判のなかでそれを問題化し、それがどんな動向を導きだそうとしているかを分析している。彼の批判はファシスト体制が提起している「クラシックな」学校と「職業的な」学校の分離に向けられて、私のみるところでは、その論旨は今日のラディカルな教育論のそれ、「能力」にもとづく選別とはいっても結局のところは階級にもとづく選別と異なるものではないという批判とほぼ正確に重なりあうものになっている。グラムシはすべての子どもを対象にした幅広い教育を主張し、それは人文主義的な伝統をしっかりとふまえたものであるべきだという。

早くから狭く専門化された職業教育をほどこして子どもの未来を閉塞させてはならないと、グラムシは主張する[7]。職業学校は「小さな怪物」の孵化器であってはならない。職業的に特化された狭い教育を受け、「誤りをおかさない目」occhio infallibile と「堅実な手」mano ferma をもってはいるものの、「一般的な思想」、「一般的な文化」そして魂を欠いた、そんな労働者を育てる場であってはならないと、彼はいう[8]。狭く専門化された職業教育を早くからおこなうことにたいするこの懸念は、今日の「新職業主義」批判に先鞭をつけたものともいえる。

行為者

グラムシの著作は、そのすべてに「批判の言語」が浸みこんでいる。では「可能性の言語」はどうだろうか？　この言語も、グラムシの著作に一貫してみられると私はいいたい。グラムシは経済決定論者ではなかった。事実、一般的にも、彼の労作は同じ時代の公的マルクス主義とは決定的に断絶したものとみられている[9]。第二インターナショナルの革命論を――プレハノフ、ブハーリン、カウツキイ、イタリアの社会主義者アキッレ・ロリアの社会変革観を[10]、彼は拒否していた。グラムシの思想はこの点で当時のイタリアの労働組合主義者や社会主義者の実証主義的で決定論的な社会変革論ともまるで正反対であった。彼らは改良主義の政治路線を提唱したのだが、グラムシはそれも拒絶した[11]。こうした見解から生みだされる宿命論的日和見主義を、彼は「予定恩寵説」に比定している[12]。

マルクス主義思想の一定の限界にたいして、グラムシは自覚的であった。これらの限界は、彼の眼からみると、どんな知的改革も、それが「優位文化」に脱皮していく最初の局面では潜りぬけなければならない麻疹のごときものであった。ルターの宗教改革やカルヴァンのそれも結局は同じであって、まずは「民衆文化」として興隆し、のちのちしだいに「優位文化」へと成長をとげていったのである[13]。前記のマルクス主義者たちの所論は進化論的経済決定論が基調になっているのであるが、これとは対照的にグラムシの著作は行為者にたいする強い関心を伝えており、それは彼の初期の著作においても異ならない。『〈資本論〉に反する革命[14]』はロシア革命の直後に書かれた彼の初期の論文であるが、グラムシはそこでボリシェヴィキ革命はカール・マルクスの誤りを明らかにした革命であったと論じている。

しかし出来事がイデオロギーを乗りこえたのだ。史的唯物論の教条にしたがえばロシア史はこの批判的図式の枠内で発展しなければならなかったであろうが、出来事が図式を粉砕してしまったのだ。ボリシェヴィキはマルクスを拒否する。そして、史的唯物論の教条が、おそらく考えられるほどには、また信じられているほどには厳格なものでないことを、実際行動と現実の成果とを証拠に、主張しているのだ[15]。

アンジェロ・ブロッコリによれば、若きグラムシがベネディット・クローチェの作品に強く引きつけられたのは、実証主義者たちの受動的な現実追随主義の姿勢に対抗してこのナーポリの哲学者が徹底的に人間の能動的な価値を肯定しぬいたこと、そして第二インターナショナルやプレハノフ一党の機械論的決定論のなかにも、ほかならぬこの手の実証主義の残影をみたことに由来しているという[16]。クローチェにとっては、人間は歴史の唯一の主人公であった。彼の思想は行動を——具体的な「倫理・政治的」行動を刺激する。この行動こそが、新たな歴史の創造なのだ[17]。

この行為者への関心がもっとも明白なかたちで表明されているのは、ヘゲモニーと国家にかんする彼の理論的定式化においてである。グラムシのヘゲモニーには、多くの特徴がある。まず、スタティックでないこと。それはたえずネゴシエートされ、問題にし直され、そんなくり返しのなかで更新と再更新を重ねていく流動性の状態なのである。また完結されたものではなく多岐的であること[18]。過程がまるごと暗礁《あんしょう》に乗りあげることもある[19]。ということは、対抗ヘゲモニックな活動をおこなう余地が残されているということであり、ある決定的な瞬間においてそれが絶大な効力を発揮することもある、ということである。社会生活には強い差別や抑圧にさらされている領域がある。対抗ヘゲモニックな活動をおこなう人びとにとっては、そこが抗議の声を広げる有力な領野になるのだ。

陣地戦

グラムシにとってはヘゲモニーが競われている地帯は、ヘゲモニーをささえているまさにその地帯、すなわち市民社会であり、ここがたたかいの場であると考えられていた。国家は市民社会の諸制度によってささえられているから、国家を変えて新しい社会関係をつくりだそうとしても、正面対決ではことは進まないと、彼はいう。この種の正面対決をグラムシは「機動戦」と呼んでいた。しかし国家とその強制装置を内側から変えるプロセスが、権力の掌握のあとではなく、それに先行しておこなわれなければならない、とグラムシは考える[20]。社会変革をめざす人びとは——この場合でいうとブルジョア国家を変革しようとするプロレタリアートは——広範な社会組織のなかで、彼らの文化的影響力を高めていく「陣地戦」に従事する必要がある、というのだ。その過程で変革を志向するグループはほかのグループ、社会的セクターを異にする人びとと手を結んで「歴史的ブロック」を——階級や社会的諸集団が相互に連携していく様相を、グラムシはこの言葉によって描きだそうとしているのだが——創出する[21]。

いかなる革命も、それに先立つ精力的な批判の努力によって、人間大衆にたいする文化と思想の伝播によって道を拓かれるものだ。多くの人びとは自分たち自身の直接的な経済的・政治的利害しか念頭になく、同じ状況におかれた他者たちとの連帯など考えようともしないから、最初はそれに強い抵抗を示すのだが[22]。

革命における文化活動の役割を決定的なものとみるグラムシの思想には多くの人びとの影響が反映しているが、その一人の名をあげるとすればアンジェロ・タスカだろう。トリーノの労働組合員で[23]グラムシの社会党での盟友であったが、一九一二年にボローニャで開催された社会党青年党員会議で、労働者階級のための文化活動の重要性を訴えて熱弁をふるっている[24]。グラムシ自身は党の機関紙『人民の声』で、このように書いた。

社会主義は組織である。しかしたんに政治的・経済的組織であるだけでなく、とりわけ文化的活動をとおして達成される知識の組織であり、意志の組織なのである[25]。

成人教育は市民社会の枢要な領域をなしており、陣地戦のなかでも重要な役割を果たして、対抗ヘゲモニック的な文化活動に広大な裾野を開く可能性をふくんでいる[26]。実際、それが前・革命的なコンテクストのなかで決定的な役割を果たした歴史的な事例もある。グラムシの戦略分類でいえば、陣地戦よりもむしろ機動戦に近い闘争なのかもしれないが、ニカラグア革命のなかでの民衆教育の比重はそのようなものであった[27]。主導したのは教会内の「解放戦線支持派」カトリック神父たちで、一九七九年のサンディニスタの政権奪取に先行するかたちで革命を支持する空気をこの国に生みだしていった。

産業民主主義と新しい国家

ファシズムが政権をとる以前のトリーノの町は革命の雰囲気が漲っていた。グラムシたちの『新しい秩序』グループは工場評議会運動にエネルギーを注いでいたが、彼らはそれを、つまるところは一種の成人教育運動であると考えていた。労働者はこの運動をとおしてたんなる「賃金労働者[28]」ではなく生産者として「教育」され、産業民主主義の担い手としての洗礼を受ける。

工場評議会は一つの政治的教育制度としてとらえられ[29]、そこにおいて職場は、マルクスの言葉を借りていえば真の「労働の学校」となる[30]。グラムシにとっての工場評議会は、プロレタリアートの自己教育を企図する教育の場であり、労働者が経験を積んで国家権力を担う階級としての責任を自覚していく、そのための手立てであった[31]。「政権を掌握する以前の段階で労働者階級が主導性を発揮する[32]」ようになる、その足がかりとしてこれは重要であった。運動はトリーノをほとんど革命状態においたのであるが、にもかかわらず最終的に失敗した理由は、のちにグラムシがソレルの概念を使って「歴史的ブロック」と呼ぶことになる他階級との連携なしに活動がおこなわれたためであった。ブラムシはこの運動をふり返って、トリーノの蜂起は孤立したと記している[33]。

さて、行為者の問題について述べてきたが、そもそもグラムシにおいて社会変革の行為者として想定されていたのは何者であったのだろうか？　成人教育というからには、だれがその成人教育の教育者となるのか、また、その行為が向けられる特定の学習者集団が存在するのかどうかが、問題になるだろう。グラムシの見解にそくしていえば、「陣地戦」のなかで軸の役割を果たす行為者は、すなわち知識人であった。

知識人

知識人には二つのタイプが考えられる。一つは「大知識人」たちのグループである。「南部において農業ブロックの亀裂がきわめて危険な状態に発展し、地すべり的な状況を生みだすことを阻止することに貢献した[34]」のは、この知識人たちであった。まさにこのブロックこそは「南部の農民を大地主につなぎとめ、また北部の資本主義や大銀行との仲介者もしくは監視人として機能する装置」であったのだ。その目的はただ一つ、「現状の維持」であった[35]。この「大知識人」のなかにはグラムシの師であるベネディット・クローチェもいた。当代の文化的風土の形成をたすけ、ヘゲモニックな集団の利益を共約することに貢献した文字どおりの大知識人である[36]。このタイプの知識人の重要な名をもう一つあげるとすれば、それはジュスティーノ・フォルトゥナートだろう。グラムシは、クローチェとフォルトゥナートを「半島のもっとも勤勉で精力的な反動知識人」とみなしている[37]。第二のタイプはサバルタン知識人、すなわち教師、僧侶（グラムシは北部の僧侶と南部の僧侶ではおおいにちがっていること、北部の僧侶は南部の連中よりもより高い「道徳的廉直さ」を示す[38]ことを指摘している）、それに下級役人たちである。彼らの仕事は基本的には支配のシステムに従った政治的なものである[39]。

グラムシは知識人にたいする新しい見方を提示して、「有機的知識人」について語る。すなわち正当化 legittimazione のエクスパートである文化労働者もしくは教育労働者である。彼らはある歴史の発展段階に対応して、伝統的知識人と対立する存在として出現した。社会が異なる発展段階に入ったために、知識人が担う「有機的な」目的は過去のそれとは異なるものとなったのである[40]。グラムシはいう。

各社会階級は経済的な生産の世界での本質的機能を本源的な基盤として成立するが、自らと同時に、一つもしくはそれ以上の知識人集団を有機的に創出する。それらの知識人集団は相互に同質性を帯び、経済分野のみならず社会と政治の分野においても共通の機能を果たしていることを意識するようになる。資本主義的企業家は、自分自身と一緒に、工業技術者、政治経済学者、新しい文化の、そして新しい法の組織者等々を生みだしていくのである[41]。

伝統的知識人については、次のように書いている。

すべての〈本質的な〉社会階級は先行する経済構造のなかから、この構造のある発展の表現として立ち現れるのであるが、その場合に、少なくともこれまでの歴史に徴してみると、それ以前から存在しているカテゴリーの知識人、社会と経済のラディカルで複雑な変化にもかかわらずなおいまだに断ちきられることのない歴史的連続性を代弁するかのごとき一群の知識人をみいだすのである[42]。

エドワード・サイードの言葉を借りていえば、「有機的知識人は積極的に社会に参入する。すなわち精神を変え、市場を拡大するために不断に奮闘するのである[43]」。有機的知識人が支配階級や支配グループ(たとえば経営者)との関係において有機的であるとすれば、彼らは現存へゲモニーのイデオロギー的・政治的団結の仲介者として働くことになるし[44]、逆に、権力を得ようとする従属階級や従属集団に有機的である場合は、陣地戦に従事し、その成功のための必要条件である連帯を確保しようと努めるだろう。従属集団にたいして有機的であるときには、その任務のなかには知的・道徳的改革への寄与がふくまれるはずである[45]。グラムシは、反教権主義の国イタリアが直面する課題は、より公正な社会の土台を据えることであると感じていた。グラムシが熱望していたイタリアの改革とは、いってみればプロテスタントの宗教改革が北部ヨーロッパにもたらしたようなある種の改革のインパクトをこの南の半島にもたらすことであったのだ[46]。

それは大衆を巻きこむ改革、その根をしっかりと民衆の意識に下ろした改革でなければならなかった。それゆえに、それはたとえばクローチェ流の観念論にもとづく改革とは異なったものにならざるをえない。そのような改革では大衆の心に届くものとはなりえず、いったん反動的な動きがおこればたちまちにして総崩れになるだろう[47]。サバルタン集団にコミットする有機的知識人はそのような改革の実現を援助する存在でなければならない。彼らは「新しき君主」の、その集団構造の、あるいは大衆政党の、ヴァイタルな構成員でなければならず、またそのことによって、その名に相応しい政治的知識人に、あるいはdirigenti(=方向性を与える集団)になることができるのである[48]。

対抗ヘゲモニックな文化活動に身を投ずる成人教育従事者は、グラムシの概念を使っていえば、権力を追求するサバルタン集団の有機的知識人であると考えるべきだろう。いいかえれば、彼らは、彼らの教えようとする相手に政治的に加担する存在でなければならない、ということである。そうでないかぎり、学習は不毛なものにならざるをえない。イギリスのWEA（労働者教育協会）[49]とよく似たイタリアの制度、イタリア「民衆大学」がプロレタリアートの利益になるとはグラムシは信じなかったが、それはこれにかかわる知識人たちが一向に有機的ではなく、労働者階級にコミットする気などはさらになかったからである[50]。民衆大学は、グラムシの眼からみると典型的な改良主義で、大衆への文化普及をめざしてはいるものの、学習者の社会的・文化的条件を変えることなどまったく眼中にない博愛主義的制度にすぎない[51]。

グラムシはまた、教師たちがとっている学習へのアプローチにも著しく懐疑的であった。それは学習者の生活と結びついたものではないし、彼らにとって切実なものでもない。教師たちは「効果的に教えることよりも、覚えさせることばかりに注意を向けている」と、グラムシはいう[52]。もっと学習者の生活背景と結びついたアプローチをめざすとすれば、わが労働者階級は、自らのうちから自らの知識人を生みだすことをめざす必要があるし、それと同時にまた伝統的な知識人を自らに同化していくことも重要である。そしてその同化のプロセスは、それ自体が「陣地戦」の決定的な側面となるだろう、とグラムシは考えていた。けだしこの点とかかわっての労働者集団の努力の勘どころは、この二つの過程を一つのこととして、両々相俟っておしすすめることだろう、と。

工業労働者階級と農民

行為者としての応答可能性《リスポンシビリティ》をとりわけ豊かにもつ社会的カテゴリーをグラムシが想定していたのかどうかという問題であるが、はっきりいえることは、南部の農民社会を直接に知悉しているにもかかわらずグラムシがその革命的可能性に信頼を寄せていた社会階級は、トリーノに在住する工業プロレタリアートであったということだ。たしかにグラムシは「南部問題」に深く取り組んでもいたし[53]、プロレタリアートと農民の「国民的・民衆的」な連携によって特徴づけられる「歴史的ブロック」を提唱したりもしているが、その連携においても指導的な役割(direzione)をあてがわれていたのは前者であった。

われわれはきわめて現実的な図式に与していたのであって、農民への土地の分割という「魔法の」図式にはまったく賛成していない。それは工業プロレタリアートと農民階級の同盟による全般的な革命行動――その行動は工業プロレタリアートの**指導下で**おこなわれる(ゴチは引用者)――の枠組みのなかで実現されるべきである、といっているのである[54]。

グラムシのこうした見解は、現にラクラウとムフのような著作家がそうしているように、一種の本質主義[55]、行為者の役割をプロレタリアートにあてがう古典マルクス主義の伝統を一歩も踏みでるものではないと、決めつけられても仕方がない体のものである。古典マルクス主義では、プロレタリアートは成就すべき歴史的使命を帯びた「普遍的な階級」に祭りあげられている。かといってグラムシの場合、行為者の役割をほかのグループや運動にかんして認めていないわけではないのだ。事実、イタリアの対オーストリア民族解放運動を歴史における能動的な行為者の例として非常に重要視もしているのである[56]。しかし成人教育について書かれたグラムシの文章は、工業労働者階級の教育要求に焦点を絞ったものがほとんどである。成人識字教育の問題は、非識字者の多いイタリア南部の成人教育にかかわる者にとっては重大な関心事なのだが、グラムシの著作のなかではほんのリップサービス程度の言及しかおこなわれていない。強制教育にたいする農民階級の抵抗をとりあげて、その理由を説明した文章のなかで、ほんの一行触れているのが私の知るかぎりでの唯一の発言である[57]。ようするに、グラムシの著作のなかで眼差されている成人教育の対象者は特定の人びとなのであって、それは、これらの著作が彼自身の活動家、オーガナイザー、成人教育従事者としての直接経験の産物であることによって説明がつくだろう。それらは都市トリーノに限定された経験であった。彼は自分が直接に身をおいている地域のことを書いていたのである。

グラムシの著作における行為者の問題は、ある運動、もしくは諸運動の連携という脈絡のなかで彼が実際に考えていた革命活動や教育活動を視野に入れないと中途半端な議論になってしまうだろう。これらの運動がより大きな行為者を構成することで、社会変革の活動が遂行されていくわけである。グラムシの人生のなかでもっとも革命の機運が盛りあがっていた時期は、おそらく工場評議会運動の時代であったと思われる[58]。この時期、『新しい秩序』グループが調整者となって運動内部で文化活動がさかんにおこなわれていたことを、私たちは知っている。このことからもわかるように、陣地戦は、それが運動という枠組みのなかでおこなわれることで、成功の可能性を高めていくようだ。グラムシが自らの工場評議会経験から引きだした教訓は、残念ながらトリーノの場合はそうはなっていなかったのだが、この運動は社会生活のさまざまな領域を横断し、一地方に限定されない幅広さをもった運動でなければならなかったということである。グラムシのトリーノ工場評議会運動での苦杯[59]と、歴史的ブロックの創出の必要性をうったえたその後の著作は、まさにそのことを浮き彫りにしている。イタリア共産党の機関紙『ウニタ（団結）』の題字はグラムシの発意によるものであったが（彼はこの新聞の創刊者ともみられている[60]）、合意を獲得する長い努力をつうじて、最終的にすべての民衆勢力が結束して新しい歴史的ブロックを形成するという連合の思想を伝えるものである[61]。

実践の場、社会的関係性、教育内容

グラムシが唱えていた成人教育の活動とは、どのような性質のものであったのか？　この問題を三つの観点から論ずることにしたい。実践の場、社会的諸関係、そして内容の三点である。

実践の場

「陣地戦」という思想――つまりは、あらゆる戦線で文化の攻勢をしかける、という思想――を愚直に体現して、グラムシの数かずの著作は、およそ社会的実践の場は、いかなる場といえども成人教育の場に変じうるという想いを伝えている。実際、彼の書き散らした夥しい文章群は、社会生活のあらゆる領域において対抗ヘゲモニックな活動に従事しようとした彼の終生の努力を如実に反映している。これらの著作から浮かんでくるグラムシのイメージは、疲れを知らぬ組織者のそれであり、「サバルタン」階級の教育にあたってはいかなる未踏の余地も残すまいとする教育者の姿である。

ルートは多様で、サークル、クラブ、労働者階級の政治組織と直結した結社、すなわち労働組合や政党と、さまざまである[62]。工業地帯はそれそのものが重要な学習の場となる。労働の場でのそうした教育的経験は、文化センターや文化サークルによってささえられなければならないと、グラムシはいう。彼が援助して一九一七年に組織された「Club Vita Morale（道徳的生活クラブ）」はそうしたセンターの一つで、労働者が読書し、おたがいの意見を披露しあう集まりであった[63]。もう一つのセンターは短命に終わったがプロレタリア文化学院であった。これについては第一章でも触れたがロシアのプロレトクルト[64]、ロマン・ロラン、バルビュス[65]ら『クラルテ』に結集した人びとの理念に共鳴して結成されている。事実バルビュスは一九二〇年の十二月にトリーノの「人民の家 Casa del Popolo」でこの運動についての講演もおこなっている[66]。

グラムシの著作には、労働者文化協会をつくりたいという彼の年来の願望を吐露した文章が散見される。労働者が集まって、労働運動に関連するあらゆることがらを討論しあえる、そんなスペースをつくりたい、というのだ。そうした結社は、階級的な、かぎられた目的のために運営されるものでなければならない。明確な目標を追求する、プロレタリア的な施設でなければならない、というのだ[67]。彼はまた、文化活動機関を政治経済活動のそれと統合する鼎《かなえ》となるような結社の必要性を感じてもいた。そういう機関があれば「プロレタリア運動は濃密なものになり、闘争に向かうエネルギーも高揚するだろう[68]」と考えたのである。

この点ではアナトリ・ルナチャルスキイの著作から示唆を受けていた模様で、グラムシがしばしば筆を振るっていた雑誌『人民の叫び』には、その問題についてのルナチャルスキイ論文がイタリア語に訳されて掲載されている。ルナチャルスキイ[69]は社会主義文化サークルのネットワークの創造を訴えていた。こうしたサークルの重要性は、グラムシもかねてから痛感していたことであった。事実、つとに一九一六年、トリーノの労働者学習サークルで若きグラムシがさまざまな主題でスピーチをおこなっていたこと、論題にはマルクス、パリ・コミューン、ロマン・ロラン、フランス革命などがふくまれていたことを示す証拠がある[70]。彼の成人教育への関与は、ずいぶん早い時期からのものであるようだ。この頃、彼はジャーナリズムの仕事にも深くかかわっていた[71]。

プロレタリア成人教育の機会をみつけては余すところなく活用するグラムシの不屈の意志は、身体を拘束され、明白に拘禁下にあるにもかかわらず、なお幽閉地ウスティカ島に「監獄学校」をつくり、(短期間であるとはいえ)教えることを続けようとした努力のなかに反映されている[72]。このアイディアはイタリアじゅうに広がって、政治拘束者がいるところであればどこの監獄でもおこなわれるようになった[73]。ことほど左様に、グラムシにとって変革志向型教育は社会的実践のどんな場ででも立ちあげうるものなのであった。この融通無碍ぶりはラディカルでノンフォーマルな成人教育の十八番《おはこ》ともいうべきもので、とりわけ社会変革をめざす運動と結びついた教育活動の場合に、それは際立ったものになる。

こうした多様な場での努力は文化雑誌のようなメディアによってもささえられていた。グラムシのジャーナリストとしての経験がこの面でおおいに役立っていたことは明らかで、彼は、こうしたメディアをインフォーマルな成人教育の貴重な資源とみなしていた。『新しい秩序』はグラムシ、ウンベルト・テルラチーニ、パルミーロ・トリアッティが一九一九年五月一日に発刊した週刊誌であるが、社会主義者の文化雑誌を企図したものであり[74]、したがって成人教育の重要な手立てとも考えられていた。それは時代の文化的生産をサバルタン階級の視点から――雑誌はそれを代弁しようと志していた――分析する手段として創刊された。そのことをとおしてトリーノの労働者が支配文化のなかの適切な要素を批判的に自らのものとすること、また同時に民衆文化のなかの解放的な側面をより彫琢し、そこから新たなプロレタリア文化を創造すること、それらの目的を追求する重要な媒体として、彼らはこの雑誌を刊行したのである。

社会的諸関係

グラムシの書簡や文化的著作物の随所に成人教育への言及がみられることはたしかに事実なのだが、この領域での理論的深化にもっとも大きく貢献した文章群は、工場評議会運動をめぐって書かれたそれではないかと、私は思う。これらの著作で強調されているのは、工業の世界において民主主義を勝ちとることの重要性であり、それが労働者国家のバックボーンになるのだというう期待である。工場は、ジョン・メリントンがいうように、「資本主義社会のなかでも民主主義がもっとも徹底的に否定されている場の一つである[75]」のだが、まさにその地帯において、ということである。工場評議会運動についてのグラムシの文章に一貫して脈打っているのは民主主義への期待であり、そこで強調されているのは「肉体労働、熟練労働、管理部門従業員、技術指導者らのコラボレーション」[76]を基礎にして生まれる一種独特な職場環境である。そうしたコラボレーションをつうじて労働者は「工業的過程の統一性」を身をもって体験し、自分たち自身を労働の全システムの——それは製作物というかたちで対象的に集約される——分離しえない一部とみるようになる[77]。こうして彼らは工場の経営陣にとって代わり、生産過程を完全に知的コントロールの下におくことのできる存在になる[78]。それだけではない。グラムシによれば、労働の場で得られた知識は、社会全体の働きにたいするより行き届いた理解をもたらすのだ。「ここにいたって労働者は生産者となる。なぜなら、彼らはあらゆるレベルでの生産過程、職場から一国、一国から世界にいたる全生産過程のなかでの自らの役割に自覚的になるからである[79]」。

そのような管理を実行する能力を労働者に獲得させるというのだから、工場評議会が用意する教育のプログラムは、当然のことながら民主主義と共同の精神に貫かれたプログラムでなければならず、労働の場で育まれるその精神は、ひいては未来の民主主義労働者国家そのものの理念像ともなるはずのものである[80]。工場評議会運動によって現出される職場環境が、すなわち社会主義国家の未来像となるのである。

社会主義国家は、被搾取労働者階級に特徴的な社会生活の諸制度のなかに、すでに潜在的に存在している。これらの諸制度を連結し、それらを能力と権力の高度に集権化されたヒエラルヒーへと調整し秩序づけていくこと、ただし必要な各自の自律性と分節性についてはこれを尊重すること、それは真の労働者民主主義をいまこの場において創造することにひとしい。――それはブルジョア国家に効果的・積極的に対立する労働者民主主義であり、国民的な遺産を管理しコントロールするその本質的機能によって、即座にブルジョア国家にとって代わることのできるものなのである[81]。

だから生産の分野での関係性の民主化は、国家を構成するより大きな社会的諸関係を民主化する重要な足場と考えられていた。ここでグラムシが考えている国家は「物」としての国家、物化された対象ではなく、生産をめぐる関係のあり方なのである[82]。以上のことから論理的に引きだされる結論は、私の考えでは、評議会が有効に未来の民主主義を先取りするものであろうとするかぎり、そこでおこなわれる成人教育は、教育者としての労働者と学習者としての労働者との関係をもふくめて、高度に参加型であり、ラディカルに民主主義的であることが要求される、ということである。

グラムシが「教育する者」「指導する者」「学ぶ者」のあいだのヒエラルヒー関係を緩和することに心を砕いていたことは、ヘゲモニーや知識人の役割を論じた文章群から窺い知ることができる。彼はアクティブで相互的な関係性を推奨する。「すべての教師がつねに生徒であり、すべての生徒が教師である[83]」ような、そんな関係をつくりたいという。私の解釈では、グラムシが望ましいと考えていた知識人と大衆の関係は、次のようなものだ。知識人はその理論形成能力にもとづいて後者を指導するのだが、同時にまた、大衆が指導的な役割を果たすことをも許容しなければならない、ということである。それゆえに知識人は、相互的な仕方で大衆から学ぶ存在でもある。ロラーナ・ラホーロは彼女のすぐれたグラムシ評伝のなかで、グラムシが「道徳的生活クラブ」だか『アヴァンティ！』のオフィスだかで、労働者との討論に従事しているようすを紹介している。彼女の記述によると、白熱した討論がおこなわれているあいだじゅう、グラムシは多くを語らず、倫理的行為にかんするちょっとした示唆を加えたり、出された発言の趣旨を確かめるための質問を挿んだり、他人の反対意見を押さえこむようなもののいい方に若干の異論を唱えたりするだけで、それ以上の介入は慎んでいた。彼の態度はソクラテス型教師のそれ、能弁やいいくるめを斥ける我慢づよい教育者のそれであったという[84]。

同じ態度が教育者にたいしても適用される。「単一学校」についての彼の論説は——これを典拠に、彼が保守的な教育[85]あるいは保守的教育の若干の要素[86]をもちいて労働者階級をエンパワーしようとしたと推論する論者が出てくるのであるが——当のグラムシは一方的な事実の伝達しかしない教師たちを「無能な」教師と呼んでなじっているのである[87]。こうした教師が「古い学校」にはつきものであるともいっている。しかしながら、グラムシによれば古い学校にもそれなりの美質があって、それがジェンティーレ改革では消えてなくなっているのだ。とはいえグラムシは、ジェンティーレ改革の撤回を求める闘争のほうもこれまた多分に「的はずれ」なものであると考えていた。

グラムシがいおうとしていたことは、知識を伝えることと厳しさを欠いた対話と参加型教育は労働者階級にとってマイナスになる、ということであったようだ。そのような対話は、きまって、たんなる能弁大会に堕してしまうのだ。事実をきちんと伝えること、古式な学校のこの美質を、彼は高く評価し、その一方で、彼には真空のなかの対話としか思えない近ごろもてはやされているやり方に違和を表明していた。それが成人教育者に投げかけているメッセージは、いかなる対話型教育といえども、その対話を有益なものにしようとする以上は、ある程度のインストラクションを付帯することがどうしても必要である、ということだろう。これは今日の成人教育談義のなかでも、しばしばいわれていることである。批判的な分析を抜きにしたたんなるファシリテーションは、学習者を古い思考のパラダイムから脱却させない[88]。以上のことからして変革志向型成人教育の理論としていえることは、成人教育者はあくまでも民主的な社会関係というコンテクストの内部においてではあるが、知識を伝えることをとおして参加型・対話型の教育を質的に向上させることができる、ということである。

彼の教育理論はディレクティブである(すなわち、政治的な目標に向かって指し向けられている)。有機的知識人/成人教育者は体系的な知識と理論的な洞察力を具えているが、にもかかわらず、学習者/大衆との接触をとおしてたえず自らを検証し、更新していかなければならない。グラムシがその成人教育者/有機的知識人と学習者/大衆間の弁証法的な関係性を強調してやまないのは、そのためである。彼の提唱する上記のような相互的な関係性は、教育にかぎらず、「社会全般、個人と個人との関係一般についてもいえるはずである。知識人と非知識人とのあいだにも、同じ関係がある」のだ[89]。

内容

グラムシはその著作のなかで、くり返し問題にされてきた定番のテーマ、「上位文化」と「下位文化」の断裂について、それぞれの側から考察をおこなっている。この問題で彼が思い起こしているのはレーニンがルナチャルスキイとプロレトクルト運動にたいしてしかけている論争である。この運動は過去との文化の絆を否定するものであるとして、レーニンはこれを批判しているのである[90]。

プロレタリア文化は、どこにもない空想世界から生まれる何かではない。それは、プロレタリア文化の専門家と称する連中の発明品ではない。そんなものは、まったくのナンセンスだ。プロレタリア文化は、人類が資本主義社会の、地主社会の、官僚社会のくびきの下で培ってきた知識の堆積の自然な発展の所産でなければならない[91]。

伝統的学校における教育について述べたくだりで、グラムシは、生徒たちがギリシャ語やラテン語を学ぶのは直接の実用に役立てるためではないと論じている。そうではなくて、「ギリシャのことやローマのことを、自分たちの近代文明の前提になっているこの文明のことを、原典をとおして知るためなのである。いいかえれば、自分自身であるために、意識的に自分たち自身を知るために、彼らは古典語を学ぶのである[92]。そうした「上位文化」は、グラムシにおいては、プロレタリアートが創出しようとしている文明の、その前提条件を知るための手段なのである。このことについては批判的な検討が必要なので、のちほど立ち返って、再度この問題を考えてみることにしよう。

こうした古典教科、「死語」の勉強は厳しい修練を課するもので、伝統的社会の知識層ceti intelletualiにとって、それは必須のものだ。とはいうものの、グラムシが古き学校にとって代わるべきものと考えていた新しい学校で、それが適切でありつづけるとはちょっといえそうにない[93]。この点でも、グラムシの見解は明快であった。「公的な学校の主要教科の位置をしめているラテン語とギリシャ語はおきかえられる必要があり、それはとって代わられることになるだろう[94]」。

何にとって代えることが生徒にとって適切なのかが熟考されなければならないのだが、グラムシによれば、これはおいそれと答えの出る問題ではない。

新しい教科、あるいは教科群を、教育と全般的な人格形成におよぼすその効果という点で、しかも初期の子ども時代から大人としての職業選択の門口に立つ年代まで、(古典語教育に)匹敵するほどの効果を期してカリキュラム的に配列するという作業は、なかなかに容易なものではないのである[95]。

同じ指摘を成人教育に当てはめても、論点の拡散にはならないだろう。グラムシが「単一学校」論のなかであげているさまざまな資質――勤勉、正確さ、平衡感覚(身体的な平衡をもふくめて、だ)、あることがらに取り組んでいくときの集中力、それらの資性をサバルタン諸階級の成人学習者のなかに発展させていくための、学習分野や課題とはいったい何なのか。このことがたえず問い返されることになるだろう[96]。

一見隔絶したかのようにみえる「上位文化」と「下位文化」のその両方にグラムシは注目しつづけたが、これは双方のなかに潜んでいる解放的な契機を総合しようとする、彼の不断の探究の一部をなすものであった。それこそが新しい文化の礎になる、とグラムシは考えていた。彼が『獄中ノート』のなかで、民衆文化の領域が支配文化の領域に組みこまれていく仕方に強い関心を表明するのは、おそらくそうした理由にもとづくものだろう。彼は新聞小説的な、それゆえにポピュラーな物語を素材にして、それを「芸術的」なフィクションに仕立てあげた作品、たとえばドストエフスキイの小説のような作品に、並々ならぬ関心を示しているのである。そこに示されている「民衆的なもの」と「芸術的なもの」との相互作用のありように、彼は注目した[97]。「支配文化はどのようにしてヘゲモニックな文化になることができたのか」――その疑問に迫ろうとするときに、このプロセスは、グラムシにとってことのほか興味深いものに思えたのである[98]。グラムシはイタリアの新聞小説のお粗末さを嘆き、プロレタリアートは、ドストエフスキイがウージェーヌ・シューやスリエの新聞小説にたいしておこなったことを——すなわち、そうした形式を芸術的に彫琢して民衆的な文学作品をつくりだしていく作業を、まさにこの国においておこなう作家集団を育てなければならないと書いている〔99〕。

グラムシは、彼の念ずる革命のプロジェクトと響きあう労働者階級の文学とは、そのようなものであると考えていた。グラムシが挙げている先駆的な例はラッファエーレ・ジョヴァニヨーリの作品『スパルタクス』である〔100〕。マルクス主義者の心につねにうったえつづけてきたローマの奴隷たちの物語である。というわけでグラムシは大衆的な新聞小説を、新しい文学、新しいプロレタリア文化をつくりだす試みを、注目に値する戦線として重要視していた。それは民衆的なものにしっかりと根をおきながら、しかし民衆的なものと支配文化の芸術的表現様式との相互作用の産物でもある。

「カノン的な作品」のなかには労働者階級の要求に応える何かがふくまれていると、グラムシは考えていた。定評ある作家たちの戯曲や著作を彼が熱心に批評する理由は、そのあたりにあるだろう。サバルタン集団の成員たちの経験と響きあうものが、そこにあると彼は感じていた。たとえばイプセンの『人形の家』〔101〕の主人公ノラ・エルマの人間像は、彼が別なところに書いている「女性の新しい人格」のプロトタイプ（原型）とみなされている〔102〕。

そうした支配文化の知識は、労働者が自らの文化を発展させていく下準備として、グラムシの構想する文化プログラムのなかに組みこまれていたと、以上の叙述からそう推断してよいだろう。とはいうものの、この知識は無条件に受け入れられてはならない。その摂取の仕方は批判の要素をふくんだものでなければならないのである。

新しい文化の創造はたんなる一個人の「独創」を意味するにはとどまらない。それはまた、そしてなによりも、すでに発見された真理の批判的なかたちでの放散、いわばその社会化を意味しているのである。それは、ひいては決定的な行為の基礎となり、調整の一要素、知的・道徳的秩序の一つの礎石となるのである[103]。

既存の知識をあくまでも批判的に摂取するというこの思想は、新たに台頭するサバルタン文化、グラムシにそくしていえばプロレタリア文化のカナメをなすものだ。支配文化を変えるために、そのためにこそ、批判的かつ選択的にそれを己れのものにするというこの論点は、ヘンリー・ジルーとマイケル・アップルがハロルド・エントウィッスルの著書を書評したときの基本的な批判点であった[104]。

それを変革するために支配文化をマスターするという論点は、グラムシのほかの方面の仕事のなかでも展開されている。たとえば、グラムシは「サバルタン」階級の人びとによって支配者のヘゲモニックな言語が習得される必要があると主張する。政治生活の番外におかれないためにはそうする必要があるというのである。成人識字プログラムの問題と、それは直接に関連する。まえに言及した識字についての短い文章のなかで、彼は、農民はcampanilismo（割拠主義）によって彩られた狭隘な環境から抜けだすために標準語を学習する必要があると力説する[105]。

すべての言語にそれぞれの世界観と文化がこめられているというのは、たしかにそのとおりであるが、一つの言語について、その世界観が具えている複雑性の大小を見積もることができることも、これまた事実である。方言しか話さない人、あるいは標準語を不完全にしか理解しない人は、多かれ少なかれ限定された自らの地方的世界の直観に必然的にしがみつくことにならざるをえない。それは世界史の大きな流れに身を閉ざした時代遅れの直観でしかない。彼の関心は視野狭窄で、多かれ少なかれ同業組合的で経済主義的で、普遍性のあるものではない[106]。

グラムシはさらに、サバルタン諸階級は共通の言語を話す能力をもつことで、より広範な団結を達成することができるだろうと感じていた。しかしその言語は、「人工的」、「機械的」、「非歴史的」なものであってはならない、ともいう。――これはすなわち、彼がエスペラント語にみていた特質であった[107]。もしもいろいろな地域のサバルタン階級が自分の方言ばかり話していたら、団結はいつまでたっても完全なものにはならないだろう。

グラムシの構想によれば、成人教育のなかで習得されるべきものは、支配文化ばかりではなかった。歴史の知識もまた、不可欠であった。カノン的な作品が過去にその根をもっているように、歴史と向きあうこと、それをマスターし、変革することが、同様に必要なのだ。歴史は労働者階級の成人教育の目玉でなければならない。彼はいう。

もしも世界史が、人類が特権、偏見、偶像崇拝から自らを解放するためにおこなう努力の鎖であるということが本当にそうならば、プロレタリアートが、その歴史の鎖にもう一つの輪を結ぼうとしているプロレタリアートが、歴史の〝如何に〟と〝何故〟を、だれによってそれが推進されたかを、そしてこの知識から得られる利点がいかに大きいかを、悟らないでいてよいという理屈は諒解しがたい[108]。

ラディカルな成人教育理論の発展にとって、グラムシの著作のどんな点がもっとも大きく寄与しうる勘どころかといえば、それはやはり、支配文化を批判的にとりこむという彼の主張ではなかったかと私は思う。しかしながら、内容ということからすると、グラムシの強調点はほかにもあった。職場の民主主義を論じた初期の文章では、トータルな生産工程の知識が労働者によって共有されること、それとともに彼らが経済と経営のスキルをも学びとることの意義がいたく強調されていた。

グラムシは最初からずっとマルクス主義者であったから、実践をとおしての教育ということを非常に重くみていたことはまちがいない。実践は彼の著作のいたるところに登場する概念なのだが、その行き着くところは人間の教育と生産の世界との全面融合だ。人間存在と工業生産の関係をクローズアップした芸術形式に、彼が心酔を示すのはそのためである。未来派を論じたトロッツキイ宛の書簡は、この問題にたいする彼の関心の強さをうかがわせるものだ。未来派の運動は世紀末(fin de siècle)ブルジョア文化の残滓に引導を渡し、芸術的モダニズムとインダストゥリアリズムを等置しようとする運動であった[109]。グラムシは、この運動の文化誌が労働者階級のあいだで熱心に読まれていることを記し、雑誌の同人たちは「私たちのこの時代、大工業の、巨大プロレタリア都市の、強烈で騒然とした生活の時代が、芸術の、哲学の、行動と言語の、新しい形式を求めていることを鋭く、はっきりと把握しています」と称賛している[110]。未来派の詩人にしてイデオローグのフィリッポ・マリネッティも、工場評議会のコーディネーターに招かれて、彼らの新しい運動の理念を労働者たちに解説している[*訳注]。

いうまでもなく、未来派運動へのグラムシの信頼は最後には幻滅に終わる。その信奉者たちの多くは、トロツキイ宛の手紙のなかで彼が認めているように[11]、ファシズムの加担者に転じてしまうからである。しかしながら初めのころのこの運動への熱烈な傾倒は、人間と工業との関係を重視する芸術形式へのグラムシの強い関心を物語るものだろう。この関心が彼を導いて、いささか理想主義的な臭いがしないでもないが、以下のようなことをいわしめたのである。

労働者は学び、そして労働する。彼の労働は彼の学習であり、彼の学習は彼の労働である。自分の仕事（労働）のなかでスペシャリストとなろうとすると、平の労働者は、スペシャリストの資格をとるのと同じくらいの年数がかかる。しかしながら労働者は直接に生産労働をおこないながら、まさにそのなかで学習をやりとげていくのである。——支配的な存在となったときの労働者階級は、学校においても手の労働と知的労働を結合しようとする。かくしてこの階級は新たな教育の伝統を創出するのである[112]。

結語

アントニオ・グラムシは成人たちの教育・文化活動のなかに、対抗ヘゲモニックな行動を創出するカギがあると看取していた。従属的な社会的諸グループがブルジョア国家に揺さぶりをかけ、より広範な人びとの利益を代表するものに変えていくための「陣地戦」を成功裡にたたかい抜くためには、そのことがどうしても必要だと考えていた。私は、そうした理由からグラムシの仕事を、ラディカルな成人教育理論の発展にとってみすごすことのできない重要な遺産と考えるのである。われわれの課題は、この社会の変革に寄与しうる成人教育の戦略を発展させるために、そしていまは権力構造の下積みになっているすべての人びとの利益を代表しうる社会にしていくために、グラムシの洞察を自らの足場として活かすことである。

マリネッティ＊二十四歳の若きマリネッティはフランスのドレーフュス派の文学雑誌『ラ・ルヴュ・ブランシュ』一九〇〇年八月十五日号に「一八九八年 ミラーノの諸暴動」と題する長文の記録を、翌一九〇一年三月十五日号の政治・社会欄には「ミラーノ民衆大学とG・ダヌンツィオ」というコラム記事を寄せている。前者は失業と食糧危機に揺れるイタリア、とくに南部諸州の社会的激動を伝えながら、相対的に安定していると見られていた産業都市ミラーノと、その周辺の北部都市にもそれが及んでいく実況を記録した力編である。後者は同年三月に発足したミラーノ民衆大学のオープニング集会の模様と、「人寄せパンダとして」そこに招かれた詩人のガブリエッレ・ダヌンツィオが広間を埋めた労働者聴衆を前にして独立英雄ガリバルディを讃える長大な詩を朗読する情景を、冷静な記録者の視線で描いている。後の未来派イデオローグのそれとは異質な一面が、これらの初期ジャーナリズム作品には示されているようだ。民衆大学については、『ドレーフュス事件』(P・ミケル著、渡辺一民訳、白水社クセジュ文庫)六二ページ、同書の訳者あとがきを参照。

第3章

パウロ・フレイレ 批判教育学と成人教育

パウロ・フレイレは批判教育学の先駆者の一人として世に知られている[1]。社会内の差異、公正、その変革といった問題にかかわっている教育学の一派である[2]。グラムシとは異なって、フレイレの著作はどちらかというと政治分析よりも教育者の視点から書かれたものが多い。後期においては大サンパウロ市教育長としてブラジル労働者党のために尽力しているのだが、政党政治の戦略を包括的に述べた著作はない。著作の大部分は教育問題に集中している。とはいうものの、それらの問題はより広範で一般的な抑圧の形態をめぐる議論、あるいは変革の可能性をめぐる議論の枠組みのなかで論じられている。グラムシにとってそうであったように、フレイレにおいても教育と政治とは不可分である。「故意か無知によるとすれば話が別だが、教育に政治的側面があることを、だれも否定するわけにはいかない」と、彼はいう[3]。

政治的教育学

それゆえにフレイレの著作は伝統的教育方法の批判のうえに――ヘンリー・ジルーの言葉をつかっていえば「批判の言語」のうえに築かれているが、ジルーはまた、これと対をなす「可能性の言語」を、フレイレの仕事のもう一つの側面を表現する言葉としてもちいている。

フレイレは、ブルジョア思想の堆積のなかに埋もれていた世俗的、そしてまた宗教的な諸解釈から、だれも引きつごうとしなかったさまざまな解放の思想をとりだしてきた。彼はまた、歴史的にラディカルな思想を悩ませてきた多くの問題にとらわれることなく、ラディカルな思想から受けつぐべきものを彼の思想のなかに批判的に統合した。ようするに、フレイレは私のいう批判の言語と可能性の言語とを結びつけたのである[4]。

フレイレの初期の著作では、彼のラテンアメリカでの経験にもとづいて、権力と支配の関係に彩られた社会のヴィジョンが描きだされている。ひときわ大きく画面にあぶりだされているのは、権力と特権を享受する者(抑圧者)たちが、彼らの被搾取者(被抑圧者)たちをコントロールするときにもちいるイデオロギー的な諸手段である。そうした権力の土台をなしている社会的関係性は、本質的に命令のそれである。さまざまな手段にたすけられて、命令は効果的なものになる。伝統的なメインストリームの教育は、まさにその手段の一つなのである。メインストリームの教育は、フレイレが「預金型教育[5]」と呼んだ、トップダウン方式の知識の伝達であり、そこでは、ただひとり教師だけが知識を寄託する預金者となり、生徒はそれを受け入れるだけの受身の存在になる[6]。そこでおこなわれる学習には、およそ省察という契機が介在しない[7]。

かくして教育は預金行為になっていく。生徒は貯金箱で、教師は預金者。教育者は伝えあい(コミュニケーション)をおこなう存在ではない。コミュニケ(声明)を発するのだ。ただのテープレコーダーにすぎない生徒たちは、その伝達された内容を、辛抱づよく受け入れ、記憶し反芻する。これはまさしく「預金」型教育というものだ。預金型教育においては、生徒の行動にふり当てられるただひとつの余白は、預託されたものを受けとり、それを記帳して保管することだ[8]。

この状態に追いこまれた学習者は、もはや学習の「主体」ではなくて、「客体」である。こうした学習の結果として何が生まれるかといえば、それは権威への恭順であり、無批判な知識の消費であり、フレイレが「沈黙の文化」と呼んでいるものへの埋没である。教育がもっぱら命令形でおこなわれるときに、被教育者は、学ぶべきその教材が自分とかかわるものであるという実感を、まったくもつことができない。それは被教育者を文化的に疎外する過程になっていくのだ。フレイレのいう「文化侵略」も容易になる。学習者は上から課せられる思想（支配的文化を述べたてる諸観念）や外部からもちこまれる思想（文化帝国主義が撒きちらす思想）に無抵抗になっていくからだ[9]。

教育と支配者の政治的利害とがこのように強く結びついていることを指摘したうえで、フレイレは、教育は中立ではありえないと断ずるのだ。おそらくこの点で、彼の著作は世間にまかりとおっている因習的な教育理論と真っ向から対立する。彼は教育者に重大な選択を迫るのだ。「教育者たちは自分に問いかけなければなりません。自分たちはだれのために、だれのことを考えて仕事をしているのか、と[10]」。これは、フレイレのすべての著作でくり返しいわれている命題である。たとえば後期のある英語出版物では、こんな表現になっている。中立性というのは「支配者の側に立っていることを白状しないですませる便利ないいぬけ手段なんです」と[11]。

フレイレもほかのラディカルな教育者たちと同じように、社会変革の大義へのコミットメント（加担）をうたう。マイルズ・ホートンとの対談では、身と生命を危険にさらして解放の大義に献身するニカラグアの民衆教育者たちの姿が語られている[12]。ホートンはニカラグアの総選挙の期間中、オブザーバーとしてその地にいて、コントラの攻撃対象になりながらも活動をつづける民衆教育者たちの勇気に心を打たれたという。ラテンアメリカのさまざまな地域で民衆教育者たちがおこなっている変革への加担はまさにそのようなものなのであって、フレイレの初期の経験もそれに類するものだった。コントラ戦争時代のニカラグアやエル・サルバドルのように内戦状態に陥った地域で、このコミットメントはもっとも厳しい局面を迎える。エル・サルバドルのフリオ・ポルティージョはジョン・ハモンドとのインタービューのなかで、この国の民衆教育者が向きあっている危険の性格を以下のように説明している。

それで一九八一年と八二年にANDES（サルバドル全国教員連合）に所属する教育者は、国を去らざるをえなくなったのです。ドゥアルテ政府が人間狩りに乗りだして、われわれを追いかけたからです。一九八〇年にドゥアルテ政権が成立して、最初の八か月のあいだに百八十人の教師が殺されました。誘拐されて、まだ行方不明のままの人も九十七名います[13]。

同じようなことをニカラグアの民衆教育者のマリア・スニーガも述べている。彼女は保健の分野ではたらく民衆教育者である。

保健と教育はどちらも反革命攻撃の標的になりました。一九八二年に戦争がはじまり、八三年、八四年ととくに酷かった。ブリガディスタ（革命ボランティア）の人たち、民衆教育とくに民衆医療保健にかかわっている教育者の多くが反革命勢力の攻撃の的になりました。民衆教育とか民衆の健康管理とかは、革命が真っ先に取り組もうとしていた最重要目標でしたからね。……それで教師とか保健従事者とかが、最初にやられたのです。ずいぶんたくさんの医療関係者が行方不明になったり、殺されたりしました。教師だって同じですよ。みんな連行されてしまって、行方はわからない。ある者はコントラの軍営地に引かれて行きましたし、ある者はその場で殺されてしまった。どれだけの人が犠牲になったか、私にはよくわかりません。ただ、こういう仕事をしていた人たちのあいだでは、犠牲になった人が多いですね[14]。

コミットメントが命がけのものになるのは、ブラジルでとても同じだった。シコ・メンデスのような労働組合のリーダー、あるいは土地なし農民運動の活動家は、しばしば地方ボスの指し金によるテロ行為の犠牲者となった。パストラル土地委員会（CPT）が一九九二年に発表した報告書によると、軍事クーデタが起こった一九六四年以降、ブラジルでは千六百八十四人の農業労働者が殺害されているという[15]。

行為者——神学とマルキシズム

コミットメントを強調するのは、フレイレのなかに、社会の変革は可能であるという確信があるからだ。ラディカルな成人教育の理論を基礎づけようとするときに、彼の著作が大きな励ましを与えるのは、まさにこの点とかかわってなのである。フレイレの著作を一貫して流れているメッセージは、希望のそれである。そのヴィジョンは、ヘンリー・ジルーの言葉を借りていえば「ラテンアメリカに最初に現れた解放の神学を鼓舞し特徴づけている精神とイデオロギー的なダイナミックス[16]」の所産でもある。

民衆の主体としての行為能力を認めないある種の宗教を、フレイレは手厳しく批判する。みんなで力を合わせれば、なんとか事態を変えることができるという人びとの自信に、それは冷や水を浴びせかけるのだ。フレイレの意見では、伝統的な宗教は現状を固定する制度的装置になってしまっている。キリスト教の場合もそれは同じだ。伝統的な教会のありようについて、フレイレはこう書いている。

まずなによりも、伝統的な教会は依然として植民地的である。それは語の最悪の意味における宣教の教会 missionary church である。――それは死物愛好癖にとりつかれた魂の狩人であり、だからしてマゾヒスティックに原罪を、地獄の業火を、永遠の呪いをいいたてるのだ。霊妙なあの世と対比されたこの世は芥《あくた》であり、人間はそのなかで罪をあがない続けなければならない。苦難が大きければ、その大きさに応じて人間は浄化され、ついには天に昇って永遠の安息を得る、というのである[17]。

こんな制度に絡めとられてしまうと、被抑圧者は自分たちを食い物にしているシステマティックな構造を、それとして理解することができなくなり、その結果として、無力感や絶望感を抱くようになる。抑圧は「神の意志」で説明されてしまうのである。

自分たちの被抑圧状態を魔術的な説明で合理化したり、神のご意志の所為にして（抑圧者はこうしたインチキ信仰をしきりに焚きつけるのだが）、宿命に責任を転嫁する。……高度に鋭敏な知性と道徳性を兼ね具えたチリの一聖職者が一九六六年にレシーフェを訪ねてくれたときの会話で、私は以下のような言葉を聴いた。「ペルナンブコの同僚と一緒にモカンボ（掘っ立て小屋）に住んでいるいろいろな家族の人たちと会いましたよ。もう形容に絶する貧困状態で、こんな暮らしのなかでどうして堪えて生きていけるのかと聞くと、返ってくる答えはいつもこうなんですよ。〝どうするというんです？　神様がそうしたのですから、み胸に従うほかはないじゃありませんか〟[18]」。

この種の宗教的慣行に敵対して生成した神学では、抑圧と社会的不正にたいする不断の闘争の過程で人間の行為が演ずる重要な役割が宣揚され、地上に神の王国を築くカギはまさに人間の手に握られていることが強調される[19]。フレイレの考えでは、これは社会の周辺部に生きる人びとの関心に応えて、そこから生まれてきた神学であって、「これまでの教会が掲げてきた宣教者の使命に重大な挑戦を投げかける[20]」と同時に、彼が「予言者の教会」と呼んでいるものからは熱烈な支持を得ている。

それはまさに預言者の教会である。伝統的教会と近代的教会の両方から、おまけに社会の権力者層からも白眼視され、さんざんの袋叩きに遭いながら、ユートピア的で覚醒預言的な、希望を戴したこの運動は、善行主義や微温的改良主義を拒絶して、社会の虐げられた階級に加担し、ラディカルな社会変革をおし進めようとするのである[21]。

この神学で目立つのは人間をすぐれて行為の主体として捉える感覚であって、フレイレもその点に注目しているのであるが、しかし彼の行為者感覚は、解放の神学だけに由来したものではない[22]。マルクス主義ヒューマニズム[23]、ヘーゲル弁証法、現象学[24]など、ほかにも多様な思想的源泉がある。人間という行為者がもつ潜在的変革能力をフレイレは非常に重要視するから、あからさまに決定論的で機械論的な再生産理論にたいしては「俗流マルクス主義」として、これを斥けている。彼はいう。

マルクス主義の旗を掲げている人のなかにも、実は機械論的な説明に終始してしまっている人がいると思うのです。私はからかい半分に解放の宿命論なんて呼んでいるのですが、宿命論に立ってものごとを解説してくれるのですね。解放といっても、歴史頼みの解放なんです。だから解放のための主体の努力なんて、要らない。これではネズミ一匹だって出てはきません。もちろん、私はこんな宿命論は信じません[25]。

デモクラティックな教育

グラムシの章で提起した問いを、この章でもくり返しておくことが適切だろうと思う。だれが、あるいは何が、行為者を生みだすのか？　フレイレは成人教育を――とりわけ彼のラテンアメリカ的なバックグラウンドにそくしていえば、「民衆教育」の名で知られている成人教育[26]を――行為者を生みだす重要な源泉とみなしていた。その文脈のなかで、民衆教育者たち――フレイレが民主的な教育者として思い描いていた成人教育の教育者たちが、大きな役割を演ずることになるのはいうまでもない。対話をとおして学びをプロモートするのが、その仕事である。その行動は、知識の唯一の預金者としての教師の概念とはまるで正反対で、学習者を自らの学びのアクティブな参加者たらしめること、それをとおして彼や彼女を「主体」たらしめることを企図したものであった。

実践 praxis

学習者は命令形ではなく、フレイレのいう「問いの教育[27]」をとおして学びをすすめ、コード表示された自分たちの現実を――行為の世界のなかで被教育者たちが身をもって経験している現実を、反省的に振り返ることができるようになる。**コード表示**[*訳注]は、学習者が自らの行為の世界を、距離をおいて捉え返すことを目的にして使われる。省察することによって、日々の行為の世界を異なる光の下で、より批判的にみることが可能になるのだ。実践という概念を、フレイレは以下のように説明している。「人間の活動は行為と省察から成り立っている。これが実践であり、これが世界の変革なのだ[28]」。この実践の基本的二要素(行為と省察)がばらばらになってしまうと、アタマのない行動主義と、空疎な理論（ピーター・ジャヴィスなら「安楽椅子の省察主義」[29]と呼ぶであろう理論癖）に陥ってしまう、とフレイレは考える。二つの要素はしっかりと綯《な》いあわされていなければならない。フレイレのアプローチは、実践を核に据えることで、この二契機をしっかりと結びつけようとする試みだ。

それを名づけるべく使われたのが、本来は一九六〇年代にカトリックのラディカルズたちがもちいていた意識化という伝統的なボキャブラリーで[30]、フレイレによれば、ノルデスチ（ブラジル北東部）の司教ヘルダー・カマラを介してこの国でも広く一般に使われるようになったものだという[31]。この語は一九七四年以降、フレイレが使用を控えるようになった語でもある。もともとの意味を剥ぎ取られてルーズに乱用されるようになったと感じられたからである[32]。とはいっても、フレイレはこれが非常に重要な意味をもつ言葉であることは承知していて、だから講義、ワークショップ、セミナーのなかでは、その意味を明らかにすることに力を傾けている[33]。この語についての彼のこんな述懐が、ある書物のなかに引用されている。

> この言葉を聴いたときに、その意味の深さがすぐにピンときたのです。ぼくは、教育は——自由の実践としての教育は、知る行為である、現実への批判的なアプローチであると心底そう思っていたからです[34]。

カルロス・アルベルト・トレスとの対談のなかでは、彼は次のように述べている。

意識化というのは、**注視**〔＊訳注〕を深めていく過程なのです。まず注視しなければ、意識化は起こりません。ですから意識化の立場に立つときにまずおこなわなければならない

コード表示＊「語を読む」という行為は「世界を読む」行為と密接していなければならないとフレイレは考える。識字サークルの参加者は自分たちの生活の一場面を表現した写真や絵をまえにして、それを「読む」という仕方で討論をくり広げていくのであるが、この写真や絵（の提示）を彼は情報理論の用語を使ってcodificação と呼んでいる。そうした具象的イマージュもまた音声記号や文字に匹敵する一種の言語であるという主張がこめられている、とみるべきだろう。

「コード化」ではなく「コード表示」という訳語を使ったのはそのためである。コードを「読む」作業は「脱コード化」で、これがサークルでの具体的な共同作業となる。映像に語（文字）が重ねられるのは、その次の段階においてである。

注視＊英語原書では coming of consciousness と coming into consciousness という語が使われているが、どちらも ad-mirar を意訳したものだろう。mirar は「見る」「ある方向に眼を向ける」という意味のスペイン語・ポルトガル語の日常語で、それに方向を表す接頭辞 ad をかぶせてハイフォンでつないでいる。admirar としてしまうと「感服する」「驚きをもって見る」という意味が前面に出ることになるが、その手前の「眼差す」という意識の働きを強調して、フレイレはポルトガル語の著書のなかではしばしばこの語を使っている。〔里見『パウロ・フレイレ「被抑圧者の教育学」を読む』参照〕

仕事は、イデオロギーの死などという囃子《はやし》文句の下でわが世の春を謳歌している諸々のイデオロギーが糊塗し隠蔽している隠された真実を暴きだす仕事を、厳しく謙虚に、自らの確かさと普遍性を過大に確信するセクト的な傲慢さに足をとられることなしに、おし進めていくことなのです。相手がブラジルの、スペイン語圏アメリカの、アフリカの農民である場合も、世界の各地から集まってくる大学生である場合も、そのことに変わりはありません[35]。

「注視」というのは、「距離をおいて」対象を捉えるプロセスのことだ。これが足がかりになって、それらの対象をほかの対象と関連づけて捉えることも可能になる[36]。彼はまた、このプロセスの深化を、社会的・政治的・経済的な矛盾を知覚して現実の抑圧的な要素に抗して行動を起こしていく過程として性格づける[37]。――批判的リテラシーを獲得するということは、そういうことなのだ。この教育の中心となるプロセスは、「距離をおく」ということだ。「ノンフォーマル教育のパラダイム」を論じた論文のなかで、カルロス・アルベルト・トレスは意識化に言及してこう述べている。

この言葉をラディカルに使う人びとのあいだでは、意識化は、階級的な認識と実践の様式として批判的な意識が発展し、それが社会変革の〈主観的条件〉として立ち現れる過程を特殊に指していう言葉になっている[38]。

ラテンアメリカの民衆教育の場合について考えるときに、階級は重要なファクターになるが、フレイレに刺激されたかたちで、人種やジェンダーの領域でも「意識向上運動」という言葉が使われはじめており、それらの闘争は世界中のさまざまな地域で、しばしば相互に関連しあう運動として展開している。トレス的な意味での意識化[39]を、歴史的に従属状態におかれた諸集団、すなわちサバルタン諸集団の認識活動において育ちゆく批判的意識の高まりを指す言葉として使うことは許されるだろう。

手短に述べたいので、デニス・グーレットがおこなっている「意識化 conscientização」のプロセスの簡約を、そっくり借用したい。フレイレの初期英語版出版物の一つに寄せた彼のすぐれた序文からの引用である。

◆教育者がおこなう参加型観察。人びとの言葉の宇宙に「じっと耳を傾ける」。
◆そのなかから生成語となる言葉を探しだす。基準は二つ。手がかりとなる音節が過不足なくふくまれていること、そして経験を呼び起こす意味的な値が大きいこと。
◆これらの語をまず視覚的なイメージにコード表示する。それは沈黙の文化のなかに「埋没」していた人びとの心を揺り動かし、自らの「文化」の意識的なつくり手として「身を起こす」ような映像でなければならない。

◆「文化サークル」によるコード表示の脱コード化（＝読み取り）。コーディネーターの刺激はできるだけ、それとなく。彼は通常の意味での「教師」ではないのだから。彼は被教育者としての教育者となり、教育者としての被教育者と対話する。通常の教育ではあまりにもしばしば知識の受動的な容器のようにあつかわれてきた彼や彼女たちと。

◆新しい、創造的なコード表示。これは明瞭に批判的で行動をめざしたものになる。公的には非識字者とされてきた人びとが自然史や社会史のなかのたんなる「対象」としてのその役割を拒否して、歴史をつづる「主体」として自分たちを理解するようになる[40]。

対話

この過程は徹底して対話的なものであるから、教育者が被教育者から学ぶのと同じように、後者は前者である彼や彼女から学ぶことになる。教育者と学習者の役割はほとんど互換的なものになっていくわけだ。いまや古典的なものとなったテーゼのなかで、フレイレは述べている。

対話をとおして、生徒の教師と、教師の生徒は存在しなくなり、新たな関係が立ち現れる。生徒としての教師と、教師としての生徒が出現するのだ[41]。

だからして教育者は、自分たちと被教育者たちとが一緒に認識対象を探究しつつ、一緒に学ぶ営みを発展させていかなければならない。

教育者と学習者は、ひとしく認識主体として同じ態度を持した学習者となる。相互の伝えあいをとおして、また知ろうとしている認識対象を媒介にして、知識を発見していくのだ。どちらかが知っていて、どちらかが知らないという、そんな状況ではない。それはむしろ全員によっておこなわれる探究であり、知る行為のなかで同時的に何かが発見されていくのである。知るという行為には限界がない。主体と客体の関係が変化するにつれて、その可能性は無限に広がっていく[42]。

フレイレは、学習者としての農民を例に引いて、教師と生徒の相互の学びの重要性を強調する。

もちろん、私たちは農民から多くを学ばなければなりません。農民を例にしていますが、ほかのだれからも学ばなければならないと、私はいいたいのです。どんな相手であれ、私たちは学習者から学ぶ必要があるのです。私はいつも主張してきました。私は農民から学ばなければならない、それはたまたま私の教育実践に農民が学習者として顔をみせてくれているからなのです。私たちが教えるどの生徒からも、私たちはたくさんのことを学ぶことができるのです[43]。

ヘンリー・ジルーはラディカルな批判的教育がフレイレの教育学から学ぶべきもっとも重要な点として、この指摘をとりあげている。

リテラシーと声のラディカルな理論は、フレイレの申し立てに注意深くあらねばならない。すべての批判的な教育者は、同時に学習者なのである。どんな知識を教えたら学生に届くのか、といったようなことだけを、彼らは学ぶのではない。より重要な学びの課題は、学生の生活を現にかたちづくっているコミュニティと文化を理解することをとおして自分自身の知識の形態をどう更新するかという、わが身を切る問題なのである[44]。

教育者の大事な仕事は、学習者が生活している社会的境位を形成するコミュニティと文化を学習することである。教育者はそれゆえに、ジルーのいう「越境者 border crosser」[45]、自らの社会的境位を踏み越えて学習者を理解し、彼らと連帯しようとする越境者となるのだ。そのとき、教育者の目がとらえる学習者は、もはやたんなる「他者」ではない。このプロセスのなかでは、学習者もまた教育者なのである。彼らは、教師のそのような越境を可能にする役割を担う大事な援助者であるのだから。

権威と権威主義

こうもいえようか。教育者と被教育者は、伝統的教育を特徴づけている対立する二極の矛盾を、弁証法的に乗り越える試みの行為者である、と。教えるものと教えられる者は、「対立の統一[46]」に到るのだ。私が「試み」という表現を使うのは、この対立物の統一が、めでたく完全成就されるとは思えないからである。ましてフレイレ自身がいっているように、教育者と被教育者がその教育の場面で同じ足場に立っているわけではないことを考えればなおさらである。私たちが現実にかかわることになる教育は、けっして「対等者の教育[47]」ではない。教育者が学習者から学ぶことが必要であると力説する一方で、フレイレはこうもいっている。

しかし当然のことながら、このこともしっかりと心に留めておかねばなりません。私たちは学生から学ばねばならない(その学生が農民であれ、都市労働者であれ、あるいは大学院生であれ、です)が、しかしそれは教師と学生が同じである、ということではありません。私はそうは思わない。つまり、教育者と学生のあいだには差異がある。何かにつけてちがいがあるのですが、それは通常は世代の相違でもあるわけです[48]。

後期のフレイレは、教育者の指導的 directive な役割を強調するようになる。これはグラムシが有機的知識人に求めた役割と、かなり共通するものだ。「教師が対話を開始するその瞬間において、まずは知識の量において彼や彼女たちははるかに多くを知っているし、第二に得ようとする認識の地平も異なっている[49]」。教育者が政治的なヴィジョンと理論的な理解をもち、それを羅針盤にして自分の教育の仕事をすすめていくことを、フレイレもやはり認めている。すなわち教育者の側にはそれだけのコンピータンス（フレクシブルな能力）があり、そこから教育者としてその権威が生まれてくる、ということだ。

教師の権威を承認するフレイレの発言が、フランク・ヤングマンのフレイレ批判[50]が刊行されて一年後の、「トーキング・ブック」のなかでおこなわれているのは、なかなか興味深いことだ。教育者の理論的理解のほうが学習者のそれよりもすぐれていることはおおいにありうることで、そうでもなければ批判的意識など育つはずがないのであるが、フレイレは一向にそのことを認めようとしないと、ヤングマンはフレイレを論難していた[51]。教育者の権威についてはフレイレも異論なくそれを認めるのであるが、この権威は、絶対に権威主義に堕してはならないと釘を刺すのだ。預金型教育の何にもましての特徴は、この権威主義である。だから「民主主義的な教師は、ゆめゆめ、権威を権威主義に変えてはならないのです[52]」。

フレイレは英語版のある「トーキング・ブック」のなかでこの点を再説して、さらにこう述べている。「権威は必要です。学生が自由であるためにも、私自身がそうであるためにも、権威は必要です。教師は、絶対的に必要です。悪いのは、不必要なのは、権威主義なのです。権威ではありません[53]」。ドナルド・マセードと交わした多くの対談の一つで、フレイレは「教師は教育内容についての広く深い知識をもつことで、一定の権威を確保するものです」とも述べている[54]。だからして、自分は「ファシリテーター」という言葉は使わないのだ、とも[55]。初期の著作にふくまれていた思想がしばしば誤って受けとられたことを考えると、このさい、教育者と被教育者の相違をはっきりさせておくことがどうしても必要だったのである。フレイレ自身は教育者と被教育者が同じ立場で学習に立ち会うなどと言ったことはないのである。

マイルズ・ホートンとの対話では、こんなこともあると、現実の複雑さを認めている。場合によっては——とくに命令型の教育方法になじんできて、まちがえまいと身を硬くしている学習者とはじめて顔を合わせたときなどは、教育者が自分の教え方に一定の配慮をほどこして五〇%は伝統的教師、五〇%は民主的教師として振舞わざるをえなくなることもあるのだという[56]。これは彼の対話型教育にたいしてしばしば指摘されてきたこと——伝統的な方法になじんでしまったそうした成人学習者は、勝手のちがう関係性のなかでの授業にはおいそれとは身を乗りださないという事実を、フレイレもある程度認知していることを示すものだろう[57]。実際、ガーバー・カッツとワトソンが指摘しているように[58]、参加者たちが対話的な教育にたいして拒否反応を示す、ということも考えられるのである。どうしてもそれが必要な場合は、「古い」教育の要素を新しいそれに加えることもあってよいだろう。ただし中心的な理念は、あくまでも民主主義的なものでなければならない、という前提のうえでだが。

階級的自殺

教育者を変革の行為者として、あるいはジルーの用語でいう「変革志向的知識人[59]」として考えるとき、フレイレの強調点は民主的な教え方ばかりでなく、グラムシのいう「有機的な関係性」と同質な何か、教育者と学びの場に集う民衆やサバルタン階級の人びととのある関係性におかれている。フレイレはそれを、グループの人びととの「交わり communion」とか、そのなかでともに「成長する」という言葉でいい表わしている[60]。教育者と被教育者の関係をフレイレのように考えていくと、当然のことながら、教育者と学習者の相違はできるかぎり緩和されることが望ましい。教育者がその教授場面に、学習者のそれにそぐわない「文化資本」をもちこんでいく可能性があること、それが強力な「馴化」の力としてはたらくかもしれないことに、フレイレはたしかに気づいていた[61]。

そこでフレイレはアミルカル・カブラルの古典的なフレーズを借用して、知識人の――そのなかに教育者を数えあげることは可能だろう――可能性について語り、かつ書いたのである。知識人は「階級的に自殺する」、それが知識人の可能性であるというのである[62]。自らを大衆と統合し、底辺民衆の文化、歴史、願望、疑惑、不安、恐怖のなかに自らを浸すために、階級的な自殺をとげる[63]。のちに述べたいと思うが、この「階級的自殺」という概念はかなり問題ぶくみだと、私は考えている。

変革の行為者

変革の行為者としての教師の役割を、フレイレがどのように考えていたかを述べてきたので、今度はフレイレの著作のなかに、変革の行為者として同定される特定の社会階層が存するか否かを検証しようと思う。

グラムシとは異なって、フレイレの初期の著作で主としてフォーカスが当てられているのは農民、ブラジルやチリのカンペシーノたちである。かつてポルトガル植民地であったアフリカ諸国をフィールドにした仕事のなかでも、主要に問題にされていたのは農民であった。

このことからもわかるように、フレイレにおける変革の行為者はとくに工業労働者階級のなかに求められていたわけではなく、その観点は古典的なマルクスの立場とは相容れない。マルクスにおいては、労働者階級こそが成就されるべき歴史的使命を帯びた「普遍的な階級」であった。J・C・ウォーカーは初期フレイレの著作に触れて[64]、フレイレは毛沢東と同様に、都市プロレタリアートよりも農民のなかにより大きな革命的可能性をみていたという。

被抑圧者の大群が都市プロレタリアートをかたちづくり、とりわけ一国のもっとも工業化のすすんだ地帯に彼らは堆積している。この階層はときに制御しがたい存在となることもあるが、概して革命的意識に乏しく、自分たちを特権者と考えている。豊かさを約束する欺瞞的な世論操縦が、この地で豊かに実を結んでいるのである[65]。

合衆国や合衆国に拠点をおく著名な批判的教育学者との交流をつうじて、後期フレイレの著作のなかでは重点がすこしく移動している[66]。これらの著作で言及されているのは被抑圧諸集団の百花繚乱的な運動状況であり、各集団の大義が多岐多彩な社会運動によって前進を遂げていく姿である。彼の著作を総体としてみれば、フレイレの被抑圧者像はコンテクストごとにちがっている。たとえばサンパウロ教育長時代の仕事でいえば、ここでは女性たちが——すなわち都市の非識字者の大半を占め、職場と家族の二重労働の下で辛酸をなめている女たちが被抑圧者として特定されている。また、貧困を深める北東部から流入した国内移民労働者たち、結局は都市の建設現場で人足として働くほかはない人びとも、そのなかにふくまれている[67]。フレイレの著作のなかでいわれている社会的カテゴリーは基本的には階級のそれであるが、「**トーキング・ブックス**」[＊訳注]になると、しばしばちがったグループに重点がおかれている。ゲイやレズビアン、黒人、エスニック・マイノリティ、女性などで、これはジルーの指摘を裏打ちしているようにも思える。ジルーは、こう述べている。「差異の概念を導きの糸にして、フレイレは、あたかも抑圧の普遍的な形態があるかのように語る思想を否定しているのである[68]」。

一九九一年に彼の著作をめぐっておこなわれたサンパウロでのカンファレンスでは、パウロ・フレイレは上記の見解に同意して、すべてを――すなわち抑圧のすべての形態を――階級闘争に収斂させて考えることなど不可能だと弁じている。かといって彼が階級の重要性を軽視している、ということではない。「どんなにペレストロイカがうたわれても、階級の問題にフタをすることはできません[69]」。

後期の著作やサンパウロ教育長としての仕事のなかでフレイレが社会（諸）運動にとりわけ大きな力点をおくこと[70]には、彼なりの展望がある。それらは、彼にとっては変革的な教育実践を効果的に稔らせていくための一段大きな環境をかたちづくるものであったのだ。アイラ・ショアとの「トーキング・ブック」では、こんなこともいっている。変革を志す教育者は、さまざまな社会運動にみられる「より大きな動き、より大きなダイナミズムのなかに自らを晒す」必要がある、と[71]。チリのアントニオ・ファウンデスとの録音対話のなかでも、同じ趣旨がくり返されている。

トーキング・ブックス＊フレイレは「トーキング・ブックス」という名で多くの対談集を本にしている。余技のようなものではなく、「written books」に匹敵する重要性をもったメインワークとして位置づけているようだ。本を書くときは読み手を頭のなかで想像して、その遠くの読者に向かって語りかけるのだが、トーキング・ブックスの場合は課題を共有する他者が目のまえにいて、その他者とともに、いわば「踊るように」思考を紡いでいくことになる。読者は、思考が対話的に形成されていく、そのプロセスに招き入れられることになる。こうした形式を、彼は後年になるとますます重要視するようになった。アイラ・ショアとの対談 A Pedagogy for Liberation の冒頭では、彼にとってトーキング・ブックスとは何かが語られている。

まちがいなしにいえることは、七〇年代のブラジルでも、それから世界のどの地域でも、こうした社会運動が大きく発展しはじめ、はっきりとその重要性を増してきているということです。あるものは教会とつながっていますが、そうでないものもある。ヨーロッパ、日本、合衆国では環境運動が盛りあがっていて、フランスやドイツの場合、最近では総選挙に直接的に介入していますよね。女性、黒人、ホモセクシュアル、それらの動きはどれもが力として立ち現れ、権力《パワー》を表現しています[72]。

実践の場と、教育の内容

以上では、フレイレの作品における行為者の意味に力点をおいて、それにかかわる諸問題を概観してきた。そこで以下では、フレイレがそもそもどのようなタイプの成人教育を提唱していたのかに話の焦点を絞りこむことにしたい。グラムシの章で私がとりあげたのは三点で、実践の場、社会的な関係性、そして教育の内容であった。フレイレの場合、社会的な関係性については行為者としての教育者とその役割を述べた部分ですでに明らかにしてしまっているので、ここでは実践の場と教育内容の問題に話題をかぎることにしよう。

実践の場

グラムシと同じように、フレイレも「陣地戦」にかかわっていた。したがって彼が選択した実践の場は、すこぶる変化に富んでいる。たしかに彼とノンフォーマルな成人識字運動の世界とは深くつながっているのだが、後期の発言などから推測すると、彼が好んだのはシステムの内と外にまたがる変幻自在の活動であったようだ。彼の考えでは、社会変革の生涯の長きにわたる努力のなかでは、どんな空隙といえども放置してならない。この点では、フォーマルな社会制度の枠組みにはけっして足を踏み入れようとしないマイルズ・ホートンとは対照的で、対談のなかでフレイレはこんなことをいっている。

ぼくは政治的に考えるのです。システムの内部に地歩を占めることができるときは、いつでもそうすべきだ、と。でもシステムの外側の人びとと、できるだけよい関係をつくりだしていくことが大切ですよね。内側でぼくらがやろうとしていることを、外側の人びとにたすけてもらうのです[73]。

一方でシステムのなかに足をおきながら(彼が具体的に考えているのは教育という大きなシステムのなかのサブシステムとしての学校教育である)、他方でシステムの外にも足場を構えるという発想は、成人教育者としてのフレイレの生涯を貫く主導的な哲学であったようだ。一九八五年のドナルド・マセードとの対談では、こう述べている。

ぼくはいつも片足をシステムの内部におき、もう一方の足を外において、考え、教えようとしてきたようです。システムが存在しつづけているかぎり、ぼくは完全にその外に出ることはできない。システムが完全に変革されてしまったとすれば、そのときは、ぼくも完全に外に出ることになるでしょうね。しかしそんなことは起こらないのです。よくよくみると、システムのほうも、自らを変えつづけているからです。ですから実効性をもとうとすると、ぼくはシステムの外に出る、というわけにはいかない。内在する以外にないのです[74]。

システムに「内在し、外在する」というこの思想は、フレイレのサンパウロ教育長時代の仕事によく反映されている。彼はシステムの「内部で」仕事を進めたが(「戦術的には内部で、戦略的には外部をにらんで」ということになるのだろうが[75])、それはシステムの「外部」で活動する行為者たち――すなわち社会運動との、密接な連携の下に実行されたのである。

フレイレの仕事は、困った仕方で識字事業に結びつけられている。ブラジル北東部での彼の仕事、それからチリでの仕事も、たしかに識字への取り組みではあった。それらの社会で識字者になることは、被抑圧農民が政治の蚊帳の外におかれることを阻止する大切な手立てであった。だが、と私は思わざるをえない。有権者数の拡大という目的をもったブラジルの成人識字事業がその重要目的におおいに寄与したことはたしかにそのとおりなのだが、フレイレ自身はそれを、政治的意識化というより重要なプロセスのためのたんなる一手段として位置づけていたと思えるのだ。だからして政治的な要素を骨抜きにして識字普及のためだけに「フレイレの方法」を取りこもうとする試みは、じつはフレイレの教育学にたいする裏切りなのである[76]。こうした盗用識字講座の一例は、ブラジルのMOBRALと称する識字キャンペーンである。組織者たちはフレイレの方法を使っていると称しているのだが[77]、このプログラムが、フレイレを十七年にわたって追放処分にしてきた軍事政権にささえられていることには知らぬ顔を決めこんでいる[78]。

フレイレが心を砕いていたのは政治的リテラシーの達成、すなわち世界そのものを読む手立てを手渡すことであった[79]。こういうプロセスは、それそのものが実践なのである。人びとが行為の世界からいったん身を引き離して、それを省察する——別な、もっと批判的な光の下でそれを捉えなおす、そうした実践の過程なのである。だとすれば、参加者が世にいう識字者であるときも、このアプローチはまったく同様に有効であるはずである。この世の「現実」の「異とされずにみすごされている側面」を批判的に再考する、そして自分の「常識 common sense」を「良識 good sense」に変えていく、そのための効果的なアプローチになりうるのだ。かくして形成された良識が要素として常識(＝共通感覚)のなかにふくみこまれていくことになる。

学習へのアプローチ(それは行為と省察の円環としての実践によって特徴づけられるわけであるが)にあたって、フレイレが省察の対象としてとりあげた主たる人間の行為は何であっただろうか？　早い時期の著作でもちいられている実践の概念には、初期マルクスの影響が感じられる。成人学習者が省察の対象にしているのは、彼や彼女たちの文化的環境である。しかし『ギニア・ビサウへの手紙』になると、『資本論』の第一巻を思わせるような概念が使われるようになる[80]。手紙の第十一回ではフレイレは教育と生産の結びつきを強調する。自分のチリでの識字教育が農地改革の一環としておこなわれたことを回顧して、彼は次のようにいう。

この社会が切に求めている新しい人間は共有の財を創出する生産労働への参加なしには達成されません。労働こそは、この社会がそれをとおして発展し、またそれをめざして奮闘している新しい創造についての知識の源泉なのです[81]。

もちろん、このような思想を文脈から切り離して解釈してはならないだろう。それらはポルトガル植民地から解放されたばかりの、この新興独立国の発展へのたたかいを背景にして発語されている。当時のギニア・ビサウは世界最貧国の一つであり、基本的に農業国であった。こうした文脈のなかで提唱されるフレイレの実践概念は、第三世界から発信される教育と生産をめぐる数多の著名な理論と気脈をつうじている。手の労働とアタマの労働を対極化する儒教の伝統を破壊しようとした毛沢東[82]、いわゆる自助の教育を推進する切り札として学校農場を考えたニエレレなど[83]、その典型的な例である。

グラムシにおいては「上位文化と下位文化」という伝統的な文化対立が、そうした因習的二分法をふまえながらも、それに収まらないダイナミックな局面に分け入って検討されているのであるが、フレイレの文化にかんする著作には、そのような問題意識を示す議論はない。少なくとも彼の英語の著作から判断するかぎりでは、支配文化のある側面を横奪し、それを変革志向型成人教育のなかに批判的に同化していく可能性が追求されているとは思えない。この点でのただ一つの例外は、支配的言語の位置づけだろう。問題化的なやり方においてではあるが、支配的言語の学習は必要であると、フレイレは感じている。それがないと従属的諸集団は政治生活の外辺にとり残されてしまうから、というのだ。

結局のところ、教師は学生たちにいわざるをえないのです。君たちの言葉はたしかに美しい。しかしいいかね、どんな言葉を使うかという問題には、やはり「権力」の問題が絡んでくるのだ。権力という政治の問題があって、だからわれわれは支配的な言語の操り方を学んでおかなければならない。社会を変えるたたかいのなかで勝ち残るためにはね[84]。

他方で「民衆文化」のいくつかの側面については一貫して重くみられていて、それらは変革志向型成人教育の内容的な基礎になりうるとみなされている。グラムシと同様、フレイレもこの文化のロマン的美化にたいしては眉をひそめていて、この文化のなかに民衆の力を萎えさせていく諸要素、迷信、魔術、古くからの宗教的な妄信などがふくまれていることに注意を喚起している[85]。

被抑圧者が団結するためには、彼らを抑圧の世界に繋ぎとめている魔法や神話の臍《へそ》の緒を断ち切らねばならぬ。彼らを相互に結合する絆はもっと別な性質のものでなければならないのだ。

グラムシの場合と同じように、民衆的なものが手ばなしで賞揚されることはない。それは絶えざる審問の対象でなければならない。ところが、いざとなるとかならずしもそうはならなかった。フレイレの出版物においてすら、悪しき民衆的なものが露頭した。初期の『批判的意識のための教育[86]』に掲載されているコード表示は、その一例だ。フレイレの理論化作業のなかで「人間

(Man男)」は主体であるだけではなく、宇宙の中心として描きだされている。「男」はたえず自然を支配しようとしている(暴力を振るい、鳥を落とし、獣を狩る存在として、だ)。私的空間から公的空間が切り離される環境のなかでは、公を占めるのは、たいていは「男」である[87]。こうしたコード表示からは、ラテンアメリカ民衆文化の一つの重要な側面、マッチスモがうかがわれる。いうまでもなく、フレイレの初期の作品と後期のものとでは、この点で相違が生じている。後期の仕事は、より広い社会変革のヴィジョンに導かれている。この問題については、第5章でもう少し詳しく述べることにしたい。

結論

パウロ・フレイレは実践(プラクシス)の概念を中心において成人教育を構築した。成人学習者はこの教育の過程をとおして、とくに批判的で「真正」な対話をとおして、自らのコミュニティとその外部世界を支配している社会的矛盾の少なくともその一部を、曇りのない目で捉える力を身につけていく。プラクシスは、学習者が批判的なリテラシーを獲得し、「語と世界」の読みをおし進めていく活動の手立てとなるのだ。フレイレが提唱する教育のあり方は民主主義のそれだが、それはまた、集団的な学びの作法でもある。学習者の声は尊重され、学習の全過程をとおして関与の対象とされる。学習の進め方としては指導を重んじたアプローチで、教師の権威を否定しないが、権威はあくまでも教師の能力から派生するものでなければならず、絶対に権威主義に堕してはならないという条件がついている。

フレイレのアプローチは教育活動の政治性を前面に押しだしたもので、どんなコンテクスト下においても、教育と権力とは密接に関連しあっていることを徹底的に強調する。アプローチという語を、私はある考慮にもとづいてもちいている。こういう場合は「方法」という語を使うほうが適切だと考える人もいるだろうが、あたかもフレイレの教育学の中味がテクニックの一式のような、あらぬ印象を与えかねないと危惧したうえでの措置である。フレイレの仕事をたんなる方法に切り詰めてしまうこと——それを土台にしてリベラルな盗用と希釈化が横行するのだ[88]——、ラディカルな政治的攻撃性をそのようにして無害化すること、これは彼の仕事を換骨奪胎する仕打ちにひとしい。第7章で述べるように、フレイレのアプローチはいろいろな環境のなかで豊かに実を結ぶ可能性をふくんでいるのだが、それが「文化侵略」の具と化することなどお構いなしに、ある環境からほかの環境に随意に移植できるテクニックの一式としてこれをパッケージ化するわけにはいかないのだ。それは、それぞれの社会・文化的環境のなかに出来《しゅったい》する抑圧の問題への、鋭敏な感受性を要求するアプローチなのである。この点で、フレイレの警告を心に銘じておくべきだろう。「実験というものは、移植できないのです。そのときどきに、それをもう一度考えださなければならないのです」[89]。

第4章

グラムシとフレイレ
共鳴と相違

グラムシとフレイレの仕事の大まかな輪郭を描いてきたが、ラディカルな成人教育理論の柱となりそうな若干の洞察が、どうやらそのなかにはふくまれているようだ。この章では、彼らの成人教育思想をまずは「対比」的に分析し、両方の仕事を総覧する枠組みを構築したい。二人の事蹟を関連づけ、両方の思想を突きあわせることで、重なりあう点、相違する点を確かめたいと思うのだ[1]。

時代と人生

両著作家の成人教育の思想を比較する前に、彼らのそれぞれが、どのような時代に、どのような場所で暮らしたかを確かめておく必要があるだろう。二人の著作活動のあいだには、二十年以上の歳月の隔たりがある。グラムシの文章が最初に公刊されたのは一九一六年で、晩年の一九三六年においても、まだ『獄中ノート』の執筆はつづいていた[2]。フレイレのほうは一九五九年に教育哲学について、自分の思想をはじめて世に問うたと考えられている[3]。このように時間的な隔たりはあるのだけれども、二人の履歴はよく似ている。

すでにみてきたように、どちらも卑しからぬ身分の出ではあるが、子ども時代には辛酸をなめた。グラムシの父親は収賄の罪で投獄されたし、フレイレ一家は大恐慌で打撃を受けた。そのために学校時代のとくに初めのころは辛いことが多く、二人とも食うや食わずの生活を送った。グラムシの場合は学業を中断して働きにでた[4]。全体として生活水準が低く産業が未発達な地域、すなわちサルデーニャ島やレシーフェといった地域で子ども時代を送り、後にトリーノやサンパウロといった工業の中心地で社会活動や政治活動をおこなうという人生の変転もよく似ている。

グラムシもフレイレも、階級闘争が熾烈化し民衆運動が盛りあがりを示した歴史的状況の下で政治的活動家となり、積極的に教育活動をおこなうようになった。グラムシの活動の舞台であったトリーノの町は「イタリアのペトログラード」といわれていた[5]。非常に戦闘的なプロレタリアートがいて、蜂起がくり返されていた。十月革命の報道に元気づけられた多くの労働運動のリーダーたちは、同じようなことがこのトリーノでも遠からず起こると信じて疑わなかった。似たような状況が、フレイレの時代のラテンアメリカにも起こっていた。ここでも革命(キューバ革命)が成功し、それは熱狂的な波紋を生んで、各地の民衆運動が急速に昂揚するきっかけになった[6]。一九五〇年代末から六〇年代初めにかけてのブラジルにかんしても、そのことがいえる。自らの権力基盤を農民に求めたジョアン・ゴラールが大統領の座についた時代で、労働組合や農民同盟、各種労働者組織やラディカルな宗教運動の存在感はポピュリスト政権下でかつてないまでに大きなものになっていた[7]。ゴラールは北東部貧困地帯での識字事業を支援することで——それをフレイレがコーディネイトしていたわけであるが——農民たちをエンパワーし、彼らに投票権をもたせようとした[8]。

しかしどちらの場合も、盛りあがった大衆運動は、右翼による政権掌握によって突如として壊滅に追いこまれた。イタリアではムッソリーニの「ローマへの進軍」を契機にして一九二二年にはファシストが権力を握り、これが後のグラムシの逮捕につながっていく。ブラジルでは軍事クーデタが起こってゴラール政権は瓦解、以後、フレイレは国内にとどまることができなくなった。

このように時代と人生をたどっていくと、何を焦点化して両者の著作が書かれているかが、ある程度までみえてくるかもしれない。グラムシがもっとも注目していたのは西欧型の資本主義社会であり、その特徴は先進的な労働者階級と市民社会[9]の発達にあると彼は考えていた。彼がトリーノにみいだしていた状況が、まさにそれであった。大学のスカラーシップを得てこの地にやってきた彼は、そこでジャーナリストとなり、また政治活動家となって、その後の活動を展開することになる。グラムシが革命の起動力としてまずは都市プロレタリアートに注目した理由は、彼自身の言葉にもあるように、「トリーノのプロレタリアートはこれまでの全行動をとおして、彼らが高度な成熟をとげた有能な部隊であることを身をもって示してきた[10]」からである。非常に戦闘的であるとともに、組織としての経験も長く積んでいた。多くの人びとが革命近しと感じていた当時の状況下において、その存在感はいやがうえにも大きなものにならざるをえなかったのだ。反面、南部は「社会が極度に統合力を失った地域である[11]」と、グラムシは考えていた。農民には革命的な可能性はない、とグラムシは踏んでいた。「彼らには、団結するだけの凝集性が欠けているからである[12]」。

フレイレのほうはどうかというと、彼の注意の対象は、少なくとも比較的よく知られた労作群のなかで彼が主要に眼を向けているのは、農民の居住地域である。それは土地なし農民の住んでいる村であったり、革命後の、あるいは独立後のアフリカ諸国であったり、つい最近まで農村に住んでいた人びとが都市の外辺に形づくっている集住地帯であったりする[13]。ここでもまたフレイレが働いていたその場の状況がフォーカスを設定する大きな因子としてはたらいていたことは明瞭である。彼は、最初はブラジルのノルデスチで活動し、国外追放後、短期間ボリビアに滞在したのちチリに移り、農業改革下のこの国で農民と活動した。これはグラムシとは対照的に異なる仕事の背景で、それ自体としても興味深いのだが、ただしフレイレも後年の「トーキング・ブックス」のなかでは[14]、おそらく合衆国やヨーロッパでの経験をふまえてであろうが、まったく異なるコンテクストにも注意を向けているのであって、そこには高度に工業化された地域もふくまれており、この部分にかんしてはより直接的なグラムシとの比較が可能になる。

グラムシとフレイレに共通するコンテクストとして注目されるのは、両者いずれも経済と社会が大きく変わる、そうした時代状況のなかでイニシアティブを発揮していることである。ピエモンテ地方では急速に工業化が進行していた。チリではエドアルド・フレイのキリスト教民主党政府の下で農業生産をめぐる社会関係の変革が図られていた。アレクサンダー・R・ルリア[15]はその中央アジア調査報告のなかで、意識の変化は社会生活の基本形式に変化が生ずるときに、それにともなって起こると結論づけている[16]。グラムシのコンテクストは、この指摘をまさに地で行くような状況であったといえるだろう。意識のレベルを変えようとする、そして社会の変革を志向するラディカルな成人教育がもっとも効果的なものとなるのは、生産様式の変化が現に進行している状況下においてである、ということだ。フレイレの場合、そのコンテクストは識字事業ということになる。けだしルリアによれば、リテラシーの獲得もまた、民衆の意識を大きく変える力をもつとされている[17]。

二つのコンテクストを「第一」世界と「第三」世界、「開発」国と「低開発」国という単純な用語で区別するのは、あまり有益なことではない。アフリカの旧ポルトガル植民地国を別にすれば、グラムシとフレイレの著作のコンテクストは、そうした単純な区別では手に負えない複雑な様相を抱えこんでいるのだ。上に併記した伝記的事実からもわかるように、一方に高度に工業化された地域が存在し、それと低開発地域が並存しているという構図はどちらの場合も変わりがなく、それが資本主義的生産様式に通有な姿なのである。

グラムシのイタリアとフレイレのブラジルはどちらも国内的な従属関係、グラムシの言葉を使っていえば「内部植民地主義」によって彩られていた。ブラジルでは南東部に立地する民族ブルジョアジーが北東部の寡頭制大地主と歴史的に同盟関係を結んでいた。この同盟の結果、ブルジョアジーは国内の他の地域をも制し、「南東部の工業は政治的にも経済的にも、北東部の停滞を踏み石にして拡大をとげていった[18]」のである。ティモシィ・アイルランドが述べているように、同盟は既存の土地所有関係を温存するという協約のうえに成り立ったものであった。それゆえに土地は農村の有力大地主によって所有されつづけ、諸々の半封建的な人間関係がその状況のなかで培われることになった[19]。南部のブラジルは北東部の工業発展にはなんの関心もなく、この地域が競争相手になるとみるや、ことごとく潰しにかかるのであった。「それでいながら、ノルデスチが国内〈植民地〉として、南の工業商品の消費市場でありつづけることには利益を感じていた[20]」。同じようにイタリア北部の産業ブルジョアジーは、南部農村の土地所有者たちと同盟を結び――この状況をもたらした責任の一半は南部知識人にあるとグラムシは感じていた[21]――そのことによって政治的にも経済的にも全半島の首根っこを押さえることができたのである[22]。グラムシの言葉を使っていえば、北部は南部を犠牲にして肥え太っていく「オクトパス」であり、北の経済と工業の肥大化は、南の経済と農業の貧困化と直接に比例していた[23]。

パラレルな面

教育政治

グラムシとフレイレの仕事のコンテクストをみてきたので、次に二人の思想の比較に入るが、まずは彼らの見解のパラレルと思える部分からはじめることにしよう。両者はともに、成人教育の政治的な性格を強調する。グラムシにとってのヘゲモニー関係が本質的に教育的関係性であることは、第2章で示したとおりである[24]。ヘゲモニーはグラムシ社会理論のキイ概念といってもよいもので、ある社会階級による他階級の支配がどのような政治的手段と、どのようなイデオロギー的手段を併用して実現されるかを描きだすという企図のもとに使われている[25]。フレイレにとって教育という行為がすぐれて政治的な行為としてあったことは、再言するまでもない。「故意か無知によるとすれば話が別だが、教育に政治的な面があることを否定することはとうてい不可能である[26]」。

グラムシは実際の政治指導に深くかかわっていたため、彼の著作には、労働者階級が権力を獲得するための戦略や戦術への関心が色濃く反映している。その基底にある革命理論はときには謎めいた仕方で記されているものの（たとえば『獄中ノート』）、大方のところは明示的である。多くは書き散らした文章で、断片的であったりもするが、それを集めてグラムシ理論における革命戦略を復元することは可能である。

フレイレの思想については、しばしば、これといった革命理論の裏づけはないとされている[27]。だが、すでに述べたように、フレイレにはキリスト教とマルクス主義の理念が同居していて[28]、この二本の梁《はり》が彼の理論を根本でささえていると私は考える。それは「解放の神学」をささえている二本柱でもあって、ここから政治的であると同時に宗教的な、非常に重要な社会運動が生成しているわけである。この運動はニカラグア革命のなかでも重要な役割を演じたし、ラテンアメリカの全域、いやラテンアメリカを越えて全世界に大きく波紋を広げている。そのヴィジョンは革命的で、あらゆるかたちの抑圧と社会的不正義に反対してあくことなき闘いをおしすすめ、この地上に「神の国」を実現すべきであるとうたう[29]。したがって二人の著作家の思想は、相互を貫く一つのヴィジョン――社会変革のヴィジョン、あらゆるかたちの構造暴力と象徴暴力を排除した社会への変革という虹の橋によって結ばれているといってよいだろう。

強制権力

ヘゲモニーと対抗ヘゲモニーについて論ずるときに、力による強制の面をみないのは能天気というものだろう。英語版の著作のなかでのフレイレは強制のさまざまな形態を例示している。もっとも極端なかたちで強制がおこなわれた事例を彼はいくつか挙げているのであるが、とりわけ目をひくのはギニア・ビサウの独立闘争の過程で吹き荒れた暴力である[30]。ロビイ・キッドとアラン・トマスを相手におこなわれたビデオ・インタビューのなかで[31]、フレイレはギニア・ビサウで起こった暴力を紹介するとともに、彼自身が一九六四年のブラジルで経験した虐待についても語っている。彼の著書を読んでいくと、ほかにも随所で弾圧の数かずの実例に接することになる。――たとえば『クリスティーナへの手紙』の序文には、クーデタに反対して地下活動をおこない、投獄されて拷問と殴る蹴るの暴行を受けた一人の女性の心の傷のことが書かれている。夫とともにジュネーブのフレイレ宅を訪れた彼女は、拷問のようすをフレイレ一家の人びとに語って聞かせるとともに、そのときの苦しみをまざまざと思い返すのである[32]。フレイレは本の長い脚注の一つでブラジルの監獄で広くおこなわれている拷問の詳細と、そのための責め具を紹介している[33]。

グラムシはファシストの重圧の下で書いていたわけだから、支配の強制的な側面にたいしても、その重大性は十分に承知していた[34]。マキャヴェッリのケンタウロスは半分は獣で半分が人間だが、支配暴力はその二つの性質の一面を体現しているとグラムシは考えていた[35]。私の考えでは、グラムシはヘゲモニーを、暴力装置としての権力の補完物というよりも、それと不離一体のものとして描きだすために、ケンタウロスの比喩を使ったのではないかと思う。かくして変革志向型文化活動を主要な考察対象とする場合であっても、われわれは強制権力の存在をつねに念頭におかなければならないのであって、たとえ合意の誘導を目的とする制度や執行機関であっても、その機能は強制暴力をともないながら、ときにはそれと一体化したかたちで被支配者のうえにのしかかってくるのである(教育にも法にも、合意を引きだすという面と、押さえつける面との両面がある)。強制の程度と、それが社会変革の可能性に課する限界は、それぞれのコンテクストに応じて異なっている。これについては第7章でみていくことにしたい。

市民社会

グラムシの理論によれば、教育的・ヘゲモニー的な関係性のなかで重要な役割を演じていく諸制度によって、「市民社会」が構成されることになっている。これらの諸制度が、権力にたいする異議申し立てが生起する領野となるのだ。それらの諸制度は国家を防衛する外堀のようなもので、正面攻撃では、つまり機動戦では、なかなか制覇されないというのがグラムシの見解だ。そうではなくて、「陣地戦」を、つまり市民社会の全構造の内部での、イデオロギー的な戦を縦横無尽に組む必要があるというのだ[36]。成人教育は「市民社会」の重要な一領域であり、したがって闘争の場である。それは既存のヘゲモニーを固定することにも、相対化することにも役立つが、後者の場合は対抗ヘゲモニーの闘争の場として機能することになる。革命集団が権力を獲得しようとするのならば、直接にか間接にか、他の諸集団、諸セクターを説得し、自分たちの提起する世界観 Weltanschauungが既存のそれよりも妥当なものであり、よりよいものであることを納得させなければならないが、成人教育はそのための有用な手段の一つであるというのが、グラムシの考えだ。簡単にいえば、それは「批評という骨の折れる作業[37]」において重要な一役を演ずるのであり、そうした作業こそが国家の制覇にとって決定的に重要な先行要件であると、グラムシはとらえていたのである。

フレイレがもちいる分析のモードは、理論としての広がりはそれほど大きなものではないのだが、しかしそのフォーカスは直截に教育に当てられている。市民社会の諸制度の内部での行為を、フレイレもまた、既存の権力関係を固定することに役立つか、あるいはそれを変革することに役立つかのどちらかだと考える。上から下への伝達を特徴とする伝統的教育方法、彼が「預金型教育」と名づけているアプローチは、そうした「命令的」な社会実践の一つの例である。フレイレによれば、抑圧者と被抑圧者の関係はなによりも命令関係なのである[38]。

だからして預金型教育は非民主主義的な社会関係を醸成し、現在の権力構造と支配体制を支持するヘゲモニックな観念を叩きこむ手段なのである。しかしながらフレイレは、ノンフォーマルな成人教育をおこなう行為者たち、つまり民衆教育グループや文化サークルによっておこなわれる変革志向型の文化行動は、社会変革の動きを呼び起こしていく手段にもなりうると考えている。

要約していうと、グラムシとフレイレの両者は、現在の権力関係を変えていくうえで市民社会における教育活動が決定的な役割を果たすと考えていた。グラムシの言葉を使っていえば、それは既存のヘゲモニーにたいする挑戦を助長するものなのである。

行為者

社会変革のための革命的活動を論ずるときに、グラムシとフレイレが、そこにおける行為者の役割に大きな意義を認めていたことは上記のことから明白だろう。二人とも、進化論的社会変化説や経済決定論を明白に斥けていた。フレイレはそうした決定論の行き着く先は「解放の宿命論」であると断じ[39]、グラムシはそれらを「予定恩寵論」に比定した[40]。自由意思論と革命活動の基底に文化と精神のはたらきをみようとするグラムシの傾向は、とりわけ青年時代の著作に強く現われている[41]。この行為者の役割への肩入れは、フレイレの初期の著作にもみられるものだ[42]。二人の著作家のこのきわだった特質は、ヘーゲルの影響によるものだとよくいわれている。しかしグラムシの場合は、ヘーゲルというよりもネオ・ヘーゲル学派、すなわちクローチェに発するある種の観念論哲学の影響というほうが適切だろう[43]。フレイレの場合、そのヘーゲル主義は、シャルダン、ムーニエ、ニーバーといったキリスト教神学思想[44]を多分に経由したヘーゲル哲学である。もっとも二人とものちの著作になると、この観念論的な立場はいくらか修正されて、経済的諸条件が社会変化の過程で占める役割がより重くみられるようになる。グラムシの場合、工場評議会の理論が深化し、この評議会運動が労働者の教育という役割をも果たしていることが明らかになっていく過程で、そのことが鮮明になっていく[45]。フレイレのほうは一九七八年、著書『進行途上の教育』のなかで、社会的生産関係をバックグラウンドにおいて民衆教育の現在を分析している[46]。

知識人

社会変革における行為主体としての人間の役割をグラムシは一貫して重要視しているのであるが、彼の知識人にかんする理論においては、それがさらに決然と語られることになる。グラムシのいう「有機的」知識人には二つのカテゴリーがある。一つは、ヘゲモニーを堅持しようとする支配階級と一体化して、その思想的・組織的な機能を代行する知識人であるが、いま一つは「サバルタン」階級のヘゲモニーを追求する知識人で、この階級と有機的に結合しつつオールタナティブなヘゲモニーを創出しようとしている。グラムシは、知識人がマンハイムのいうような「自由に浮動する」存在であるとも、また「社会的にどこにも密着しない」存在であるとも、まったく考えない。それどころか、彼らは、ある社会集団と緊密につながっている[47]。

当然のことながらグラムシの知識人研究は、彼が活動家として、またイデオローグとしてそれに加担しているプロレタリア階級への関心に動機づけられていたのであって、とりわけこの階級がどのようにして自らの思考者、組織者を育てることができるかについて、彼は深く思いを致していたのである。労働者のエンパワーメントをたすける成人教育従事者はグラムシ的な意味での「有機的」知識人の範疇に該当する存在だろう[48]。とどのつまりグラムシは、有機的知識人が大衆との関係において担う任務を一種「教育的」なものであると考えていた[49]。グラムシは、こと労働者階級にかんするかぎりでは伝統的な知識人を自らの陣営にとりこんで同化・吸収することが可能であると信じていたが、しかしより望ましいのは、この階級が自分自身のなかから有機的知識人を生みだすことである。

工場のなかで成人教育の教育者としての機能を果たしているプロレタリア労働者の面々に、グラムシはさだめし大きな希望を託していたに相違ない。彼からすれば、それが真の有機的知識人なのであった。そこには技術教育の分野での教育者と、社会・政治問題での教育者の両方がふくまれていた[50]。そのうえ、彼が新聞記事や初期の文章（いわゆるScritti Giovanili）のなかでつねづね力説していたことは、プロレタリアートは成人教育センターを設立すべきであること、それはプロレトクルトや『クラルテ』の読書会組織とかなり似た性格のものになるであろうこと、などであった[51]。そうした集団や運動をとおして、労働者階級の人びとは知識人たちと——彼らの経済的利益は労働者階級のそれと対立するものではない――接触することができるようになると、グラムシは考えていた[52]。

グラムシとフレイレの知識人への関心は、直接ではないものの、つながりがある。たとえばブラジルのキリスト教基礎共同体はフレイレの教育思想の影響がとりわけ強く感じられる運動体なのであるが、そこで活動する教育者たちの多くは自分たちを「有機的知識人」と規定している。フレイレ自身も、ギニア・ビサウの革命指導者に成人基礎教育についての助言をおこなうときなどは、グラムシの知識人論をもちだしているようだ[53]。グラムシと並んでアミルカル・カブラルも援用されているのであるが、フレイレは「新しいタイプの知識人」が生みだされなければならないと述べているのである。こうした知識人はしばしば「死と復活」を経験する。農民大衆と自分を一体化するために「階級的な自殺」をすらも冒すというのである[54]。

使っている語彙はちがっているが、ギニア・ビサウにおける「新しい知識人」の形成について語るフレイレの表現は、グラムシの知識人論を援用したものといってよいだろう[55]。知識人は自らが奉仕する階級に有機的であるように形成されなければならないというフレイレの忠告は、まさにグラムシのそれと同一線上にある。リセの学生は国の知識人の卵ともいえる人たちだが、彼らを奨励して、農民大衆のための民衆教育事業に全面的に参加させたらよいと、フレイレは忠告する。学生が農民を教えつつ、彼らとともに働くという彼の提案は、キューバの識字キャンペーンにおけるブリガーダの先例を思わせる[56]と同時に、革命ニカラグアの識字ワーカー「クルサーダ」のイメージを予見したものでもある。ニカラグアでも、彼ら・彼女たちは「ブリガーダ」と呼ばれていた[57]。

この種の教育活動に従事する教育者は、そのすべてが有機的知識人であるとフレイレはみていたのだろう。その全著作のなかで彼が訴えていることは、彼らと彼らがそのために活動している被抑圧者、彼らが教え、そして学ぶ相手である被教育者とのあいだには、強固な連帯の絆が存在していなければならないということである。そのためにも、コミットメント[58]、そして集団と「ともに成長する[59]」ということが強調されるのだ。

労働者・農民階級の「有機的知識人」と大衆とのあいだに緊密な関係が存在しなければならぬこと、そのことをグラムシが非常に重く考えていたことは疑う余地がない。大衆を「指導」し、彼らの「コモンセンス」のなかにある「積極的」なものに気づかせて、それを「グッド・センス」に変えることが知識人の責任であるとグラムシは考えていた。コモンセンスはグラムシによれば、「一人の個人の頭脳のなかにあるときでも、分散的であり、首尾がととのわず論理的一貫性に欠けている[60]」。コモンセンスとは、ノアとノーウェル・スミスの解説によれば、「世間に流通している不整合な臆見、一定の社会に共有されている信念の一式」を意味している[61]。グッド・センスとは「実践的で経験的なコモンセンス」――すなわち矛盾や前後撞着を取りのぞき、体系的で首尾一貫した所見へと高められたコモンセンスである[62]。

グラムシは、大衆にたいする教育という点で、知識人の側に役割上の優位性があることを認めていた。このあたりは前衛主義の臭いがしないわけでもない。しかしながら私の考えでは、かのイタリアの理論家は知識人と大衆の相互的な関係性を提唱することで、この問題になんとか理論的決着をつけようとしているようである。

この発展のプロセスは知識人と大衆の弁証法と結合している。知識人層は量的にも質的にも発展をとげるが、知識層が拡大し、その構成が複雑化することと符節を合して、〈単純な〉大衆の側でも自らの文化をレベルアップし、重要度の大小はあれ、それを代表する個人やグループを輩出することによって自らの影響を専門的な知識階層にも波及していくのである[63]。

この関係性が、その質において「教師」と「生徒」の互換的な役割関係[64]とつうじあうものであることを、再度、確認しておくべきだろう。この相互性の問題は、フレイレの著作にも頻繁に出てくるテーマで、教育者と被教育者間の水平的な関係をつくることの重要性が随所で力説されている。関係は対話によって特徴づけられる関係で、それをとおして教育者と被教育者間の相互的な学習が成立する[65]。彼の初期の著作では、教える者と学ぶ者の指導的な関係は特段には強調されていない。ところが後期の著作では、指導性が強調されるようになる。たとえばアイラ・ショアとの対談がそれで、この本のなかでフレイレは、教育者が対話を始めるとき、〈教育者と被教育者は）対等な立場には立っていないこと、教師は指導力（directive capacity）を行使していることをはっきりと明言している[66]。もちろん、フレイレが考えている教師の側の知見は、グラムシが考えているそれよりもずっと平明なものではあるのだろう。それでもフレイレは、グラムシと同じように、知識という点では成人教育者と学習者はけっして対等な地歩には立っていないと説いているのである。知識人／教育者の側が学習者よりも「勝れた」理論的理解力をもっていてこそ、指導が――絶対的にではないにしても――可能になることを、二人は共通に認識していた[67]。この指導性は教育者と学習者の相互的で対話的な関係性をそこなうかたちで発揮されてはならないと、フレイレは強調する。知識人と大衆の関係は相互的なものでなければならないと説いたグラムシの主張と、それは対応している。

「客体」から「主体」へ

こうした関係性を発展させようとするグラムシやフレイレの執着の底にはたらいているのは、二人がともにもっている人間像、人間を「主体」としてとらえようとする人間観である。この主体の面目は、文化サークルや労働の場といった、いくつかの生活領域で発揮されるべきものとされている。グラムシが主体としての人間のイメージをとくに鮮明に浮上させているのは、あきらかに労働者教育の領域においてである。グラムシの工場評議会理論は、産業民主主義を射程においてこれからの成人教育を考えていこうとする者に非常に意味深い示唆を投げかけており、その意義が正当に認識されるべきであると私は考えている。グラムシは激しい言葉で述べたてている。労働組合は――伝統的に労働者教育の重要なエージェントとされてきた労働組合は、もはやプロレタリアートを組織する力をもっていない。労働組合は資本主義社会の一形式にすぎず、次の時代を用意する資質をもはや具えてはいない。グラムシの眼からみると、組合は改良主義の制度としかみえず、指導者たちは「資本主義の永続性と、民主制国家の基本的な完全性」をすっかり信じこんでいるかのようだ。手を入れたほうがよい部分はそこにあるとしても、「しかし基本に手をつけてはならない」というわけである[68]。

そんな改良主義的な制度にたて籠もっていたら、「主体」としての人間のイメージなど、いつまでたっても育つわけがない、とグラムシは考える。グラムシの考えでは、労働者階級は自らの賃金労働者としての利害を超えて遠くまで歩まねばならず、そのような労働者になるためには、ある媒介が必要なのだ。賃金労働者としての利害は、結局は資本主義的な賃金関係の枠内で決定される利害でしかない。媒介は生産点での運動、労働者管理の創出を企図する社会運動でなければならなかった。工場評議会はまさにそうした性格をもつ運動であって、プロレタリアートがそのなかで「自らを教育し、経験を蓄積し、国家権力を掌握する階級が担わなければならない義務を自覚し、それに相応しい責任能力を獲得していく[69]」、そのための手段を提供するものなのだ。それゆえにこの運動は、社会的実践の重要な場である職場(労働の場)を、成人の学習の場に変えていくことを企図している。

工場評議会は、労働者に個々の部分的操作ではなく生産の全過程を経験する機会を与える場として機能する。マルクスが「総合技術教育 polytechnical education」と呼んで推奨していたもので、全生産工程にかんする知識がそのなかで分かちあわれなければならない。この生産工程についての知識は、成人教育者として活動する有機的知識人が提供するほかの知識、経済、経営、社会的スキルなど、他分野のそれと結合される。こうした総合的な知識は自主管理に必要なある種の精神的コントロール能力を労働者に賦与するものでもある。その後一九二一年にグラムシが『新しい秩序』誌に書いた論文では、労働組合は工場評議会と融合することによって変わっていくと述べられている。「融合は自然に、おのずと起きる。労働組合は、評議会組織を確固たる基盤としてそのうえに存立し、自らを中心化する手段になっていく[70]」。かくして新たな労働組織が誕生する。それは労働者が、彼らの労働力を商品として売る客体から、人間的主体へと変わり、その職場の全過程をまさに主体として民主主義的にコントロールする存在に変わっていく、その手段を強化する。コントロールの問題はグラムシにとって決定的に重要な問題であった。フレイレにおいても、それは同様だ。

客体から主体への転換は、パウロ・フレイレにとっても中心的な関心事であった。彼の提唱する文化行動のなかでは、学習者は自分たちを囲繞《いじょう》している現実の帳《とばり》を払いのける作業に参加しながら、自分たち自身の知識を創造していく。水平的な関係性の下での教育が奨励されているのだが、それは学習者が教育される者であると同時に教育する者でもあることを生きたイメージとして示すことをめざしている。彼らは、教育者を「教える」教師でもあるのだ。教育者は学習者との、そして文化サークルのほかの参加者との相互的な対話行為をとおして、自分の知識を新たに学びなおしているのである。理想的にことが進んだ場合、集団のなかで相互作用が不断に起こり、それをとおして教育者と被教育者は、いずれもが自分の考えをつくりかえていくことになる。会話をテープにとっておくと、彼ら・彼女たちの会話そのものが、しばしば読まれるべきテクストのサブジェクト（主題）となることもある[71]。自分たちが自分たちのテーマとなり、自分たちの知識がじつは自分たち自身によって書かれていることが身をもって実感されるのだ。学習者が知識を収納する受動的な容器である必要は、もはやない。自分の声を発すること――上意下達の社会システムがよってたかって禁じてきたかのようにみえるそうした行為を、学習者はいまやおのれの行為としてとりもどすことができるのである。さらにそのうえ、彼らが参加して築きあげていくその教育は、「問う」ことのうえに築かれる教育[72]である。フレイレは、彼が提唱する問題提起型教育において、この「問う」という行為が不可欠であると考えていた。

このアプローチが理想的に達成されれば、学習者はdecision-making skills（決定主体としてのスキル）を習得することが可能になるだろう。「批判的な意識をもった行為者」[73]として、コミュニティの生活に積極的に参加するうえで、このスキルは必須のものだ。参加の感覚は、それがなければどんな主体の理論も成立しない大前提のようなものであるが、フレイレも、英語の出版物のなかで何度かそのことを力説している。農業の生産現場で、彼の方法が使われたときの話である。

「この土地が全部、一つの荘園の領地だったときはね」と、同じ会話のなかでもう一人の男はいった。「読んだり書いたりする理由がなかったのさ。俺たちは、なにごとにたいしても責任がなかった。ボスが命令し、俺たちは従う。読み書きなんて、するわけがない。今じゃ、話が大ちがいだ」[74]。

これは、チリの農地改革の現場でおこなった識字事業の経験を語ったフレイレの文章だ。生産様式の変化と対応して変革志向型成人教育が実施された場合の例で、ルリアが先述のフィールド研究のなかで直面した状況と同種のものである。大地主制の崩壊にともなって、農民にとって「話は大ちがいになった」。これらの言葉はアセンタミエント制の時代、個々の農民に土地を分割する準備として共同営農がおこなわれたこの時期に農民の口から語られた言葉だ。フレイレの参加型成人識字教育は、最終的には農民が自有地を運営していくための、その素地となるスキルの習得を目的にしておこなわれていた。グラムシの主体理論は、すでにみてきたように、参加型の産業(工業)民主化を目的とする成人教育の理念として提起されたものであった。フレイレにおいても、参加型の農業民主主義をめざす教育の理念として、同様に主体の理論が提起されている。二つの分野での成人教育活動は、共通の関心——民衆の権力を求めるたたかい、だからこそ労働の場にラディカルな民主主義を打ち建てるという状況的要請に応えておこなわれているのである。

実践

二人の著者が提唱する学習像の中心にあるのは、実践という概念[75]である。成人教育との関連からいっても、実践は、彼らの著作のキイ概念になるのではないかと私は考える。この概念は、事実、グラムシ思想の中心に座を占めている。『獄中ノート』には「実践の哲学」という語が出てきて、これは「マルクス主義」を意味する婉曲語法なのだが、獄舎の検閲の眼をごまかすこともさることながら、本人も、この語がマルクス主義の真髄を表わすものだと考えていたようだ。理論と実践、意識と行動の密接な関係性を、それは表わしている[76]。

すでにみてきたように、フレイレのアプローチの核心にも、やはり実践という概念がある[77]。これは多くの場合、コード表示と脱コード化という作業をともなっている。成人学習者が身をおいている社会的現実のある断面が、やや距離をおいて、批判的に知覚できるような仕方で対象化されるのである。実践は、変革行為とその省察という脈絡の下で、フレイレの文章にくり返し現われる概念である。亡命中の著作でも、たとえば一九八九年のアントニオ・ファウンデスとの対談でも、この問題がとりあげられている。二人とも自分たちの日常的な実践の世界から、心ならずも、そして一時的にではあるが、引き離されている。だが対談者たちは、そのことによって日常的な行為の世界をより批判的にふり返ることができるようになったと申し立てている。それぞれの国の社会と文化をちがった眼でみることができるようになって、それらにたいする洞察が深まったというのである[78]。この状況はグラムシが心ならずも体験した状況を連想させずにはいない。からだも心もずたずたに引き裂かれるような恐ろしい状況ではあるのだけれども、獄中生活はある空隙を提供し、そのなかで自己の行為の世界にたいする批判的な省察が深化したのである。

よくいわれることの一つは、そうした実践は、それだけで社会変化をもたらすものではない、ということである。フレイレが提唱している実践、少なくとも初期の、もっともよく読まれた作品のなかで彼が提唱している実践は、結局は「知的実践」にすぎなかったという批判で、フレイレ批判のこれが定番になっている。その種の実践は、学習者の意識を変革するかもしれないが、それで人びとが被抑圧状況を変革する社会的行動にかかわるようになるとはかぎらない、というのである[79]。だが、社会的行動と結びついたかたちで教育がおこなわれるならば、それはフォイエルバッハ論の第三テーゼ、マルクスがそのなかで「革命的実践」と呼んでいる行動ともなる[80]。それは人びとの意識を変えるだけでなく、強力な社会運動と連動しておこなわれることによって、社会的・政治的行動に実際に寄与するものとなるだろう[81]。これはソモサ政権が打倒される以前のニカラグアで、フレイレの教育思想に鼓舞されておこなわれた意識向上活動[82]のなかで、現実に起こったことでもあった。

成人教育と社会運動

苦い結末をとげた工場評議会運動の経験からグラムシは洞察を得た。対抗へゲモニー活動は孤立を回避しなければならない、有力な運動もしくは諸運動との連携のうえに自分たちの運動を構築しなければならない、という洞察である。獄中の日々のなかでグラムシは運動の敗北をふり返り、そこから「歴史的ブロック」という新たな概念を定式化した。あらゆる戦線での対抗ヘゲモニー的な動きが相互に響きあう、そんな闘争のイメージである。われわれの努力は、社会的公正を求めてたたかうほかの多くの社会集団ないしは運動の支持を引きだすものでなければならない。彼はそうした努力の必要性をうったえた。そうした努力のその一つに、成人教育があるといわなければならないだろう。グラムシの歴史的ブロックに即していえば、それはとりわけ工業部門の労働者階級と農民との同盟[83]、「国民的・民衆的」な団結という理念のもとに創出されるべき同盟関係であった。

フレイレも、変革行動は単独行動としてではなく、有力な社会運動と連動して、あるいはいくつかの運動との連携のうえに、構築される必要があると述べている。成人教育はそれだけでは社会を変えることはできないと、後期の著作では指摘している[84]。グラムシの場合もそうだが、フレイレの思想も、だれとどう組むのかという実際的な見通しをともなって提起されているのである。

フレイレの思想と作品は、ラテンアメリカのラディカルな宗教運動(たとえばAção Popular)――さらに特定していえば「解放の神学」の運動を背景にして浸透していることが多い。解放の神学はニカラグアでも大きな役割を演じ、政治的変革の過程では多様な勢力を糾合するカナメとなった[85]。

フレイレの伝記の部分でも述べたことだが、サンパウロの教育長時代も、さまざまな大衆組織・大衆運動との連携の下に、民衆教育をふくむ教育各分野の改革にとりくんだ[86]。彼の所属政党そのものもまた、草の根の運動と労働組合の連携の歴史のなかから生みだされた政党であった[87]。

言語

フレイレのなかには方言のもつ力、その「書かれざる文法」、その「認知されざる美」[88]にたいする確かな心証がある。この確信にもかかわらず、彼は被抑圧者の団結の鎹《かすがい》たりうる言語の重要性を主張してやまない。彼は識字キャンペーンにおいて「ナショナルでポピュラーな言語」(＝国民的で民衆的な言語)もしくは表現媒体を使用することを提唱する。ギニア・ビサウについて書くときのフレイレは、旧植民地当局が識字プログラムのなかでよりポピュラーなクレオール語を使わずに植民者言語であるポルトガル語をもちいたことが、惨憺たる結果を招来した主要な原因であったことを認めている。にもかかわらず彼は、被抑圧者は権力闘争を勝ちぬく武器として、どうしても標準語を学ぶ必要があるのだと力説する[89]。労働者階級にコミットする教師たちは、すべからくこの言語を教えるべきであると主張する。ただし条件つきで、ともいう。言語を構成している政治的な要素、それはたえず討議に付されなければならない。ようするに言語はラディカルな成人教育者によって問題化されなければならない。——そして、それは軽視されてよい任務ではない。

フレイレと同様にグラムシもまた、イタリア人の「国民的・民衆的」団結のための言語を使うべきだと強調する。イタリアでは、実際にはいくつもの言語が話されている。イタリア人の八〇%はまだ大方のことは方言ですませていると、そんな推測をグラムシはしたことがある[90]。フレイレとはちがって、グラムシは、問題化が必要であるとはあまりいわない。だがフレイレと同様に、政治の外辺に取り残されることを肯《が》んじ《え》ない以上、労働者階級はなにがなんでも国民の標準共通語を習得しないわけにはいかないと感じている[91]。だがその標準語を教える教師たちは、他方で農民の言葉を理解できるようでなければならないのであって、フレイレと同様にグラムシも、そのことの重要性はいささかも疎んじてはいない[92]。

相違面

グラムシとフレイレの成人教育にかかわっての主要な類似点を素描してきたので、論点をもう一歩すすめて、つぎに二人の思想家がどのあたりで大きく分岐していくかを考えることにしたい。伝記を読んでいてすぐに気づかされるグラムシとフレイレの大きな相違点は、所属政党の有無だろう。——二人の著作の性格にも、それは映しだされる。フレイレが政党政治にアクティブにかかわるのは、彼の人生の晩期、亡命生活を終えて帰国した直後からで、ブラジル労働者党に入党した。だからして彼の教育思想は、特定のイデオロギーを擁した政党や組織を長年にわたって支持して、そのために大きなエネルギーを注いできた結果として成立したものではない。これとは対照的にグラムシの場合は、トリーノでの大学生時代からもう政党政治に首を突っこんでいる。一九一三年から二一年まではイタリア社会党(PSI)で活動し、一九二一年にイタリア共産党(PCI)が発足するや総書記となり、逮捕された一九二六年まで在任した。

だが両者のもっとも基本的な相違は、その著作で分析される対象の範囲の相違のなかに端的に示されているのではなかろうか。グラムシの守備範囲はすこぶる広く、経済、教育、労働問題、芸術から社会・政治理論におよんでいる。フレイレの場合、後期の対話本のなかでは少し変化が生じてはいるものの、多く読まれている著作にかぎっていえば、そのような幅の広さはみられない。フレイレの作品を特徴づけているのは、具体的な教育場面にはたらくダイナミックスを分析するときの、粘り強い求心性である。――これはグラムシにはあまりみられない特質である。フレイレが取り組んでいる丹念な教育過程の分析――中心概念としての実践は、そこでは意識の覚醒をめざすペダゴジカルな方法に翻訳される――に相当するものは、グラムシの文章にはまったくみられない。この相違は、グラムシの著作が政治分析家にして戦略家という前衛の視点から書かれているのにたいして、フレイレのそれが教育者/教育思想家の視点で書かれていることに由来しているのだろう。

識字

フレイレの場合、主要なかかわりの対象は成人基礎教育であった。だがいっておかなければならないことは、この問題について、あるいはこの問題をめぐって書かれた彼の文章から立ちあがってくる知識(認識)の理論、変革的教育実践の理論は、ほかのさまざまな教育の分野にかんしても応用が可能である、ということだ。フレイレのもっともよく知られた仕事の焦点が成人識字に当てられているという事実は、これまたラテンアメリカ被抑圧大衆にたいする彼の関与を物語るものだ。だが、これまた再言しておかなければならないことは、フレイレにとって、識字教育は政治的意識化のための手段にすぎず、それ自体が目的ではなかったということである[93]。

英語に訳されたフレイレの一九八五年以前の出版物では、主要な焦点が識字教育におかれているのであるが、グラムシの著作においては成人教育のこの側面はほとんど完全に黙殺されている。いくつかの断片のなかで、標準語と方言のことが語られているだけである。彼の主要な関心が工業化された北部に向けられていたこと、そこでの非識字率は非常に低かったこと[94]を考えると、そのことは納得がいく。しかしながら、南部イタリアの非識字率が非常に高かったこと、そしてグラムシ自身も南部人であったことは記憶にとどめておくべきだろう。そうしたことを考えると、グラムシが識字の問題をみすごしたのは、やはり驚くべきことである。一つの説明は、グラムシは『南部問題にかんするいくつかの主題[95]』でこの問題をとりあげるつもりだったが、逮捕によってそれは未完成に終わった、という解釈である。あるいは、こうも考えられる。グラムシは南部農民の解放を階級同盟の問題、つまりは歴史的ブロックの問題と絡めて、その枠組みのなかで論じていた。そしてこの同盟においてリーダーシップをとるのは工業プロレタリアートなのである[96]。

工業プロレタリアートに主要な役割をあてがった以上、グラムシとしては、その部分にたいする成人教育、すなわち、労働者たちが健全な組織感覚、すぐれたリーダーシップと文化意識をもつことができるように、彼らを教育することが第一義的に重要であるということになる。彼の成人教育への関心が、ほとんどもっぱら北部の工業プロレタリアートに集中していて農民に向いていない理由は、おそらくそこにあるといえよう。グラムシの考えでは、将来において指導的な役割を担うのはプロレタリア階級なのである。反対にフレイレのフォーカスは農民階級に向けられている。彼は都市プロレタリアートよりも農民のほうにより大きな変革の可能性をみているのである。とはいえ急いで付言しておかなければならないが、フレイレは農民を「普遍的な階級」として、完成すべき歴史的使命を帯びた特別な階級としてそれを理想化しているわけではない[97]。

「普遍的な階級」か、さまざまな声のポリフォニーか?

グラムシの社会変革理論の重力の求心軸は「普遍的階級」、すなわち労働者階級である。「総体的革命行動」における工業労働者階級の役割の指導性[98]に言及した『南部問題』（第2章参照）の未定稿のくだりは、このことをよく示している。この彼の観点は本質主義そのもので、多くの著者がその問題性を指摘しているのであるが、代表的なのはエルネスト・ラクラウとシャンタル・ムフのそれだろう。二人はグラムシのヘゲモニー概念をそのラディカル民主主義理論の核に据えているのであるが、ポスト・マルクス主義を提唱する彼ら（彼と彼女）は社会的なるものの、縫合線なき開かれた性格を強調してやまない。彼・彼女の見地からすると、社会的葛藤は非中心化されていて、多様な闘争、さまざまな声のポリフォニーを一元的な言説に集約する単一のグループなどというものはもはや存在しない[99]。だからしてこの著者たちは、指導権を行使する役割をあらかじめ労働者階級に措定する思想を断固として拒絶する。シャンタル・ムフがいうように、

今日の状況に特徴的なのは、民主主義闘争の多極化である。平等のためのたたかいは、もはや政治と経済の分野に限定されていない。多くの新しい諸権利が定義され、要求されている。女性の権利、同性愛者の権利、多様な地域的・民族的権利などだ[100]。

しかし、社会変革をめざす闘争において、階級が占める優位性を認める論者たちもいる。ノーマン・ジェラスもその一人である。ラクラウとムフの所論には、受け入れがたい点が多々あると、彼はいう。その一つは、社会的なるものの脱・中心性であり、それと相関する社会的非決定性の思想である。そんなに不定形ではどんな種類の政治でも支持可能になってしまうではないかと、

ジェラスは論難する[101]。社会が変わり人間が解放される、その決め手が「資本主義的生産関係の廃棄」[102]にあるとするマルクス主義の伝統的主張を袖にすることにたいしても、彼は異議を表明する。エレン・メイスキン・ウッド[103]もやはり、ラクラウ／ムフや、「真に新しい社会主義」を標榜するその他の理論家たちを手厳しく批判している。社会主義を追求するならば、まずは経済の領域に、それゆえに労働者階級に第一義的な重要性をおかなければならないのに、それをなおざりにする傾向があるというのである。西欧社会のヘゲモニックな力の一つであるニューライトが攻撃の刃を振りかざしているのはまさに経済の領域においてであり、したがってその矛先は労働者階級に向けられているではないか、という[104]。彼女のラクラウ／ムフ批判の、これが論点の一つである。ラクラウとムフ、あるいは彼らに近い論陣を張る人びとに、マイケル・アップルもまた批判を浴びせかけている。「支配の形態を挙げていけば、その種類は無際限に増えていく。そのはてにどうなるかというと、抑圧とたたかう有意義な組織はもう何も残っていない、という状態にたちいたってしまうのだ」と、彼はいう。彼は、こうもいう。階級還元論を超えて、人種、ジェンダー、性その他の支配の形式がどのようにはたらいているかを示すことに逸《はや》りたつあまり、われわれは厳然として存在する巨大な諸力をみうしないがちである、と[105]。

さてフレイレのほうだが、「トーキング・ブックス」におけるフレイレは多岐多様な社会運動に言及していて、世界中のいろいろな場所で起こっているさまざまな闘争をしっかりと視野に入れているように、私には思える。フレイレの理論には、普遍的階級などというものはない。フレイレが使う「被抑圧者」という言葉は、特定の集団を指すものではない。そしてその点がフランク・ヤングマンなどのフレイレ批判の論拠にもされてきたのであって[106]、フレイレはルーズかつ曖昧にこのような語をもちいているというのである。そうすることで批判者たちは、不覚にも被抑圧状況の下でたたかっている集団の多様性をそれとして認めることができなくなっている。「被抑圧者」という言葉でくくるほかはない多様性を、彼ら／彼女たちは生きているのである。だからフレイレの「被抑圧者」はコンテクストごとに変移していく。一方にカンペシーノやアフリカの農民がいるし、他方に工業化された西欧社会のさまざまな非特権層がいる。そこには女性がいて、ゲイやレズビアンがいて、黒人がいて、少数民族の人びとがいる。以上のことからして、私はこう結論してよいだろう。グラムシとは対照的に、フレイレの被抑圧者の概念は、ラクラウ／ムフのいう「さまざまな声のポリフォニー」の存在を視野に入れたものである、と。

フレイレはわれわれに非・本質主義的な社会変革の理論を提供しているのである。フレイレが一九九一年のAERA会議でおこなった発言、われわれはすべてを階級闘争に帰することはできないという趣旨の発言は[107]、このことを再度確認したものといってよいだろう。とはいっても、社会の較差を考えるときに、階級の問題がきわめて重要であることを、彼が認めていないということではまったくない。

文化的生産

　文化の分析にかんしても、グラムシとフレイレには興味深い相違がある。フレイレのよく知られた労作のなかでひときわ目立つのは、「民衆文化」の諸要素にたいするほとんど偏執にも近い関心である。彼は、そうした要素を変革的な成人教育の土台であるとみなしていた。しかし分析の範囲を「民衆文化」から広げて、「高級文化」highbrow cultureの組織的な批判に発展させていく企図はフレイレにはみられないようである。フレイレは本質的にはペダゴーグであって、政治の渦中にあって影響力を行使するイデオローグではなかった。彼が著作のなかで主要にとりあげているのは、自分が職業的実践のなかで直面した特定の領域の問題である。

　グラムシの場合、状況はまったくちがっている。フレイレとちがってグラムシが活動したのは、西欧の大都市を構成している諸要素、発達した「市民社会」や産業組織の伝統といった要素をすべて具えた大都市であった。彼の職歴もフレイレとは異なっている。グラムシはジャーナリストであったから、文化問題に接する機会も多かった。演劇、文学、造形芸術等にかんする多くの文章を書いているが、それらはじつのところ新聞に掲載された論評記事であった。この特異な職業は、イタリアの芸術シーンをかたちづくる数多くの文化的生産の現場を身近に観察する機会を彼に与えたのである。グラムシは「上位」文化と「下位」文化の双方に目を凝らした。両者のなかに潜んでいる解放的な要素を探りだし、それを総合するという視点で、不断の探究をつづけた。プロレタリア文化を基礎づけるのは、そのような批評の作業であると考えていたのだ。
既成の支配文化の批判的領有は、グラムシにとっては、新たなサバルタン的・プロレタリア的文化の創出にかかわる中心問題であった。『マルクス主義の諸問題』のなかでグラムシはこう述べている。

実践の哲学は、この文化的過去のすべてを前提としてふまえている。ルネサンスと宗教改革、ドイツ哲学とフランス革命、カルヴィニズムとイギリスの古典派経済学、世俗自由主義とその歴史主義は、すべての近代的な生の概念の根幹をなすものである。実践の哲学は、知と道徳を組み替えるこの運動のすべてが一点に集約された頂きであり、そこにおいて、民衆文化と上位文化の対立は弁証法的な対立となる〔108〕。

この文章は、エントウィッスルのグラムシ像（一九七九年）においては、議論のカナメの位置を占めている。プロレタリア文化の発展を、グラムシはそのようなものとして捉えていたと、彼はいうのである。この見地からすると、グラムシの立場は、昨今のアメリカのカリキュラム論争にまことに興味深い一石を投ずるものである、ということになる。アラン・ブルームやE・D・ハーシュがいいたてている文化的リテラシー論は「グレート・ブックス（おおいなる古典）」の読書にたち返ることを主張した復古的カリキュラム改造論で、これは多くの左派の論客たちが批判の的にしている議論なのだ。代表的な批判者はヘンリー・ジルーで、このジルーも、グラムシとフレイレの影響をもろに被った人物である。たしかにグラムシは「グレート・ブックス」から学ぶことが必要だと説いているようであるが、しかしそれはあくまでも批判的な学習をつうじて、ときには木目に逆らった読書をつうじてである。しかもグラムシの考えている文化や教育には、民衆的なものも大きく関与している。「常識《コモンセンス》」という形においてであるかもしれないが、そこには発展に値する解放的な契機が潜んでいるからだ。この点については、後続の二つの章で再論したいと思う。

歴史感覚

歴史感覚に大きな比重をかけ、プロレタリアートのあいだでそれが育つことに強い期待を寄せていただけに、過去からみえてくるものを心にとどめるというグラムシの観念はいっそう強化されることになった。労働者階級の教育にとって歴史は決定的に重要であると、グラムシは考えていた。なぜかなれば、歴史をとおしてこの階級の成員は意識的に自分たちを知り、自分たち自身となるからである[109]。第2章で言及した鎖のメタファは、この点についての彼の確信を浮き彫りにしている[110]。これは線型進化論的な歴史の観念で、時代の流れのなかに進歩をみるマルクス主義の伝統とも調和するものだ。ただしこれは最近のポストモダンの立場とはそりが合わない。それは非連続性を重視し、啓蒙主義的な伝統は進歩をもたらしたどころか、ホロコーストの存続を許し、ラーゲリを建設してきたではないかと論難する。
こんな調子で被抑圧者の教育における歴史の重要性をいいたてた文章は、フレイレの英語の出版物をみたかぎりではどこにもみあたらない。ところがグラムシは、この歴史の学習から引きだされる知見は、成人学習者の発言や意見をより啓発されたものにすると信じていたようだ。啓発されているということのなかには、「事実」を多く知っているということがふくまれている。

これまでも生徒たちは、少なくとも何か手荷物のようなものとして、あるいは（趣味に応じた）装身具のようなものとして、具体知を学んではきました。ところが先生が哲学者となり、芸術家に変身してしまうと、生徒たちは具体的な事実をたくさん聞かされてうんざりしたり、自分にとって無意味ですぐに忘れてしまう単語だの決まり文句だのでアタマを一杯にする苦労から解放されるのです[11]。

預金型教育

上記の引用は子どもの教育について述べた文章からのものだ。しかしここでグラムシがいっていることは、成人教育にも当てはまるだろう。「手荷物」を学ぶという発想は、労働者向け教養講座ばかりでなく、技術教育の領域にも適用された。労働組合や工業評議会が提供しようとする労働者教育の、それは本質的な構成要素であるとグラムシは考えていた[112]。ところがフレイレは、その種の事実知の伝達を「預金型教育」の重要な特徴とみなしていた。そういう教育のなかでは生徒は、グーレの言葉を使っていうと知識の受動的な受け手とみなされ[113]、フレイレの比喩をもちいていうと、満たされるべきからっぽの空き箱のごときものにみたてられることになる[114]。『被抑圧者の教育学』には「預金型教育」における教師と学生の役割をいささか機械的に描いてみせた、よく引用される一節がある[115]。

グラムシのほうは、そういう条件の下での学習を、もっと機械的ではないやり方で説明しているのだが、それが十分に展開されているわけではない。グラムシの見地とかかわって私が注目したいと思うのは、通常はフレイレの名と結びつけて論じられている上記のような預金型教育像に反対して、彼は、抽象的知識を「機械的」に棒暗記する受動的な学習者などというものは、そもそも存在しえないと論じているのである。知識は学習者の意識にもとづいて同化・吸収されるのであるが、この意識は子どもが市民社会のいかなるセクターに参加し、どんな社会・文化関係を背景にして学習がおこなわれているかを反映したものである[116]。ここでグラムシが問題にしているのは、意味が流通し、媒介され、同化される態様である。それは子どもだけでなく、大人にも適用してよい指摘だと、私は思う。大人は人生の経験をより多く積んでいるだけに、その意識は文化と社会をより広い視野において反映し、同化もまたより効果的に遂行されるのである。

結論——総合に向けて

成人教育にかんするグラムシとフレイレの思想の相違点をいくつかみてきたが、そのなかで一方の思想家が重視していながら他方が看過もしくは軽視している点がいくつか明らかになってきたように思う。だからわれわれは両方の過不足を相補するかたちで議論をすすめることができるのかもしれない。二人の著者が多くの問題で似たような観点を示していることは、すでに縷々《るる》述べてきた。類似点の一つに教育活動の政治的性格、教育活動という市民社会の制度が社会変革において果たす役割の重視、ということがあった。

私はまた、二人の仕事のなかで行為者がもつ意味にも注目してきた。創出されるべき教育は、人間を客体から主体に変える教育でなければならないという主張とそれは重なりあっている。主体と客体の対置は、フレイレではとくに著しく、ポストモダン論者のなかにはそれを二項対立として拒否する者もいるが、フレイレの著作に手早くポストモダン風味のオブラートを被せて、それを寛容にみすごしている者も多いようだ。変革志向型成人教育に挺身する教育者への注目も、両者の共通点だ。彼ら・彼女たちは、サバルタン諸集団とともに変革をおのれ自身の事業として受けとめ、グラムシの言葉でいえば有機的知識人となり、フレイレのいい方でいうと「死と再生」をとげることになる。解放の教育の、その核となるのは実践であると考える点でも、また、そうした教育は社会変革をめざすより大きな運動、もしくは諸運動の連合のうえに築かれねばならぬとする点でも、両者は同じだ。

相違もあると、私は述べた。グラムシのフォーカスは社会変革において指導的な役割を演ずることになる特定の社会集団の状況に向けられていたが、フレイレの場合、民主主義を求め公正な社会を創造する闘争が特定の一階級によって担われるという観点はない。社会分析の間口にかんしても、歴然とした相違がある。グラムシの変革の構想は多岐にわたっていたから、分析の範囲もおのずと広いものになる。教師と学習者の出会いのダイナミックスということになると、フレイレの錘《すい》はグラムシのそれよりも深い。ブラジルの思想家のまなざしは主として教育に向けられていたのだから、当然といえば当然である。

教育がおこなわれるとき、教えられたその観念を学習者はどのようにひきとるのかをめぐって、グラムシは、十分に発展はさせなかったけれどもかなり複雑な見方を提示している。その見解は、テクストの読みの複数性を提唱するポスト構造主義理論の立場に近い[117]。そこでのグラムシの観点は、初期フレイレの、「預金型教育」についてのややメカニスティックな情景描写とは対照的なまでに異なっている。たしかにそこでは抑圧者と被抑圧者がすこぶる明瞭に対置されているのだけれども、ただし忘れてならないのは、フレイレがつとに開陳している［被抑圧者の内なる――訳注］「抑圧者の意識」という概念で[118]、人びとは抑圧の被害者でありながら、それでいて抑圧状況を引き伸ばす共犯者に容易になってしまうという指摘である。フレイレは最後期の著作にいたるまで、この指摘を再三再四くり返している[119]。キャサリーン・ワイラーはこの点をとりあげて、それだと抑圧者と被抑圧者という二分法自体が誤りであるということになるだろうと、フレイレを全面的に批判している[120]。これは一考に値する指摘だろう。

「抑圧者の意識」という概念と、明瞭に従属的集団に属する人間たちが抑圧に与していく実態を説明するその論理とは、グラムシ的な意味でのヘゲモニーと対抗ヘゲモニー関係、それを彩る意識の相剋状況と無縁なものではない。この状況は、権力に抵抗するときに、人は権力にたいして外在的ではないという、フーコーの定言を想起させる。われわれのだれもが、権力の諸関係のなかに組みこまれている。事実、グラムシのヘゲモニー理論の最大の貢献の一つは、権力が遍在的であり、もっとも親密な社会関係のなかにすらそれが顕現することを知らしめたことにあるのだ[121]。それは権力の放散的 diffuse な性格を強調するものであって、ここでもまた、それはフーコーを想起させる。既存のヘゲモニックな編成はさまざまな社会環境、家庭から成人教育にいたる多様な社会場面に遍在する数多くの信念や慣行によってささえられていると、それは指摘する。すべての個人は、かくして「権力の場」となる。とはいえ、すべての個人が同量の権力をもっているわけではないのだが。

異なるレベルの権力を異なる場で行使しているので、権力を行使する個人は一貫性を欠いた存在になる。フレイレは社会的に抑圧された立場にいる父親と息子が、同じように社会的に抑圧されている妻だの母親だのが読み書きを学びたいといいだしても、頑として認めない事例を紹介している[122]。われわれが「不完全な存在」であることを認識しながら、そのうえで「首尾一貫性を追求すること」、それがフレイレのいう解放の教育を何にもまして特徴づけるものだ[123]。グラムシの用語でいえば、一貫性の欠如とは「コモンセンス」の支離滅裂さ、その論理の前後撞着性のことであるといってよいだろう。だから「一貫性の追求」を、「コモンセンス」を「グッド・センス」に変える、という意味にとることもできるのだ。

グラムシとフレイレの思想の接点を示す、これは重要なヒントだろう。両者の関係は、概して相補的であるとみるのが至当だろう。すでにみてきたように、類似点も多い。しかしいくつかの審級では、一方の思想家がみのがした論点に他方の思想家が深い鍬を入れていることもある。類似点と相補的な部分、それらを集合すると、両者の成人教育思想を総合する手がかりが得られるかもしれない。とりあえず第6章で、私は総合の試みにとりかかりたいと思っている。しかし有効性をもった変革志向型成人教育の理論として、それらをいまの時代に組みこもうとするときに、グラムシについてもフレイレについても、私はいくつかの限界を感じている。だから、まずはそれらの点を明らかにしておきたいと思う。

第5章

グラムシとフレイレ
今日の問題には応えていない諸側面

グラムシとフレイレの思想を総合しようとして、そのための基礎作業を長々とおこなってきたのであるが、しかしその総合を私たちの時代の緊急な課題とかかわっておこなおうとすると、それに応える問題関心が彼らの仕事のなかにみあたらないこともままあるのであって、それはわれわれとしても、あらかじめ頭に入れておくべきことだろうと思う。彼らの仕事を現代にとって有用なものにする、まさにそのために、こうした欠落をそれとしてみさだめておく必要があるのである。この章で、私が手がけたいことはその作業である[1]。

グラムシ――階級と、その他の社会的差異

グラムシは、工業労働者階級に革命の指導的な役割をあてがっていた。だとすれば、そうした社会変革のヴィジョンは、ラクラウやムフのいう「本質主義[2]」、もっと正確には「階級本質主義」といわれても仕方のないものだろう。階級とはいっても、それが変革の中心的な原動力として注目しているのはイタリアの二つの主要「サバルタン」階級の一方の側、農民階級ではなくて、工業プロレタリアートだけだ。

農民と成人非識字率

グラムシの著作のなかで、農民階級が看過されているわけではさらさらない。それは、未完の

研究のテーマにさえもなっていた。事実、グラムシのサルデーニャにたいする郷土愛は、彼の文章のなかに、とりわけ書簡に、折にふれては映しだされている。にもかかわらず、彼は島の暮らしを美化はしない。その残酷な面をみのがさない[3]。グラムシの文化にかかわる著作で農民のイメージについて書かれた文章はけっして多くはないのだけれども、それらはプロレタリア文化の創出とかかわって書かれたものだ。グラムシは文字の可能性に過剰なまでの期待を寄せていて、それをテコにして民衆文化を押しあげようとしていた(たとえば新聞小説についての論説[4])。南部イタリア地方の文化の顔ともいえる豊穣な「口承伝統」にたいしても、さして興味を向けている気配はない。文字メディアをとおしての文化作品へのアクセスは、この地方の当時の識字率の低さを考えれば至難なことであった[5]。デイヴィッド・フォーガチの一九一一年センサスからの推計によると、工業プロレタリアートが集中しているピエモンテ地方の場合、文字を知らない六歳以上の人口比率は一一%にまで縮小している[6]。南部になると、その率はずっと高くなる。サルデーニャ島はフォーガチの推計だと五八%だが[7]、他方、オアーレとノーウェル・スミスによると九〇%以上、カラブリアでは七〇%だという[8]。

工業労働者階級と文化形成

成人識字教育の問題についての言及が少ないこと、文化活動について述べるときはきまって書かれた作品に重きをおいていたこと、そうした事実からみえてくることは、グラムシがなによりも気にかけていたのは工業プロレタリアートの教育要求であった、という事実だ。彼は、農民階級の役割はその重要性が北部工業労働者階級のそれに比して副次的であると、とらえていた。革命という目的にてらしてグラムシが特段の注意を払っていたのは、工業プロレタリアート、古典マルクス主義でいう「普遍的階級」であった。彼の文化と教育にたいする関心に、そのことは如実に表現されていた。

彼がその設立に熱意を傾けた文化協会は、労働者がそこで自由な、「損得ぬきの」議論に没頭する集まりであったが、このときのグラムシの頭にあったのが北部の読み書きに堪能な労働者たちであったことは想像に難くない。しかし、彼らがどんなに読み書きが自由であるにしても、「カノン的」な作品を批判的に読みこなして薬籠中のものにしようとすれば――もとより、それらのカノンはエスタブリッシメント化された「文化遺産」の一部をなしているわけであるから――それを彼らの打ち建てようとする対抗へゲモニー文化の発展にとって有意なものにしていくためには、そこになんらかの媒介的な過程が必要になるはずである。この媒介過程において有機的知識人に何か果たすべき役割があるとしたら、それは何で、彼らはどのようにしてそれを遂行するのだろうか？　そのための素地を備えていない成人が、この文化を批判的に摂取できるようにするために、いかなる手立てが講じられるべきなのか？　サバルタン諸集団の願いを自らの願いとして共有する、そんな文化生産の形式を模索する者たちが避けがたく向きあわなければならない問いが、そこにあった。

エスタブリッシメント化された文化生産と民衆文化のそれとを総合した形式をどう創造していくのかというこの問題にたいして、グラムシは深くは踏みこまず、何がなされるべきで、どんな諸点で検討が必要かを述べるにとどめているように思われる。他の分野について述べるときでも、彼はいつもそうだ。この分野においても彼の著作は、いまだ、とば口での模索の域を出るものではないととらえておくべきだろう。

その他の多様な周縁化の形態

以上ではグラムシの仕事の、社会階級とかかわる事柄だけをとりだして論じてきた。しかしわれわれは現代の民主主義を発展させようとしていて、それとのかかわりのなかで彼の著作の意義を論じているのであるから、近年の社会・文化の重要な論点になっている(成人教育においても、だ)その他の社会的差異の問題[9]を論外におくことはできないだろう。もちろん「不在の政治」に括りこんでグラムシを論難しても、それは滑稽な当てこすりにすぎない。だいいちそれでは、彼の声もまた差別にさらされた人間のそれ、身体障害者で、サルデーニャ島の島民で、という二重の差別に身をおいた当事者の声であったことをみおとすことになるだろう。サルデーニャの民俗にたいする彼の感情は、複雑だ。サルデーニャ人が伝統的な偏見にもとづいて身障者をどう見、どう扱ってきたかも、彼は知っている。——障害をもった青年が家畜小屋に縛りつけられている衝撃的な記述は、このことをよく示している[10]。彼自身がそうであった佝僂《くる》病者にたいする偏見はかなりのもので、悪霊にとり憑かれていると信じられていた[11]。だからグラムシが社会的差別に無関心であったなどという非難はまったく不当である。彼自身の体験からいっても、自分よりももっと排除されていると感じていた人びとにたいする思い入れからいっても、そんなことはありえないことなのだ[12]。

ジェンダー関係

このことをいったうえで、今日のわれわれの課題にかかわって彼の著作の意味を考えようとするときに、そこに欠落があることを心にとめておく必要はあるだろう。工場評議会運動を論じて、それがより大規模な、最終的には完全な労働者自主管理の実現につながる労働者教育の運動でもあることをグラムシは指摘しているのだけれども、その産業民主主義をめざす労働者の自己教育の過程で伝統的な男女労働者間の力の不平等がどのように改善されるかについては、述べられていたとしてもほんのわずかである。この問題について、断片的な文章をいくつか書いてはいる[13]ものの、ジェンダーについての思索がグラムシの抑圧の分析に統合されているとはやはりいいがたい。いくつかの文章のなかでは、ジェンダーの問題が論じられている。たとえば「アメリカニズムとフォーディズム[14]」、イプセンの『人形の家』の劇評[15]などだ。グラムシのトリーノでの最初の演説は女性の解放を論じたもので、イプセンの戯曲に刺激されたものである[16]。しかしジェンダーについての考察が、成人教育にかんする彼の著作のなかで分析の一部となっているわけ

ではない。これは、著作が書かれた時代を多分に反映したものでもあった。オラップが述べているように、

女性のこととなると、いつもとちがうやり方で考えたり行動したりするものだと、そんなことを私はグラムシに期待するわけにはいかない。ここ何十年か、フェミニストの発言や実践が激しくなっているのに、いま男たちの多くが日常生活のなかでフェミニズム的な意識を行動で示しているかというと、そんなことはほとんどない。でも、言説レベルの主張としてはまったく逆なことになっているではないか。――一人の思想家、グラムシのような男なら、フェミニズムを実践してしかるべきだと、そんな注文は、私にはつけにくい。彼は、いまの私たちのように、ラディカルで複雑で広範なフェミニズム言説を絶え間なく耳にしながら育ってきたわけではないのだ[17]。

ヨーロッパ中心主義と地方主義

同じことはヨーロッパ中心主義についてもいえるのであって、グラムシの文化論には、明白にその傾向がみられるのだ。多くのマルクス主義者の著作に、それはみられる傾向で、マルクス自身の作品とて、その例外ではない。デイヴィッド・W・リヴィングストンが述べているように、「マ

ルクスも、その後の正統マルクス主義者たちも、いや西欧のおおかたの批判的なマルクス主義知識人たちも、であるが、彼らはヨーロッパ中心主義的な世界観に腰をすえてその思考を運転している。全世界はヨーロッパ文明というエンジンによって作動していると考えている[18]」。

明らかにヨーロッパ中心主義の知識へのアプローチをグラムシが示している例は、近年の論争を呼び起こした教育にかんする論考で、教育内容をめぐる議論の多くは西欧の古典を中心にしたものである。第2章でも述べたように、この論文は注意深く読まれるべきもので、グラムシが単純に古典的なものへの回帰をうたい、保守的なカリキュラムを提唱していると考えるのは早とちりなのだ。オラップの声に和して、われわれは時代に不相応な期待をグラムシにかけるな、というべきだろう。彼は、われわれの時代とはちがう時代のなかで、ものを書いた。今日でさえ、公民権運動を経験し、反人種主義の著者、活動家、運動が烈しく論陣を張り、多くの西欧社会の人口構成が多民族化している今日においてすら(グラムシの時代のイタリアは、そうなってはいなかった)、ヨーロッパ中心主義は依然として西欧の諸制度を風靡しつづけているではないか。

地方主義もヨーロッパ中心主義も、彼の生きた時代を考えるとグラムシに別な対処を期待することはできないのだけれども、ある種の地方主義[19]はイタリア社会の風土病であって、彼もまたそれに——北部人の南部にたいする病的な偏見にさらされていたという事情に留意しておきたい。事実、グラムシはそうした侮蔑に一矢報いる文章を書いているし、不正で収奪的な社会システムに由来する南部の欠乏と貧困をあたかも遺伝的な劣等性の顕れのごとくいいたてる北部や中部のイタリア人たちのいいぐさに、激しい痛罵を浴びせている[20]。彼は昨日まで農民であった南部出身の労働者が北部イタリアの労働環境のなかで受容されるかどうかという問題に直面して心を煩わせていたにちがいないのである。あの伝統的な南北の地域偏見が、このトリーノの工場のなかでも醜く頭をもたげてくる恐れはないのか？　成人教育機関としての工場評議会は、かかる地方主義が生みだす偏見とのたたかいにおいて、どのような役割を果たすべきなのか？　これらの問いは、家父長主義、人種的偏見、同性愛者差別がいまなお暴威をふるう世界各地の労働組合運動のなかでつねに表明される懸念と相通ずるものである。

性の法的規制と生産

同性愛者差別の問題についていうと、グラムシは、論文「アメリカニズムとフォーディズム」のなかで、性の法的規制と工業生産の要求との関連についてかなり立ち入った理解を示しているといってよいだろう[21]。しかしグラムシの意見の問題点は、彼がまさにこの関連を正当化していることであり、ある種の性的規律を正しいものとして認め、性差とそれにともなう社会的・文化的帰結を区別しそこねていることである[22]。

性的な嫌がらせ、同性愛者の排撃、人種的いじめの類が、非常に高い率で職場に頻出しているといわれているが、他の抑圧と併せてそれらの抑圧いっさいと断固としてたたかいぬくことは、社会変革を志向する組織や運動の第一義的な課題であるはずだ。それらの組織や運動と結びついた成人教育プログラムのなかでも、当然、こうした問題をとりあげなければならないと思う。この点でしばしば後ろ指をさされている労働組合も、もちろん、その例外ではない[23]。また、体制内のコミュニティ・カレッジなどの職員として成人教育に従事している人びと、職業訓練教育に重点がおかれて、たいていは新職業主義の一翼を担っているその種の施設で働いているものの、でもやはり成人のための民主主義教育が必要であると感じている成人教育担当者たちも、この問題に取り組んでしかるべきだろうと思う。現状を変えようとするどころか、それを固定する方向で運営されている制度のなかで、でも根底的な民主主義の理念に心を惹かれている教育者も、よくよくみれば少なくないのである。この種の教育者は、「システムのなかにありつつも、それに逆らって[24]」動く教育者となるだろう。ふたたびフレイレの言葉を使っていえば、戦術的にはシステムの内部で、戦略的にはシステムの外に開かれつつ、彼らは活動する。この点については、もう一度たち返って再説したい。

いずれの場合にせよ、有機的知識人として行動しようとする成人教育従事者は自分と成人学習者の社会にたいする見方の相違をわきまえていることが必要で、これがないと相互のあいだに立ちはだかる壁はきわめて厳しいものになってしまうだろう。成人教育従事者は、もちろん「有機的」知識人としてサバルタン階級とかかわることができるのだが、有機的であるということはその階級の一員として横一列にふるまうということではかならずしもない。学習者たちの偏見に、教育者の側が一石を投ずることもありうるのだ。学習者たちの、うまくすれば多くの学習者たちの、ジェンダー、人種、同性愛者にたいするかたくなな態度の、その一角を崩すこともありうるのだ。ちがうぞといわねばならぬときに、それをいわずに迎合することは、味方とみせかけて相手を手なずける詐術にひとしい。

フレイレと、異質なものへの社会的差別

社会的差異にかかわる問題をフレイレが分析の俎上に乗せるようになるのは、やや遅く、後期になってからである。著作のうえではドナルド・マセードとの対談を収録した「トーキング・ブック[25]」、それから晩年の著書の一つのなかで[26]、女性、ゲイ/レズビアン、少数民族、黒人のことなどが語られている。これには、いろいろな理由がある。フレイレが代弁していたのはいわゆる「多数派」の声であったということもできるだろうが、そうした声もヨーロッパ中心主義的な真理の文脈のなかでは、やはり欄外に追いやられていた。彼はしかしながら、ラディカルな文化言説のなかで差異の問題が肯定的にとりあげられるようになった、たまたまそんな時代を生きていたのである。

人種とジェンダー

一九七〇年代初期から九〇年代初期までのフレイレの著作をみると、そこにはつねに社会運動

への言及がみられるのであるが、にもかかわらずジェンダー、人種、セクシュアリティについての本格的な論及はない。これらの問題や運動については、ことのついでにほんの少し触れているだけだ[27]。英語版の「トーキング・ブックス」では、とくにそうである。初期の著作の階級に触れた部分は非常に多いのだが（フレイレ当人が確かめてみたところ三十八か所にのぼったそうであるが[28]）、異質なものへの差別という側面からの本格的な分析はない。北東部貧困地帯の被抑圧者に言及する場合も、フレイレはとくに人種的差別をとりあげてそれを論じているわけではない。この時代、黒人、先住民の人びとが特段に過酷な抑圧にさらされていた、という事実があるにもかかわらず、である。ブラジルのこの地域で、彼は識字の言語としてドミナントなポルトガル語をもちいているのであるが、多様な民族の人びとがもちいている多様な言語を、識字のなかでとりあげることは考えなかったのであろうか。このフレイレの限界性は、アントニオ・グラムシの農民や識字にたいする関心の低さと共通するものではないかと、そんなふうに疑ってみたくもなる。のちのフレイレは彼の初期の著作、とくに『被抑圧者の教育学』にかんして、つぎのように述べている。

ドナルド・マセードとの何度かの対談のなかで、私はこの問題（異質な者への差別の問題）について詳細に述べてきた。同じことをここでくり返す必要はないだろう。だがそれでいて、繰り言になりかねないと思いながらも、私はまたまた同じことをいいたくなってしまうのだ。『被抑圧者の教育学』を書いた当時、私は抑圧という事象を社会と個人の実存とのかかわりにおいて理解し、分析しようと試みていた。そうするときの私は、たとえば肌の色、ジェンダー、民族にもとづく抑圧を、それぞれの特殊性において焦点化はしなかった。私のより大きな関心の的は、社会階級にかかわる抑圧であった。だが私にいわせるならば、だからといって、私があれこれの民族差別に目を瞑《つむ》っていたことにはならないだろう。人種差別にたいしてはつねに抗議し、たたかってきた。まだ子どものころからである。母親がいつも思い出してはいうのだが、ちょっとでも人種差別の気配を感じると猛然と反発したのだそうである。一生をつうじて、私は人種的抑圧とたたかってきた。それは、私の政治的立場に一貫性を保ちつづけたいと願うからであり、またそうすることが必要でもあったのだ。人種差別を許容しながら、被抑圧者を擁護する文章なんて書けるわけがない。マッチョ風を吹かしながら、その手でそんなことができるというのだろうか[29]。

英語版「トーキング・ブックス」についての別な論評のなかで、私はかつてこんなことを述べた覚えがある。状況からすると歴然とその条件が熟しているにもかかわらず、ある個別の抑圧についての本格的な分析がおこなわれていないことがある、と[30]。マイルズ・ホートンとフレイレとの対談は、まさにそうしたものである[31]。マイルズ・ホートンが社会活動家で、一九五〇年代のその教育者としての仕事が公民権運動との密接な結びつきのなかでおこなわれたことは周知の事実である[32]。彼が設立した「ハイランド・フォーク・ハイスクール」が後ろ盾になって、いくつもの公民権学校が開設されたが、これはアフロ系アメリカ人に選挙権の取得要件である読み書き能力を獲得させる手段の一つとして立ちあげられたものであった。ホートンと公民権運動とのこれほどに密接な結びつきにもかかわらず、彼とフレイレとの共著のなかでは人種差別の問題は踏みこんだかたちではとりあげられていない[33]。バーニス・ロビンソンのようなアフロ系の教育者の話が出てはくるが、どうしたら教育者は非特権層の人びとと効果的にかかわって仕事をしていけるのかという文脈での話にすぎない。そうした人種差別についての本格的な分析がおこなわれていたら、日ごろからフレイレの刺激を受けている成人教育従事者たちにとっては、彼らの運動のコンテクストのなかにフレイレ思想をどのように適用していくかを具体的に検討する絶好の機会となったことであろう。この本のなかでのフレイレは、そうした運動が社会を変える重要な行為者であることを述べるにとどまっている[34]。

私もほかの何人かの論者も指摘していることだが、ジェンダーも、フレイレが後期になるまでは取り組まなかった領域である。少なくとも本格的なかたちで、統合された分析の一部としては、論じられていない。彼の初期の著作は、フェミニストたちの批判にさらされることが多かったが、批判者たちは彼の解放のプロジェクトのなかに女性の存在がみえず、その経験が反映されていないことを指摘していた。なかにはキャサリーン・ワイラーのように、フェミニズムの別な流れに属するベル・フックスを引きあいにだして、彼女の指摘する一連の思想家たちとフレイレの思想を同列化しようといる者もいる[35]。ベル・フックスはフレイレ心酔者の一人であって、とくに初期の著作[36]では彼の思想から大きな影響を受けた女性批評家なのであるが、同時にフレイレの仕事には「ファロセントリック(ファロス中心的)な解放のパラダイム」がはたらいていることを指摘してもいる[37]。彼女の観察によると、この男性中心的な思考が、深い洞察力をもった男たちの盲点になっている。アルベール・メンミ、ファノン、みな、そうであったし、フレイレもその埒外ではなかった[38]。フレイレの初期の著書[39]に紹介されているコード表示に家父長主義的な場面がみられる[40]ことについては第3章でも述べたが、フレイレ自身も、あの代表作を書いた時代の自分にジェンダーの問題にかんする「鋭い自覚」がなかったことを認め、こう述べている。「われわれが今日、フェミニストたちの周到な仕事をとおして得ているジェンダー問題についての知見は当時の私には共有されていなかったものであり、多くの女性たちにもまだ届いていなかったのである[41]」。これはレナート・オラッブがグラムシについておこなっている指摘にもつうじるものだろう[42]。

痛みを感じる、ということ

フレイレが本格的にジェンダーの問題をとりあげるのは、彼の長年の友にして訳者・共著者でもあるドナルド・P・マセードとの対談においてである[43]。対話のなかでは多くの興味深い話題が論じられているのであるが、ぎくりとさせられることの一つは、家父長的支配とマッチスモにたいする女性のたたかいへの連帯の意思表示としてフレイレが「私も一人の女性である[44]」と述べていることである。私の考えでは、「女性である」ためには、人はその苦しみを自ら感じ、ジェンダーの抑圧がどのようなものであるのかを身をもって知らねばならない。はたして女性に連帯することで、男はその痛みを感じ、その知識を分かちもつことができるものだろうか？「境界を越える[45]」といっても、やはり限度があるのではないだろうか？

この点でいうと、人種差別を論じたホートンとの対談のなかでも、人種差別の被害者が受ける苦痛がナマのかたちでそこに反映されているわけではない（ホートンにしても、白人男性であることに変わりはない）。もちろん、ワイルダーの鉱山労働者の待遇改善闘争を支援する彼のたたかい、あるいは後期の反人種差別のそれにおいて、ホートンは被抑圧者の側に身をおいた。前者においては、自分の生命を危険にさらした。だが、この闘争に参加したほかの人びとの運命、たとえば最後には極度に残酷な仕方で殺されてしまった鉱夫の指導者バーニィ・グラハムの場合とひき比べてみるだけでもよい。ホートンはワイルダーで逮捕された。情報を流したといって、罪に問われた[46]。「公民権学校」の設立に際しては「共産主義の回し者」というレッテルを貼られた。あんな奴はアメリカ人ではない、「立憲政治」を脅かす危険分子である、というわけだ[47]。アメリカを真に立憲政治の国たらしめようとするその努力が、弾圧を、人種差別主義者である南部白人たちからの集中砲火を、招いたのである[48]。これが痛みであることは、おそらくそのとおりである。

しかし私がまえにいった苦痛というのは、権利を剥奪された人びとが、そうした社会的境位にあるがゆえに体験する日常的な痛苦のことなのである。この点でいうと、ホートンと、彼が支持しようとしている人びととのあいだには社会的な隔差がある。その隔差の存在を、ホートン自身も認めていた。

ホートンは自覚していた。ハイランダーは闘争の足場をつくる援助はできたが、その闘争に参加することはできない、と。彼らは白人であり、闘争は黒人の闘争なのである。もっと重要なことは、リーダーシップをとるのはすでにして黒人である、ということだ。民衆が民衆自身を指導するのだ[49]。

ホートンは公民権運動においても、彼自身をふくめたハイランダーと黒人たちとのあいだに人種の壁があることを悟っていた。アダムズが注目しているように、

ホートンは教師として公民権学校の授業に臨むことはけっしてなかったし、この思想が広まって、善意の白人たちがそれをやりたいといいだしても引きとめた。白人のよそ者が一人でもいると、教室の雰囲気ががらりと変わり、自然な学習がストップしてしまうことすらあるのだ。公民権学校は最初から黒人たちによって運営された[50]。

そうした自覚をもっていたがゆえに、ホートンは人種差別の議論に立ち入ることに、ある一線を引いていた。「だれかのために語る」ことを自戒する彼の態度は、おそらくそこから来たものだろう。ホートンとフレイレのような白人が意見を交わすときは、人種差別の問題を避けて通るべきである、などといおうとしているのではない。まるで逆だ。ホートンの場合がそうであるように公民権学校の経験があり、語るべき用意ができているときはなおさら、その経験をとりあげて議論すべきであると私は感じている。そうした状況をふまえた議論である以上、とどまるべき限界があることを承知し、尊重しなければならぬと、私も思う。それは、一九五〇年代から六〇年代初頭にかけての反人種差別闘争にかかわったホートンがしっかりと心に留めていた限界にほかならなかった。

当事者自身が抑圧のなかで体験する直接的な痛苦や認識に触れることは、フレイレの対話行為にたいして、また個々の抑圧にたいする彼の関与のあり方にたいして、大きな影響を及ぼしたはずである。対話形式の本は彼が育てようとしていた著作の形式であったように思えるのだが、英語版でのこの種の出版物で彼の対話の相手になった女性や有色人種の人物はいない。私はこのことをまえにもほかの場所で指摘したことがある[51]。ベル・フックスは「トーキング・ブック」を彼と一緒につくる話をもちかけて[52]、この点での突破口を開こうとしていた(「それは、私のおおいなる願いである」と彼女は書いている)。まことに絶好の機会で、もしこの話が実現していたならば、人種主義、家父長主義、その他もろもろの抑圧とたたかう成人教育のなかで彼のラディカルな教育思想がどう利用されるかを検討する有益な材料となったにちがいない[53]。

とはいえ後期になると、フレイレの作品には日常生活に起こるさまざまな抑圧間に相互関係がはたらいているという認識が顕著に表われるようになる。彼は、抑圧の構造とシステムのなかに組みこまれた主観の複数性を重要視するようになる。進歩を希求する社会と民衆に、また「多様性のなかの統一[54]」をめざして政治にコミットしようとする自分自身に、もっとも切実に求められるのは「一貫性」であるという。彼は一貫性の追求を人間存在そのものの課題であると説く。そしてこの一貫性の追求とは、とりもなおさず終わりなき学習の過程なのである。

そうした社会の住民のあいだには高度な不整合性が露呈しているのであって、だからどうしてもちぐはぐなことになります。一方でまことに情熱的に民主主義が説かれ、手品師よろしく自らを世界の民主主義の教師、人権の擁護者に仕立てあげているのですが、その手でやることはといえば邪悪な人種差別、民主主義の理想にたいする猛々しい攻撃です。人種差別、性差別、階級差別にたいする闘争は民主主義社会の絶対要件であり、その発展のために欠かすことのできないものなのです[55]。

いうまでもなく、民主主義を語り自らを進歩主義者と考えている教師たち、だが人種差別と性差別を引きずり、自分をエリート視している教師たちは、ほんとうに自由にコミットする教師に変わっていかなければなりません。つまり死と再生を遂げなければならないのです。性差別者、人種差別者、エリート主義者の自分を死に追いやって、真の進歩主義者、世界を変える闘争への加担者として生まれ変わらなければならないのです[56]。

階級的自殺、ハビトゥス、境界性

後期フレイレの著作では抑圧の多元的な諸相が明示されているのだが、初期の著作では、社会階級に大きな比重がかけられている。『進行途上の教育[57]』では、教育者と被教育者の立ち位置の相違を論じて、アミルカル・カブラルの「階級的自殺」という概念を肯定的に引用している。「階級的自殺」とは、あまりにも困難な話であって、私などはちょっと驚いてしまう。あまりにもファクターが多すぎるのだ。（価値、規範、文化的趣味、思考や行動の〝優勢的なパターン〟、言語・文化との関係性など）社会学者がハビトゥスと呼んでいるその人に定着してしまった行動様式、各人の教育背景、日常的におこなっている仕事の性格（とくに頭脳労働の場合）など、あまりにも多様な因子が介在していて、かりに首尾一貫した体系的な世界観を、つまりグラムシのいう「グッド・センス」を獲得していたとしても、そうそう簡単に自殺などできるとは思えないのである。そしてまさにこの「グッド・センス」が、成人教育者と、彼や彼女がかかわる労働者階級の学習参加者とを引き離す要因ともなりかねないのである。ウォーウィック社会事業学校での自己の実践にグラムシやフレイレの思想がどのような影響を与えているかを語りながら、ピーター・レオナードは以下のように記している。

> 知的造反者である私たちは、伝統的・ブルジョア的・知的活動に内在する危険性を全面的に回避することはできないが、それとたたかってはいる。――エリート主義、専門家崇拝、肉体労働よりも知的な労働を優れたものと考える思いこみ、などとだ[58]。

ハビトゥスについていえば、ブルジョア出身の教育者がそこから離れるのは、おそらく極度に困難な業になるだろう。ハビトゥスは、それをいいだしたブルデューとパスロンによれば不可逆的な過程であって、文化産業によって生産され流布されるメッセージは、あるいは知的もしくは準・知的なメッセージ一般は[59]、その受容度と同化・吸収度をこのハビトゥスによって条件づけられる、と、考えられている。たしかにこのフランスの社会学者二人の所見はあまりにも決定論的でありすぎるように思えるのだが、われわれ教育者の階級的立ち位置は、階級的自殺を冒すにはあまりにも守りが固いといわれているような気がしないでもない。

他方で私にはそう思えてならないのだが、システムの外辺におかれることで、教育者と学習者の距離はもしかすると多少は縮まるものなのかもしれない。成人教育従事者は、これまでも今も、マージナルな立場で働いていることが多い[60]。レイモンド・ウィリアムズの場合はその典型であろう。オックスフォード大学のイクステンション・サービスはＷＥＡ（労働者教育協会）との連携の下でおこなわれていて、レイモンド・ウィリアムズは何年かここに雇われていた。マキロイはこう記している。

一九四六年、この講座の講師には大学講師としての雇用保障もなければ、便宜も昇進の機会もなかった。一九六一年には組織の一体化に若干の進展がみられたものの、ウィリアムズがまがりなりにも昇進をかちとったのは、なんと一九六〇年のことでしかないのだ。そうした差別待遇は大学の成人教育のマージナル性を反映するものであると同時に強めるものでもあった。批評家たちは［ウィリアムズの著作にたいして——訳注］、こんな作品は「大学に相応しくない」ものだとみくだしていた。ノートにはこう書かれている。〈大学拡張講座の講師の多くは大学から離れた場所で働いていて、大学の同僚たちとのコンタクトはほとんどないし、実際のところ、同等な地位にいる者とはみなされていない〉。フランク・イェサップの回想によれば、戦後期の学外講座講師は大学とつながってはいたが、その一員ではなく、いうなれば陣の外の雑兵であった［61］。

こういう状況のなかだと、教育者と被教育者はどちらも外れ者という感覚を共有し、それでおたがいが親近感をもつ可能性が生ずる。しかしそれにしても両者の感じる外れ者意識には、程度の差がある。どういう種類の教育者であるかによっても、疎外感はちがってくる。壁はやはり残るのである。

陣地戦──対立と協調

国家システムの内部で働く進歩的教育者であっても、フレイレの思想に鼓舞された教育を変革の戦略として採用することは、おおいにありうることだ。フレイレ風の台詞でいえば「戦術としてはシステムの内部で、戦略的には外部で」というわけである。もちろん、ここでも問題は山積だ。同調を求める脅しや圧力が、たえずかかるだろう。システムの強化を目論んでいる連中は、システムと齟齬する言説のなかの肝心要の危険な部分を牙抜きしたうえで、それを取りこんで同化しようとするもので、それもまた彼らの「陣地戦」の一部なのである。そうした状況であればこそ、システムの「内部で、それに逆らって」仕事をする教育者たちは、ジェンダー、人種、そのほかさまざまな差異が生みだす緊張、教育者と被教育者のあいだの緊張──解放的実践への意気ごみを足元から掘り崩すこともあるそうした緊張関係に用心深くあらねばならないのだ[62]。

そうした緊張は、教育者がどんな状況にあろうと経験するものではあるが、制度内教育実践の場合は、それがとくに強く作用する。システム内で成人教育に従事する場合、教育者は、どこで、だれにそれをおこなうかを、自由には選択することができない。男性教師が女性ばかりのクラスに割り当てられることもあるし、白人の教師が、学生が黒人だけのクラスに割り当てられることもある。だから、システムの「内部で、それに逆らって」、しかし効果的に仕事をしようとすれば、教師はこうした緊張関係にたいして敏感にならざるをえないのだ。ワイラーの以下の指摘はこの点とかかわって示唆的なものといえるだろう。システムの内部にあってこれを超えようとする教師の仕事に触れて、彼女は次のように述べている。

この緊張関係の根にあるものを突きとめないと、既存の権力構造と主観性のありようにゆさぶりをかけようとするどんな呼びかけも、効を奏しがたい。教師という存在が暗黙のうちに秘めている権力性とその立場の限界性をより明晰に認識することなしに集団的な解放だの抑圧への闘いだのをいいたてても、それは教師と学生のあいだにはりめぐらされた表面張力の表層を空しく滑走する結果になるだけだろう。学生は葛藤する利害と歴史、異なる種類の知識と権力をもつ主体として、その皮膜の下にいるのである[63]。

フレイレの著作の多くのなかで、この問題はとりあげられていない。上掲のコメントはその点をついたフレイレ批判として書かれたものだ。ワイラーは、フレイレの「抑圧者」と「被抑圧者」という二分法はやや単純に過ぎ、フレイレ自身の立論にそくしていっても、学習過程にふくまれる主観の多様性をみすごす原因になっていると指摘している。一人の人間がある状況の下では被抑圧者、別な状況の下では抑圧者となることだってある。この章のはじめのほうで、私は、アイデンティティの多様性・多層性についての晩年の議論からみると、彼はこの問題にかなりセンシティブになったようだと述べた。もっとも初期の著作でも「内なる抑圧者」のことが語られており、初期著作に明瞭に示されているそのような問題意識から判断すると、その種の緊張の潜在的可能性は早くから意識されていたといってよいのかもしれない。

以上のことからして、私は、通り一遍の議論ではなく内実においてこの問題を考えるラディカルな成人教育の理論が求められていると感じている。それゆえグラムシとフレイレの著作だけに話題をかぎらず、他の著作にも論域を広げることにしたい。そのなかには、上記ワイラーの諸著作[64]、あるいは、グラムシとフレイレの影響を強く受けつつフェミニズムや反人種差別教育にかかわっている数多のほかの人びとの著作[65]がふくまれている。そこには、批判教育学の主要な論客たちの労作も、ある程度ふくまれることになるだろう。フレイレと、そしてある程度はグラムシも、この人びとの不断の参照項でありつづけているのである[66]。

情報テクノロジー

この章で手短に触れておかなければならない問題が、もう一つある。ますますその役割が拡大している情報テクノロジーの問題だ。それ自体は資本主義の所産であり、支配の手段として活用されているものであるが、にもかかわらず、従属集団にとって役立つように、これを批判的に横奪することも可能である。グラムシはジャーナリズムを重視し[67]、ロシアのプロレトクルト、フランスの『クラルテ』をモデルにしてイタリアで『新しい秩序』の発行をはじめたのであるが、これは労働者階級のメディアへのアクセスという重要な問題を提起するものであった。新聞は当時のもっとも重要な情報源であった。

グラムシの執筆当時とくらべて、時代は大きく変化した。はるかに洗練されたコミュニケーション・テクノロジーが、当時すでに歩みはじめていたとはいえ、今日ではそれが定着している。グラムシの時代は、ラジオと映画が新たに台頭した時代である。残念ながら『獄中ノート』のなかでは、それらがあまり考察されていない。デイヴィッド・フォーガチ／ノーウェル・スミスがいうように、

彼の文化思想は深化し、より視野の広いものになってもいたが、個人と社会における文化形成の核を文字文化にみる当初の偏向はただされることなく残滓として残った。新たに台頭したラジオや映画が、ノートのなかではまったく無視されていることはみすごせない欠落だ[68]。

グラムシの思想を今日に活かそうとする者にとっては、新興テクノロジーにたいする彼の関心

の欠落は、心に留めておくべきことだろう。ラジオがたとえ新興のメディアであるとしても、広報手段としてのその将来性に、彼はもっと注目してよかったはずである。労働者教育の多様な形態を開発しようとして、ＰＣＩ（イタリア共産党）用の通信制学校の創設さえも目論んだ彼のことであり、その目配りは十分に広かったはずなのである。――あまつさえ、彼はこの学校用の教材作成を委託されてもいたのである[69]。

フレイレの場合も、今日の情報テクノロジーにたいする分析が欠如しており、彼の一つの限界とみざるをえない。たとえば、社会変革のための成人教育の戦略を考えるときに、それをうまく利用する方策が何かあるのではないのか？　おかれた時代背景を考えるならば、フレイレにたいしてはグラムシよりも多くを期待できたはずである。今日この時代の社会の変革を求める組織と運動の「陣地戦」は、おそらく人びとに、より広範でより批判的な情報テクノロジーへの接近を保障する成人教育実践として展開される、といって過言ではないだろう[70]。そうしたテクノロジーへのアクセスは、深まりゆく資本の国際化にともなってますます増大する民主主義の危機に対抗して、人びとが国際化された情報手段をより自在に駆使していく、その手立てとなるであろう[71]。

結論

この章で私が述べてきたことは、より公正な未来社会を創出する、そのための努力のガイドラインを差し出そうとする以上は、どうしても論及しておかなければならない若干の今日的な問題があるということであった。グラムシにおいてもフレイレにおいても、これらの問題はしばしばみすごされがちであった。ただし社会的差異の問題にかんしては、後期フレイレは著作のなかで意欲的に論及を試みるようになった。後年の著作では、われわれが抱えている多重的な、しかもしばしば相剋するアイデンティティに目が注がれ、より一貫性をもった自分であるためのたたかいの重要性が説かれるようになった。フレイレについてのベル・フックスの所見に響応して[72]、私もまたいいたいと思うのだ。そうした限界があるからといって、グラムシやフレイレの権力の作用にたいする偉大な洞察を打ち消すことはできないし、彼らの著作がふくんでいる解放的な力を否定するのは筋ちがいである、と。しかしながら、その思想の正しさを有効なものたらしめるためには、彼らの仕事にたいして批判的にかかわることが必要なのだ。こうした批判的関与において重要なことの一つは、私の考えるところでは、二人の著作に何が欠けているかを心に刻みこんで、その欠落を政治的に言説化していくことではないかと思う。

この点からすると今日の成人教育理論家たちはグラムシとフレイレという偉大な思想家の洞察

を――この二人もまた、周縁化の被害者であったわけだが――その他の関連領域、すなわちフェミニズム、反人種差別闘争、カルチュラル・スタディーズや批判教育学の理論と実践とつきあわせ、より多面化し、とぎすましていくことができるはずである。私は本書で、グラムシとフレイレのどちらか片方（前者についてはスチュアート・ホール、後者についてはベル・フックスがそういえるだろう）、あるいはその両方から決定的な影響を受けた著者たち（たとえば批判教育学のジルーとショアの場合だ）の論考を重点的にとりあげるつもりである。

抑圧とたたかうときに必要なことは、限界性にたいして敏感であること、一括込みの言説に身を委ねることなく、その限界性の所在を明示することである。ウエストウッドは、ボーマンからの引用だとして、われわれはつねに注意深くあらねばならないと警告していた。大丈夫とだれからも太鼓判を押されている道は、案外に足をとられやすい道なのだ、と[73]。追求される戦略、依拠される理論は、たえず批判され、再検証される必要がある。どんなに洞察と示唆に富んでいるとはいえ、グラムシとフレイレの著作も、ほかの社会変革理論と同様にその埒外にあるものではない。

本章に登場した諸テーマの多くを、次章で再度とりあげることになるだろう。私はそこでグラムシとフレイレの洞察を基本におき、ほかの著者や教育家の論考でそれを増補することでいかなる総合が可能かを探ることになるだろう。われわれの時代に新たに発展した社会闘争はさまざまな洞察をもたらしたが、それらを素描することも一つの課題となるだろう。

第6章

グラムシとフレイレ
補いあう両者の総合

第4章の所論をとおして、グラムシとフレイレの成人教育についての見方には一致点と相違点があること、二つの所見の総合が可能であることがみえてきた。そこにも述べたように、二人の理論家は、一方がみすごしていたり軽視している点をもう一方が強調するという関係になっている。だからして、すこぶる対照的な双方の考えを並べてみると、議論の二つの面が相互に補いあう格好になるのだ。グラムシはマクロな社会の権力関係を分析するときも、また大きなコンテクストのなかで文化を分析するときも、その分析は非常に広範なものになるのだが、他方でフレイレはそれを補うかのごとく、教育者と被教育者の具体的な出会いの場面をとりあげて、その核心に宿る権力のダイナミックスに洞察の深い錘を下ろしていく。グラムシは支配文化をとりあげて、それに広範で体系的な分析をくわえていくのだが、フレイレのフォーカスはおおよそのところ民衆文化にあてられている。ここで私が力をこめていいたいことの一つは、この二つの思想、すなわち支配の文化にかんするグラムシの思想と民衆文化にかんするフレイレの思想を総合することは、ラディカルな成人教育理論を発展させる強力な原動力になるにちがいないということだ[1]。

グラムシとフレイレの総合というときに、彼らが考察している成人教育の諸問題をプロセスと内容という二つの面からとらえる必要があるだろう。二人の思想家に相違があることはたしかなのだが、さりとて私は、両者がそれぞれに両面で理論的寄与をおこなっていることを軽視しようとは思わない。マクロ・レベルでの分析はグラムシの独壇場とされているけれども、それに資する洞察をフレイレもおこなっているし、フレイレが分析対象にしている学習プロセスの諸問題にたいして、グラムシもまた彼なりの仕方で論及をおこなっているからである。

コミットメント

グラムシとフレイレの成人教育論から浮上する一つの論点は、既存の権力関係を変えようとするこの分野のラディカルな実践者は組織者であれ教育者であれ、強固なコミットメントを要求されるということである。そうしたコミットメントは、グラムシの「有機的知識人」という概念と不可分であり、それは特定の政治運動への意識的な加担を意味するものであった。グラムシの場合でいえば、コミットメントとはすなわち、社会の変革を担う階級への加担にほかならなかった。この語がグラムシによってつかわれる使われ方、それが革命のヴィジョンを語るさいに適用されるそのやり方から私なりに判断するならば、『新しい秩序』の影響圏を拠点にして対抗へゲモニックな運動を展開しようとしていたグラムシたち自身の実践が、そうしたコミットメントのもっとも手近なモデルだったのではないかと推察される。工場評議会のなかの技術教育者やオルガナイザー、さまざまな「道徳的生活クラブ」内のチューター、あるいがウスティカ島の監獄学校で教師役を引き受けることになった人びとなども、そのなかにふくまれている。

前章で述べてきたようにラテンアメリカ民衆教育で教育者として行動した人びと、とくにニカラグアやエル・サルバドルの教育者たちは、まさに自分の生命を社会変革の大義に捧げた人びとであった。同じことはパウロ・フレイレとの対話のなかでこの問題について多くを語っているハイランダー・センターの創始者、マイルズ・ホートンについてもいえるだろう[2]。

抑圧の諸形態

教育はすべてそうだが、成人教育も中立ではなく、所与の社会のヘゲモニックな利害ときわめて深く結託している。成人教育のコンベンショナルな主流も、明らかにその伝に洩れるものではない。私の考えでは、解放的で変革志向的な成人教育は、まさにこのことの認識から出来《しゅったい》している。それは知、文化、権力の強固な関係性を暴きだす理論的洞察に鼓舞され、メインストリームの制度が提供する知識とその伝達のマナーを問題化する。とはいうものの、そのような制度の内部で働いている者もまた変革の行為者でありうることを否定するとすれば、それは拙速な決めつけというものだろう。

けれども、支配の座にある者たちのダイナミズムを軽くみることも避けなければならない。彼らは、権力の基盤を固めようと躍起なのだ。この連中もまた、市民社会の政治のダイナミックス、そして個別には教育という場で投げかけられる対抗へゲモニックな挑戦に反応して、適応と変化をとげていく。メインストリームの制度もまた、闘争の場、ただし支配がきまって貫徹されるわけではない闘争の場と考えることができるのである。グラムシ／フレイレの路線に立って展開される変革志向型成人教育の理論は、それゆえにブロッホのいう「希望の言語」に裏打ちされたものでなければならない。エルンスト・ブロッホがもちいたこの語は、ヘンリー・ジルー[3]やロジャー・I・サイモン[4]といった批判教育学の論客たちによって、北米の教育・文化理論のなかでも広く流通するようになった。そうした変革の実践は、サバルタン諸集団のヘゲモニー支配からの脱却の可能性を追求し、そのたたかいに自らを投じようとするわけであるが、すでにみてきたようにグラムシの場合、主要なフォーカスが階級的支配に向けられているのにたいして、フレイレの抑圧概念は階級という限定を超えて広がっている。もっともフレイレの場合も、初期の著作では階級が主要な関心事であったことを、後年、彼自身が認めている[5]。(ただし階級を問題にする際も、対抗ヘゲモニックな思考と実践に資する本格的な分析をおこなっているわけではなく、たんなる「言及」にとどまっている[6])。彼はまた工業労働者階級の革命的役割に注目するだけではなく、さまざまな社会的差異と抑圧の問題に——ただし抑圧を普遍的な事象として語ることからは脱却できなかったけれども——視野を広げている[7]。

グラムシとフレイレの洞察をこの件についての一つの命題にとりまとめるならば、フォーカスを一点にあてるにせよ多くの点にあてるにせよ、すべてのラディカルな成人教育実践は、抑圧が多様な形でおこなわれている事実を視野において、それらの総体と向きあう思想性を具えていなければならない、ということになるだろう。特定の社会集団の解放をめざしておこなわれる成人教育が、他の集団を自分の柵に囲いこんだり従位におくようであってはならない、ということである。

ある社会集団を（暗黙のうちにか、積極的なレッテル貼りによってか）人間以下的存在に貶めるあらゆる表象のシステムは、社会主義建設の歩みの途上で——これは長い、波乱の多い道となるであろうが——変革されなければならないのだ[8]。

労働者組織は労働者階級の前進の名においてジェンダーの抑圧を維持することに与してしまうことが少なくない[9]。その場合の労働者階級の前進とは、じつのところは、白人男性労働者の前進を意味しているにすぎないのだ。われわれは、オードル・ロード、ベル・フックス[10]、そのほかにもたくさんの黒人フェミニストたちから、この点について多くを学ぶことができるだろう。彼女たちは、白人フェミニストのなかに、異なる人種の女性たちが直面している抑圧経験を認めたがらない傾向があることにたいしても、厳しい批判を投げかけている。ウェンディ・ボールがいうように、

人種が異なり、階級が異なる女性間の差異性に、フェミニストの眼がしばしば届いていないことはたしかにそのとおりだ。教育における反人種差別、反性差別のたたかいは、人種、ジェンダー、階級に根ざした抑圧相互間の関係を認知する理論的な枠組みを求めている。翻っていえば、それは追求されるべき政治変革のモデルを構築するうえでも必

須の作業なのである[11]。

同じことはフレイレや批判教育学の中心的な男性理論家たち、あるいは階級的抑圧にかんする理論を展開しているアカデミシャンたちにも、当然に向けられることになるだろう[12]。

連合

連合の問題、これが中心的な問題である。ラディカルな成人教育者は、広義の「文化政治」をとおして社会を変えようとしているほかのカルチュラル・ワーカーの仕事と自分の仕事を結びつけていくことが重要なのだ[13]。私は、この点でグラムシ自身の経験から学ぶべきものが非常に大きいといいたい。歴史のある時点では、たぶん同じようにラディカルな理想を追求しているわけではないのだけれども、しかし民主主義的な環境を創造し護持したいという思いを共有している知識人や文化活動家、ラクラウとムフ[14]が「デモクラティックな想像力」と呼んでいるものを思想と行動をとおして体現している人びとと、確かな連帯をつくりだしていかなければならないのである。レナート・オラップは、グラムシが自由主義知識人ピエーロ・ゴベッティとどのように提携したかを語っている。『新しい秩序』誌の文学・ドラマ部門の全権をこの自由主義知識人に託したのである[15]。ゴベッティがデモクラティックな文化環境をなんとしても守りぬきたいと願っていたこと、ムッソリーニのファシスト体制によってそれが掘り崩されることを危惧していたことが、両者の意思疎通を可能にした。『新しい秩序』グループは未来派の一部の知識人たち、とくにそのイデオローグであった詩人フィリッポ・マリネッティとの連携を模索していたといわれているが、これなどもその一例と考えてよいだろう。未来派若手の何人かが「反動」の側に回ったために、この連携はとうとうお流れになってしまうのだが[16]。

左翼の知識人は政治的に適切で好都合な場合は、個々のブルジョア知識人と、とりわけ反ファシスト知識人と対話し、連携を強めることもある。同時にまた、それは文化的な過程、すなわち自らと労働者階級の知的力量をともに高める文化創造への参加を意味しているのである[17]。

上記のような経験はラテンアメリカのいくつかの国の民衆教育従事者にも共通するものだろう。一九六〇年代から七〇年代にかけて、多くの国ぐにが全体主義の時代を迎えることになり、そのあいだ、彼らはイタリアのそれと似たような経験を強いられたのである。そうした状況下にあって、ラディカルな成人教育に携わる者たちは、なんとしてもリベラルでデモクラティックなブルジョア知識人たちと手を組まなければならなかった。システムの内部で活動する教育者の場合、それはとくに切実であった[18]。なにしろラディカルな活動には概して手をかそうとしない体制の下で、なおかつ、それをおこなおうとするのだから。オルガナイザーが民衆教育のプログラムを立てるとなれば、早速にもシステムに配備された便宜を利用しなければならず、となれば技術スタッフの協力は欠かせない。つまりラディカルな成人教育者は、自分と異なる性向や政治信念をもつ人びとといやでもチームワークを組まざるをえないわけである。重要なことは、まさにその過程が、ラディカルではない教育者と対話する機会になるということなのだ[19]。

行為者

このように文化政治に大きなアクセントがかけられていることからも、二人の著作家の眼のつけどころをうかがい知ることができるだろう。ある社会の権力関係、とりわけ西欧資本主義社会の社会編成において、権力関係の護持もしくは改変にたいして文化活動の果たす役割がはなはだ重要であることを、彼らはともに看てとっていたのである。二人の著作家は異口同音に、支配者グループが社会において権力を行使するとき、彼らは物理的な威圧だけに頼っているわけではなく、支配は同時に合意をとおしてもおこなわれること、おそらくは後者の重要度がより高いことを示唆していたのである。

異議申し立ての領野としての文化

第4章で示したように、グラムシとフレイレの思考のなかで力の威圧が占めている比重はけっして小さなものではない。なにしろ二人とも、もっとも劣悪な暴力の犠牲者であったのだから。しかし、にもかかわらず権力が己れの基盤を合意に求めることを指摘するグラムシとフレイレの分析は、ことのほか示唆に富んだものだ。メインストリームの文化と教育は、イデオロギーと社会的諸関係の正統化をおし進めることによって合意の創出を助長する活動だ。グラムシもフレイレも、そうした文化活動の領野を闘争の場と考えていた。だからして両者の書くものには強烈な行為者の感覚があり、文化と教育の領域でのラディカルな行為が変革のためのたたかいにおいても つ大きな意義が強調されている。

変革志向型の成人教育がその役割を果たすのはそのような状況においてなのである。それは支配的なイデオロギーの内実を暴き、それを無力化する手立てとなる。経験的な日常世界、「自明」とされている諸概念が変革的な成人教育のなかでは問い直されるべき対象として焦点化される。資本のグローバル化が進んでいる現代の日常生活のなかでは市場と消費のイデオロギーが猛威をふるい[20]、市場ではもっとも基本的な用益の一部すらもが公共財から「消耗品」に転化しているが、これらの日常風景も自明性の仮面を引き剥がされて問いの対象となる。対話をとおして「日常経験」が呼びおこされるのだが、呼びおこされたその日常経験は「当たりまえのこととして経験してきたことを当たりまえではないものとして再体験する」[21]手段として機能する。無批判に祝福されてきたものが、再審問の対象になるのだ。一人の白人男性プロレタリアートの声のなかには、もしかすると人種的偏見や性差別の要素がふくまれていることがあるかもしれない。だとすれば、それらの要素に光をあてることが必要なのだ。彼の、民主主義創造の担い手としての可能性をそれとして実現するためには。

学生の自分史、その経験と物語を、教師が無批判に肯定するだけでは不十分なのだ。学生の声を額面どおりに受けとることは、彼らを理想化し、ロマン化する危険につながる。学生たちの生に意味を与えている歴史や物語は矛盾を包んだ複合物で、いささかも無垢なものではない。その矛盾、それとともにその可能性が、彼らによって自覚的に認知されることが重要なのだ。学生が自らの過去と現在の経験を声に出して言葉化し、それを支配と抵抗の構造のなかに位置づけて意味化するために、批判的教育者が適切な介入をおこなうことが決定的に重要であることは言を俟たない[22]。

民主主義的な社会関係の下絵

かくして「常識 common sense」は、「良識 good sense」に転化されなければならない。この転換は学習者に「声にだしていう」ことを許容する精神的風土のなかで、はじめて可能になる。だがもっと重要なことは、その声が問いにさらされ、そこに潜んでいる矛盾が認知されることであり、さらにもっと重要なことは、声を尊重し、声に問いかけ、教育のなかで民主主義的な関係性を創出することをとおして、ラディカルな成人教育の実践が未来社会を描きだす想像力の仕事になる、ということだ。グラムシの工場評議会は、そのようなものであった。労働の場の徹底的な民主化が提唱され、(職場そのものをふくめた)権力と教育の共有化が追求された。フレイレの文化サークルについても同じことがいえる。対話の重視、経験の批判的な問い返し、社会的諸矛盾の仮面剥ぎ、教師の権威、ただし権威主義ではない教師の権威[23]にささえられた民主主義的な教師と学生の関係性の構築、めざされているものはここでも同じである。どちらの理論も教育への開かれたアプローチを提示していて、それは資本主義社会の伝統的な人間関係とは両立しない性質のものだ。

「伝統的な」という部分には、傍線をつけたらよいのかもしれない。というのは、上に述べたようなラディカルな成人教育の一面を経営の手法にとりこんで剰余労働の収取に民主主義的な外観を纏《まと》わせることも、ときとしてないわけではないからである。このあたりがヘゲモニー闘争の一筋縄ではとらえきれないダイナミズムで、多国籍資本の有機的知識人たちが活躍するのは、このような「陣地戦」の戦場、「人心を変え、市場を拡大する不断の闘い」においてなのである[24]。

フレイレの仕事の流用は、どこでもやられている。ブラジルでは、国内において彼を抹殺したまさにその体制によって、彼の業績の利用がおこなわれている。彼の仕事はリベラル派の囲いこみの的になっていて、御大のフレイレはもとよりのこと[25]、その他有象無象の著作家ども[26]がいいたてている政治哲学を骨抜きにしたうえで、それを方法としてとりこもうというのである。

「労働者経営参加サークル」は参加型教育の経験を現代資本主義が自己流に流用した古典例である（これについては最終章でより立ち入って触れることにしたい）。グラムシの工場評議会理論が提唱しているのは権力の共有をともなう参加で、たとえば協同組合の実験などにも同じような理念が表現されているわけであるが、それらは資本蓄積を第一義とする経営参加とははっきりと一線を画されるべきものである[27]。

社会運動

ここでちょっと考えておきたいのだが、では成人教育の推進者たちは、どんなときにそのような強い行為者感覚をもつことができるのだろうか。トリーノ工場における蜂起が孤立したことについてのグラムシの反省、フレイレについていえば[28]、解放の神学[29]や新しい社会運動[30]への彼の関与、そうしたものからわれわれが得ることのできる最大の教訓は、ラディカルな成人教育はそれそのものをめざしておこなわれるだけでは効果を発揮しないということである。それは社会運動と連動して（そうした運動そのものがしばしば革命的な学びの場とみなされているのであるが）[31]、あるいはそれと連携してすすめられる必要があるのだ。グラムシのいう歴史的ブロック、社会的諸グループの連携という問題提起は、この資本主義グローバリゼーションの時代にあってはとりわけ大きな意義を有するものになっている。

社会運動とグローバル資本主義

前の章やほかの場所[32]で触れた論点に、私はここで再度たち返ることにしたい。資本主義グローバリゼーションの最近年の局面を特徴づけるのが、ますます急速化する社会移動(モビリティ)であることはすでに述べた。しかりとするならば、それは社会運動、とりわけ国際的な性格をもつ社会運動にグラムシ的な意味での歴史的ブロックの形成の道を開き、その「国民的・民衆的」性格[33]を超越してネイションを超えた連携に向かう条件ともなりうるのではなかろうか? むしろ、それは土着の諸運動、たとえば近年活発な動きを示している意識化やサルボダヤ運動[34]の重要性が小さいということではない。レスリー・スクレアーが述べているように[35]、グローバル資本主義にたいする抵抗はローカル・レベルでの資本蓄積が円滑な進展を阻止された場合、それに加えて私も付言させてもらうならば、その波及がかぎられた範囲にとどめられたときに、効を奏することが多いのだ。スクレアーはこうもいっている。運動は、グローバリゼーションの進路にそうした無数の断裂を入れていく必要があるのだ、と[36]。

女性運動や環境運動のような「新しい社会運動」は、国際性の強い運動であるだけに、この面で一歩先んずる可能性が高いといえよう。とはいえ、こうした運動をロマン化して、グローバル資本が支配する暗黒の時代に颯爽と登場する「機械仕掛けの神」に仕立ててしまうのは、これまた誤りというものだろう。スクレアーは彼の研究の結論部で、このように警告している。「どの社会運動もいまだ微力で、グローバル資本主義をささえる三つの基本制度を打倒するにはほど遠い状態であるといわざるをえない。三つとはすなわち、ＴＮＣ（多国籍企業）、トランスナショナルな資本家階級、そして消費主義の文化とイデオロギーである」[37]。彼はしかし、上記のそれぞれの領域でおこなわれている抵抗の動きを肯定的に紹介している。ローカルな、地域的（リージョナル）な、大陸的な、そしてグローバルな連携を強めることによって、そして電子的なネットワークを効果的に利用することによって、こうした運動はたえず自分たちの影響圏を拡大していく必要があると、彼はうったえる[38]。

異なる者たちの連帯は、抑圧にはさまざまなかたちがあること、だからこそ階級、ジェンダー、人種、民族がどうあろうと、だれもが平等にものの言えるラディカルに民主主義的な社会をつくりだしていく必要があることをたがいに認めあうことで育っていくものだ。グラムシやフレイレの線で労働者教育を運営するとすれば、そのときプログラムのなかには、職場での性的ないじめ、労働組合のなかでの女性の発言権の弱さ、学習内容にヨーロッパ世界への偏りがあること[39]などが、当然に問題としてとりあげられなければならないだろう。ラディカルに民主主義的な社会を創造するという見地に立ったときに、多様な社会運動のあいだに連携が成立し、それをとおしてグラムシのいう歴史的ブロックにも似たものが創造されることになるだろう。

階級の城に立てこもらないこと

「ポスト・フォーディズムの時代」などとファッショナブルな呼び方をしているが、経済の構造調整は周辺的労働力市場の拡大に大きく道をひらいた。市場に参入しているのは主として女性（主婦のパートタイム労働）、少数民族、黒人などで、不安定な就業条件の下で痛めつけられている。労働力市場は、急速に可動性を高めていく資本によって国際的に分節化されつづけ、その下で人種主義がはびこり、そんななかで労働者の階級としての連帯が綻びている状況をわれわれはみせつけられている。そんなシナリオが現に進行していることが、階級の政治をしごく簡単に過去の遺物として片づけるわけにはいかない理由の一つなのである。

労働組合のような労働者組織が欠陥だらけでしばしば目の先三寸の利害で動くものであるにしても、それはなお果たすべき重要な役割を帯びているのであって、グラムシが労働組合と工場評議会運動との関係を強化しようと模索したときのように、組合運動の可能なあり方を新たに考え直すことが必要だろう[40]。再考されるべき事項の一つは、階級の問題はつねに人種、ジェンダー、民族、そのほかさまざまなかたちの抑圧との交点上に存在しているということの理解だろう。こうした組織は自らを社会の「一般的利害と再結合する」（この語はジョン・マキロイがそのレイモンド・ウィリアムズ論のなかでもちいているものであるが[41]）組織へと変わっていかなければならないのだ。

労働者階級の諸組織がさまざまなかたちの抑圧に気づくようになると、さまざまな社会運動がさまざまな仕方で社会的公正を求めてたたかっていることが視野のなかに入ってきて、労働運動はそれらの諸運動から送られてくる風圧や思潮にわが身をさらすようになる。人種主義、ヨーロッパ中心主義、家父長主義、老人差別、同性愛排除、民衆の潜在的な力を分断しつづけていることれらの問題に立ち向かう労働者組織のアジェンダは、より柔軟で包摂性の高いものになるだろう。

たとえば職場の民主主義をテーマとして掲げた成人教育のプログラムが、生産面での社会関係の民主化をめざしながら、結果的に家族と公共圏の両方を串刺しにしたものになることを、私はマルタ島での事例をあげて分析したことがある[42]。諸々の社会運動と交流するなかで、組織本体も社会のさまざまな層をより開かれた仕方で代表する機関たるべく自らの構造を再調整するようになる。かくして、その組織内部において、あるいは外部にまたがって開催される成人教育のプログラムにおいても、そのことが反映される。こうしたプログラムは公開性を確保すべく、広く社会の各層から立案者、教員スタッフ、成人学習者を募って編成されることになる。そのようにして立てられたカリキュラムが——きめ細かな協議のうえに立案されることによって——最大限に幅広い社会的アジェンダを盛りこんだものになっていけば、それが理想的な姿だ。

そこでおこなわれる問題の分析のなかでは、階級、人種、年齢、ジェンダー、セクシュアリティ、エスニシティの問題が分かちがたく混入せざるをえない。移民労働者や異民族にたいする人種的差別は、グローバル資本主義の再編成が進行するこの時代の、かつてないまでに緊急な課題になった[43]。労働市場が人種と性で二分化されていることは、今日では衆知の事実と化し、われわれはあまねくその現実をみせつけられている[44]。

変革志向的な成人教育は、さまざまな運動が取り組んでいるさまざまな闘争のつなぎ目としての役割を担うことができる。その場合に必要なことは、一つの声がほかの声を圧倒するのではなく、多様な声が自由に響きあい、構造的な抑圧にさらされた主観の重層的な複数性が自覚される、そんなプログラムを考えだしていくことだ。これはグラムシの工場評議会理論やフレイレを参考にして労働者教育のプログラムを作成する場合でも、同じように適用が可能である。フレイレのいうコード表示と脱コード化は、民衆がその経験を問い直すことを可能にする戦略だ。人は被害者でありながら、同時に、その構造的抑圧の片棒を担いでいることがある。ジェンダーや人種の面では抑圧をこうむっているのだけれども、階級としてはその抑圧に加担する位置にいる、というようなことがありうるのだ。コード化と脱コード化は、そうした自己発見を可能にする。

つまり、そこにはガヤトリ・スピヴァクが自己の特権の「unlearn」(学んでしまったことの学びほぐし)という言葉で表わしている過程がふくまれることになるだろう[45]。こうした方向でのプログラム作成をより豊かなものにしていくならば、それは最良の場合は多様な社会運動をささえる力となり、控えめに考えても、運動と運動を近づける一助として役立つだろう。ラディカルな成人教育と社会運動の相互のあいだがらは、このようなコンテクストのなかでは互恵的なものになる。ラディカルな成人教育が、社会運動から受けとる仕事のエネルギーは半端な量ではない。運動がつきつける要求も、それが提起する問題もじつにさまざまで、それが成人教育の推力となるのだ。

そうした問題がはっきりそうと銘打たれてカリキュラムの一部となることもあるし、ヒドゥン・カリキュラムとして潜在化することもあるが、どちらにしてもそれらが成人教育のプログラムのなかに流れこんでくるわけである。逆にラディカルな成人教育の側も、市民を育てるという、その活動をとおして運動をたすけることになるだろう。直接に自分たちと関係する問題だけでなく他者たちを苛んでいる問題にも目を向ける市民を育てることは、より大きな運動間の連帯を生みだす礎となるからである。

システムの内と外で

ラディカルな成人教育とそれに従事する教育者たちがその企図を貫徹するためには、一つもしくは複数の社会運動から支援を得る必要がある。市民社会のおよぶかぎり広範な諸制度のなかで対抗ヘゲモニックな活動(ラディカルな成人教育もその一つである)が営まれていくように、各運動体はそれらをささえる力量を培っていかなければならない。グラムシが、市民社会のさまざまな部門の内外で(ジャーナリズムで、文化クラブで、職場で、政治囚が収監されているところでは監獄で)対抗ヘゲモニックな教育活動を展開したのは、まさにその鑑といえるものであった。さまざまな成人教育機関、たとえば民衆図書館にたいする彼の熱烈な関心にも、そうした抱負が反映されている[46]。いわゆる「陣地戦」構想と符節を合するもので、すべての戦線において体制側のヘゲモニーを突き崩す批判的な活動をおこなっていく、というものだ。フレイレの「片足をシステムの内部に、もう一方の足をその外に[47]」という勧告も、実質的にグラムシのそれと相応ずるものだろう。社会的実践のありとあらゆる場が対抗ヘゲモニックな、したがって変革志向的な学習の場となりうることを、それは予想する。もちろん、主要なフォーカスが当てられているのはNGOのような自立した行為者で、その点でいうと、ヨーロッパや北米においては、システムの外にあって変革を追求するこの手の運動体が伝統的に健在である。合衆国南部のハイランダー、アンティゴニッシュでコミュニティ活動家の研修に取り組んでいるコーディ学院、トロントのジェスイット・センターなど、その例は多い[48]。

たとえシステムの内部であろうとも、社会運動がそのはたらきを発揮することによって、対抗ヘゲモニックな活動を成しとげてしまうことがある。それらの運動は資本主義社会の国家諸機関に圧力をかけて、運動がターゲットにしている非特権集団の要求を実現する（成人教育を実現することも、その要求の一つだ）必要がある。国家の側は、ひたすら逃げの一手に出るものだ。大局的な利益を判断して、などと役人たちは遁辞を弁じたてるのであるが、その大局的な利益とはカモフラージュされた階級的利益にすぎない[49]。そうでない場合でも、国家の政策決定を反映するかたちで、彼らがやろうとすることの内容は決まってくる。「中央集権的な国家機関は、現実には社会集団がそれぞれに異なる歴史的経験を経て異なる現実を生きているにもかかわらず、あえて一元的で一括りの言説を弄し、それぞれの特殊性を無視したがる[50]」ものである。

社会運動はこの面で、進歩的な社会組織に支援の手を差しのべる必要がある。社会運動は、そうした進歩的な組織が国家資金や(EUのような)国家間機関の資金を申請するときに支持と援助の手を差しのべる必要があるのだが、その点については最終章で述べることにしたい。それからもう一つ、国家システムのなかで働く進歩的な成人教育従事者[51]、社会変革に向かう長征の旅の途上で日々の仕事に打ちこんでいる体制内の教育者にたいしても、運動は支援の手を惜しんではならない。闘争にコミットしつつ国家制度のなかで働く教育者たちは、文化継承の過程で貴重なその媒介者として影響力を発揮する。国家の教育プログラムが、どんなに再生産機能を果たすものであるとしても(ここでの再生産とは、ある社会的配置を支える条件の再生産ということなのだが)、それは結局のところ、額面どおりには成就されない。ヘンリー・ジルーが、ネオ・マルクス主義教育論の盲点として猛烈に批判しているのは、まさにこの点なのだ[52]。

志をもった教育者であれば、システムが下す命令を、自己のアジェンダに照らして再解釈してしまう。だからこそ、彼らは国家システムの「内にいながら、そこから外れた」存在なのだ[53]。もっとも、そうした成人教育従事者にたいする風当たりは、けっして小さなものではない。肝心の学習者が、それまでとは異なるやり方に抵抗を感じて逆風の送り手になることもある。教育者たちは、たちまち意気阻喪《そそう》の状態に陥りかねない。彼らは、成人学習者のなかに自由の感覚を呼びおこしたい、育てたいと願っている。でも結局のところ、逆にそれを押さえつけ逼塞《ひっそく》させてしまう命令的な制度の掌のうえで、ただ自分たちは踊っているだけではないのかと思ってしまうのである。

主人の大工道具を使って主人の家を壊すことには、やはり限界があるというオードル・ロードの有名な警句がある。成人教育従事者がこうしたフラストレーションに落ちこんだときに、そのモラール（士気）をささえることができるのが、社会運動ではないだろうか。たとえば運動に賛同してくれる組織の内部にスペースを設けて、成人教育従事者やその他の文化活動家に参加してもらって一緒に考えるディスカッションの場をつくる、などということもありうるだろう。端的にいって社会運動ならば、国家の公的装置の外部に自立したアジールを構えることが自由にできるわけである。そうしたサポートがないと、教育者の孤立感、燃え尽き感、絶望感ばかりが昂じていって、ついには昔ながらの長いものに巻かれろ戦術に退行してしまうということもありうるのだ。それでは変革どころか、文字どおり、再生産機能への奉仕にしかならないだろう。

成人教育に携わる教育者たち

成人教育従事者が抱えている仕事の問題のいくつかを、社会運動という文脈のなかで考えてきた。とはいえ、成人教育における教育者の役割にかんしては、ほかにも論じておく必要のある問題がいくつもある。グラムシの有機的知識人、フレイレのいう「価値にコミットした」教育者、それらはともに成人教育従事者のイメージを描きだしたものとして受けとめることができる。ラディカルな成人教育のプログラムにもとづいて仕事をすすめ、学習者の苦境を理解する理論的素地を備えつつ、彼ら／彼女らとともに directive に学びを深めていくことのできる人物、ということだ。directive という言葉をここで使うのは、より公正な社会を希求するユートピア的なヴィジョンを内に燃えたたせて、という意味をもこめてのものだ。

教育に携わる彼や彼女のなかには権威の感覚があり、これは研鑽を積んだ分野で培われた能力(competence)の成果なのであるが、とはいえ権威主義に堕したものではない[54]。それどころではない。民主主義的な関係性が定着すること、学習者が学びの「主体」になることを願って、あらん限りの努力を尽くすのが、彼や彼女たちなのだ。対話的な授業のなかでは、学習者の文化が前面に出る。教育者の仕事は、この文化が学習者自身によって批判的に検討されるように、手がかりを投じてファシリテートすることだ。この批判的な問い直しをとおして、コモンセンスはグッド・センスに変わっていく。フレイレのコード化と脱コード化は識字教育のなかで利用されるだけでなく、社会生活のほかの分野の認識活動にとっても有用である。コモンセンスをグッド・センスに昇華していく手立てとして、それは大きな力を発揮する。

学びの解きほぐしと編み直し

対話をつうじて自分の「既知の」知識を批判的に再吟味するようになるのは、なにも学習者ばかりではない。成人教育従事者もまた、そうなのである。教育者たちも、成人学習者との接触をとおして、彼の、彼女の、理論的理解をたえず修正していく。これは大衆との対話に参加しつつ自らの理論を検証していくグラムシ的な知識人像に近いものだ。成人教育従事者が学習過程の端緒でもっていた知識は、どれもが、学習者との対話をとおして再学習relearnされる、というよりも、unlearn（洗い直）されるのだ[55]。グラムシは「知育」と「教育」の結合instruction-education nexus[56]を主張したが、この思想をフレイレのそれとつなげて考えていく必要があるだろう。フレイレは対話を中心とする成人教育像を提起しているのであるが、しかしある程度の「教え」が避けがたくおこなわれることもありうるのであって、その可能性をあらかじめ排除してはならないとも述べている[57]。こういうことが何故に起こるのかというと、私はいくつかの理由があると思う。まず第一に、成人教育従事者は「自由への恐怖」に対処しなければならない。「自由への恐怖」とはフレイレがもちいている語なのだが、創造的であろうとするあらゆる試み――それこそが参加型民主主義的教育のトレードマークなのだが――を、勝手のわからない異世界への無謀な旅として斥ける心性のことだ。学習者はこうした「自由への恐怖」に足をとられて民主主義的な学びに抵抗することがある。となると教育者にかかる圧力は一段と厳しいものになって、ついには伝統的な「暗記テスト型」の学習に先祖がえりすることにもなりかねない[58]。

もう一つ考えておかなければならないことは、妥協、対立を解消して馴れあうことである。相互作用理論をとなえる人びとは、教育者と被教育者のあいだでは「意味のかけ引き《ネゴシエーション》」がおこなわれていると指摘しているが、このことを照射する議論として注目しておくべきだろう。第3章でも少しく触れたように、このようにして微妙な意図のすれちがいが発生するのだ。教育者の側は自分たちのプロジェクトは自由と民主主義をめざすもので、われわれはそのために活動しているのだと思っているが、成人学習者のほうは、システムのなかで「うまくやっていく」手段として、それを履修していることもあるのだ。となると、学びを解放の学びにしようとする教育者の努力は、一朝一夕には稔らない厳しい努力となり、教師の抱負と学習者の期待をたえずぶつけあい、すりあわせることが必要になる。どこでもやられていそうな伝統的な教え方を要求する学習者に、教師の側が譲歩しなければならないこともある。

私のみるところ、学習者が求めているのは学習の厳しさ、規律といったもののようである。それは、グラムシが彼の論文「教育について」のなかで提唱していたことでもあった。対抗へゲモニー行動に参加する場合に、サバルタン階級は二級品に甘んずることは断固として拒否するのであって、だからして彼らは厳しさを求めるのだと、グラムシはいう。私がマルタ島で国家の後ろ盾による識字事業に携わっていたときの経験でいうと、成人学習者の多くは学習がシリアス（真剣）であることを求めて、導入時の「雰囲気づくりの対話 dialogue facilitation」はすべて時間の無駄にすぎないと考えていた。

たしかにこの人びとは、ある切実さに促されてその場にいた、と私は思う。グラムシが教育と知識人の役割をどうみていたかを解説した一文のなかで、ポール・ランサムはこう述べている。「ある個人が、あるいはある個人の集団が、毎日喰うための稼ぎで手一杯だったとしよう。知的な啓発、したがって民主的実践への参加のための時間は、きわめて限られたものにならざるをえない[59]」。これは識字講座に出席する成人学習者の場合も同じである。私はその状況に足を突っこんだわけである。彼や彼女にしてみれば、なけなしの時間を使って識字に参加すること自体が、規律訓練に耐えるということなのだ。生活費が高騰し、それを補うためにパートタイムの副業に手を出さなければならない状況のなかで無理に出席しているのだから、一刻たりとも弛《たる》んでなんかいられない。彼や彼女は識字プログラムにも、そのようなゴリ押しの訓練を期待するのであるが、だれがそれを不当と非難できるだろうか? つきつめていえば、それは彼や彼女にとっては、個人競争のイデオロギーに支配されたこの酷薄な世界に耐えて生きのびるための戦略なのである。序論に記した言葉を、私はここでもくり返すほかはない。変革の構えをとるまえに、人はまず生き残らなければならないのだ。

教育経験が真に意味あるものであるときに、厳しさや訓練にたいする要求はかならず充足される。求められているのは、批判的教育というアジェンダの内部での厳しさ、たんに生き残ることを可能にするだけでなく、変革の刃をとぎすましていく、そんな教育の内属的要求としての厳しさなのである。こうした脈絡のなかでの厳しさには、ヘゲモニックなものに問いを投げかけ、それに挑んでいく力、そうした力を身につけていく努力、といったようなものがふくまれている。ヘゲモニックなものばかりではない。あえていうが、批判のまなざしは対抗ヘゲモニックな言説にたいしても向けられなければならない(たとえば、対抗ヘゲモニックな言説のなかには、人種やジェンダーへの配慮を欠いた階級一辺倒の言説もある)。厳しさを重視しながらも、このアプローチが「預金型」と異なるのは、厳しく、そして批判的であることだ。厳しさを尊重する教育者は、学習者の放つ挑戦の矢が自分のほうに飛んできかねない状況をつくりだしていく。となると学習者の側も応分の努力と勤勉さを求められることになるわけだ。これはグラムシが、しばしば論議の的となった彼の論文「単一学校について」のなかで要求したことであり、またフレイレがその著作やトークのなかで強調したことでもあった。一九九一年のカンファランスでコミュニティ・ワーカーたちと交わした討論は、その一例である[60]。

もう一つ、私はブルデューとともに、こう述べておきたい。対話を志す教師は、教育の「文化的約束事」[61]を、――すなわち、通常は支配階級によって規定され、世間的にもそうするのが当たり前と考えられている因習的な教師の行動形式、ブルデューとパスロンの用語でいえば「象徴暴力」としての教育行為[62]から外れた行動をとるために、その権威を失うことが多いのだ、と。それゆえに変革にコミットした教育者は、このような状況から生ずる緊張とたえず向きあわなければならない。デモクラシーの精神を掘り崩すことのないように、その最大の特徴である学びのなかの関係性にたえず気を配りながら、陥穽に満ちた道を歩みつづけなければならない。教育者と被教育者相互の信頼と尊敬、それに根ざした気転と慎重な配慮、それがここではものをいう。

文化資本とハビトゥス

グラムシとフレイレの洞察から浮かびあがってくる成人教育従事者のイメージは、学習者の大義にコミットした一人の人間のイメージだ。グラムシの有機的知識人、フレイレがカブラルの言葉を引いていうところの階級的自殺[63]をとげた成人教育の教育者、それらはいずれも、解放をめざしているはずの教育が、たんなる馴化の営為に変質してしまうことを意識したうえでの発言だろう。つまり、教育者が、学習者のそれとは無縁な「文化資本」を伝家の宝刀としてもちだしたとたんに、それは馴化の行動に堕してしまうのだ[64]。私がここで文化資本と呼んでいるのは、ある特定の社会的地位を反映した文化的価値体系と「趣味の文法」のことだ。たとえば学習者が女性ばかりの教室にやってきた男の教師が、彼女たちの人生経験とはまったく無縁な文化的教養をひけらかしている場面を想像してみればよい。教育社会学や成人教育の文献には、たくさんのこうした実例が報告されている[65]。

同じように、労働者階級の人びとが学習者であることがはっきりしているのに、教育者は、受講者と波長の合わないブルジョア文化に依拠して授業をすすめてしまうことがある。グラムシが民衆大学を批判した理由がそこにあったことは、すでにみたとおりである[66]。同じようなことは、人種、性的指向などの問題にかんしてもおこりうるだろう。この種の「文化資本」のもたらす欠陥は、学習者が別な文化と人生経験をふまえてそこにいるのに、そのことが無視されてしまう、ということである。緊張が生じたら、放置せずに取り組んで、それを解消することが必要だ。建前としては自由のための実践でありながら、じつは無理やりの馴化に転じてしまう危険性は大きく、その傾向をできるだけ小さなものにしていく必要があるのだ。教育者は自分と学習者のあいだに存在する障壁を崩すために、そして教師と学習者相互の関係を真に創造的で民主主義的なものにするために、利用可能なあらゆる手段にうったえることになるだろう[67]。これは、たやすい課題ではない。容易ならぬ課題の一つ、でも避けることのできない課題の一つは、学習者集団のそれぞれが抱えている階級の、人種の、ジェンダーの問題に敏感になる、ということだ[68]。「自殺」というのは、まえにもいったように、どうも現実的とは思えない。伝統的に養成された「ブルジョア」教育者が、そのハビトゥスを脱いで捨てるのはきわめて困難だろう。

二人のフランスの社会学者(ブルデューとパスロン)はあまりにも決定論に走りすぎているように思われるのだが、彼らの議論は、自殺をとげるにはあまりにも強固な教育者の階級の壁を指摘したものと受けとることもできる。この点で望みうる最善のことは何かというと、それは教育者の側が学習者のそれとは異なる自分自身の性、人種、階級を自覚的に認知することではないだろうか。その結果として、自らの特権的な視座はunlearn(洗い直)されることになる。こうした自覚的認知は、特権的な社会環境のなかで形成された彼や彼女の驕りと飼育者根性を削ぎ落としていく、その重要な一歩となるだろう。解放と馴化の相剋は、相互の社会的境遇の相違から生じている。同じジェンダーに属する教育者と被教育者でも、人種や性的指向が異なっていると、そこに相剋が生ずる。こうした緊張に取り組むこともまた、社会変革に向けた闘争の一部なのである[69]。

文化生産

これまでは主としてプロセスに注目して、グラムシとフレイレの総合を論じてきたが、ここでは焦点を内容のほうに、とりわけ文化の問題に当てることにしたい。グラムシとフレイレのどちらもが、その著作のなかで民衆文化に重要な位置を与えている。フレイレは、民衆文化を意識化のプロセスの足場として活用しようとしていたが、グラムシの場合、文化の民衆的な形態をとくにとりあげて本格的に分析した著作はない。とはいうものの、グラムシが支配文化にかんしておこなっている広範でシステマティックな分析のなかに、それは包括されている。ラディカルな成人教育の理論を発展させるという目的意識に立って、私はグラムシの支配文化についての思想とフレイレの民衆文化についてのそれをできるだけプロダクティブな仕方で総合したいと考えている。

カルチュラル・スタディーズ

私は確たる正統性を承認されている文化〈一般に〈上位文化high culture〉と呼ばれている文化〉と民衆文化の両方を包括的に、と同時にそれぞれを求心的に分析するカルチュラル・スタディーズの必要性をうったえたい。両者は、そのどちらもが従属的集団によって批判的に継承されうべきものとして存在しているのである。文化生産の民衆的な形式としては民衆的な語りやバラードなどの口承文化からロック・ミュージック、ビデオにいたるまで広範囲のものがあるが、どれもが批判的な検討の重要な主題たりうるものである。同じことは上位文化についてもいえるであろう。

たとえばシェイクスピアであるが、そのテクストの一部が民衆文化に根ざしたものであることは、あらためていうまでもない。グラムシが多く筆をついやしたのは後者の作品群の論評で[70]、カノンとして声価が確立した戯曲、たとえばシェイクスピアの『マクベス』、イプセンの『人形の家』、ルイージ・ピランデッロの作品も数多くとりあげて論じている。シェイクスピアの戯曲にかんしては、初演されたときの観衆層からいって、それは民衆文化の形式を踏んだものであったはずだと一般に考えられている。この通説によれば、観衆の中心的な層は平民で、「平土間後方 the pit」に屯して罵ったり喝采したりしている「有象無象の輩 groundlings」であった、ということになる[71]。

となると、民衆文化と上位文化という分け方そのものも疑わしいものになってくる。エリザベス朝時代の民衆劇には「国民生活の創造的なもののすべて」が凝縮されていると、レイモンド・ウィリアムズは述べている[72]。ウィリアムズの言によると、女王の宮廷は商人中産階級に対抗してシェイクスピア作品をその一部とする民衆劇を保護したのだという[73]。宮廷が「国民生活の決定的な要素」としての地歩を失って、そのサポートが次第に先細りとなり[74]、結果として演劇は急速に階級的な傾斜を強め、もっぱらかぎられた観衆にアピールするものになった。シェイクスピアの場合、その作品を「上位文化」として箔づけする伝統は、当のシェイクスピアの時代のものではなく、ずっと後代に発するものであった。シェイクスピア戯曲の中心舞台が王権であり、盛儀的な雰囲気が濃厚であったためもあって、それは英国社会を神秘的に隈どることに貢献し、十九世紀後半以降、新しい推力を与えられたのである[75]。

高級なものと民衆的なものをのっけから区別だてする定説を疑うならば、サバルタン諸集団は、それらの作品の両方を自分たちの目的にてらして批判的に活かしていくことができるようになる。グラムシは、知識や情報が教室のなかで咀嚼されていくやり方について、彼一流の指摘をおこなっていた。ここで、それをもう一度思いおこしておくことは無駄ではあるまい。昔ながらの勉強をやらされている生徒たちを、抽象的な概念の「機械的な受け手」とみなすのは、彼によれば、馬鹿げた決めつけなのである。知識は学習者の意識に感応して——その意識は、学習者が位置している「市民社会のセクター」を反映している[76]——その内部にとりこまれる、と考えるほうが適切である。この指摘は、意味が社会的に循環し創造される態様に着目する近年の諸研究の先駆ともいえるものだ。そこでしばしばいわれていることの一つは、意味はたんにテクストのなかにだけあるのではない、ということである。たとえばマイケル・アップルは、こう述べている。

ポスト構造主義理論が示唆しているように、意味は「テクストがそこへと分節化される差延のシステムの所産」なのである。かくして存在するのは「単一のテクスト」ではなくして、多数のテクストである。テクストはどれもが多様な読みにたいして開かれている。このことは、人は〝直截にテクストそのものと向きあう〟ことによって、テクストが何をどのように意味せんとしているかを判別することができるとする主張を、いささか疑わしいものにする。――というわけで、多様で対立する意味づけがありうるのであり、事実あるのである。そしてわれわれは、「あるテクストを、私なりの読み方で読み」たがるのがつねである[77]。

教材の媒介者として、教育者は重要な役割を演ずる。学習者は、自らの階級、人種、ジェンダーの経験をもそこに投じて教材を読みこんでいくのであって、だからしてそこで体験される教育の意味は、学習者である彼ら・彼女らによって能動的に構築されることになる[78]。この指摘は、先のグラムシのそれと響きあうものといってよいだろう。テクストから立ちあがる意味が一つではないことの認識――私はここでテクストという語を広義に使っているのであって、文化的生産物はすべてテクストなのだ――は、変革的な目的のためのその批判的な横奪 critical appropriation ということにつながるだろう。「預金型の教育」では、そんなことはおこらない。「預金型教育」の場合、実際にそうであろうがなかろうが、学習者は何かで充填されるべき空っぽの容器とみなされる。学習者が「教えられたこと」をもとにして多義的な意味を自ら構築し、それが自由に交換され、批判的に検討され、組み換えられ、再構築される、そんな討議の場を「預金型教育」はけっして認容しない。

作品は多義的な意味を帯びているから、「木目に逆らって」読まれることもありうるのだ。ロジャー・I・サイモンは、テクストの多義性を梃子《てこ》にして人種差別的な言説から反差別の言説を読みとることすらできることを例示している[79]。（チュヌア・アチュベはコンラッドの『闇の奥』をアフリカ解放闘争の視点から読み解いているし[80]、サイモン自身もシャイロックの言葉にイディッシュふうな解釈をほどこしている。）ラディカルな成人教育のサークルに集う学習者たちは、このようなやり方で作品から討論を巻きおこすことができる。彼らの生きる場に密着した、しかし権力と知の体制がうち捨てて顧みようともしない異質な意味に、声を与えることに励まされる。

とはいえこの声にも「常識」の否定的な面が混在している以上、手ばなしにもちあげてよいものではないことを再度いっておかなければならない。また木目に逆らって読むといっても、テクストそのものの論旨を無視するわけにはいかない。――それゆえにサイモンの章題は「人種差別主義的テクストを超えて」となっているのである。いかに反差別の視点で読んだからといって、人種差別的なテクストが人種差別的でなくなるわけではない。成人教育のサークルのなかであえて人種差別的なテクストを木目に逆らって読んでいく場合は、著者や画家の共犯者としての当事者性を明らかにするか、作品の背景になっている社会の支配構造に光を投ずるか、必要に応じてそのどちらかをおこなうべきだろう。

批判的な問いに付し、そのうえでそれを自らの利器にするというこの読みの流儀は、カルチュラル・スタディーズの得意技といってよいものであるが、これは「公共圏」でおこなわれてきたものであって[81]、たんなるアカデミーの窟《いわや》のなかの営為ではなかった。と、このように論を進めるときのわれわれは、カルチュラル・スタディーズというこの領域を――グラムシの著作に多分に影響されてかたちをとるにいたったこの領域[82]を、その古巣である成人教育の場に引き戻して考えているといってよいのかもしれない。カルチュラル・スタディーズの発祥の地はイギリスであった。デイヴィッド・ショールはいう。

イギリスのカルチュラル・スタディーズが成人教育のプロジェクトとして成立したこと、そのフォーカスが教育におかれていたことは、しばしば忘れられている。――カルチュラル・スタディーズは、ある特殊な性格をもつ教育プロジェクトとして発足したのである。人びとが自らのうえにのしかかる重圧を理解することをたすける、その一つの方途がカルチュラル・スタディーズであったのだ[83]。

英国カルチュラル・スタディーズの学統と成人教育の密接な関係を力をこめて力説したのは、かつて成人教育に従事した経歴をもつ文化理論家、あのレイモンド・ウィリアムズであった。

カルチュラル・スタディーズが発足し、一九五〇年代も末になると、百科全書的な論文を満載した関係書が次々に刊行されて、私の眉を顰《ひそ》めさせた。そんなものに信をおくな、である。芸術と文学、その歴史や現代社会とのかかわり、そうしたものを教えるときの視野の展開には大きなシフトが生じたが、それが開始されたのは成人教育においてであって、他ではそんなことは起こらなかった。そのときの経験を大学にもちこんだ人間たちがいて、すると、それがいきなり科目として認定されてしまったのである。過程そのものが社会変化そのものに、とりわけ学問に寄与するという現象は、これか、あるいはこれに類する方途で起こるもののようだ[84]。

インクルーシブなプログラム

そのようにして提起されたカルチュラル・スタディーズである以上、当然、そのプログラムは開放的《インクルーシブル》なものであるべきだと、私は思う。民衆文化にも上位文化にも門戸を広げ、口承的なもの、ヴィジュアルなもの、書かれた文化作品、そのすべてを射程のなかに収めるべきである。自民族中心主義も、男文化への偏向も、あってはならない。この点にかんしては、レイモンド・ウィリアムズやオックスフォード学外講座のその同輩たちのアプローチとも、いささか異なるものをめざしたい。そうしたプログラムは、教育内容を固定した知識として伝達するのではなく、問いにさらして編み直す場として存在しなければならない。――いうなれば、それは一種の「文化的親水圏 cultural borderland[85]」なのである。刻々と潮位を高める下層文化が、堅固で同質的といわれてきた支配文化の形式と慣行の波堤に押しよせ、陸地に浸透することによって現出する、それは境界域なのだ[86]。

グラムシを越えて進むことが必要である。彼のヨーロッパ中心主義と、それからフレイレにも共通してみられる家父長主義への偏りを踏みこえて、その先に進まなければならない。カルチュラル・スタディーズだけのことではない。(カルチュラル・スタディーズというときには、労働者カルチュラル・スタディーズ本来のプログラムも、当然そのなかにふくめるべきだ。)変革を志すすべての労働者教育のプログラム、たとえば産業の民主化を目的とするそれ(ここにも〝カル・スタ〟を採用している事例がありうるだろう)などについても、同じことがいえるはずである[87]。

批判的な検討とそれをおこないつつ習得するという大原則は、支配的言語の取り扱いに際してもかならず適用されなければならない原則である。グラムシとフレイレがともに洞察しているように、これはあくまでも支配文化の一部なのであるが、被支配集団が政治生活の外辺に押しやられないためには、いやでもこれを学ばなければならないのである[88]。だが、ラディカルな成人教育の目的にてらして考えるならば、もう一度フレイレの主張に注目することが大事だと私は思う。支配的な言語は、あくまでもそれを問題化するようなやり方で、成人教育のなかで教えられるべきである、と彼はいう。言語が学ばれるその仕方というものは、ヘゲモニーのプロセスと、それゆえに知/権力の貫徹過程と、しっかりと結びついたものとしてある、という事実を、教育者も被教育者も、ともどもにみとどける必要があるのである。支配の言語が世界規模での支配の言語である場合も(英語、スペイン語、ポルトガル語、フランス語はそうした役割を担う言語だ)、方言と対比されるところの一領域国家の「標準」語である場合も、それが支配のための言語であることに変わりはない。

歴史

グラムシは、労働者階級の人びとは歴史を学ぶ必要があると説いた。抑圧のくびきから自らを解放する長いたたかいの歴史のなかでこの階級が一役を担うものであるのだとすれば、だれによってそれが先行されたかを知る必要がある[89]。先行する社会形態、制度化された慣行と信仰、こうした形態、慣行、信仰が帰属する諸伝統がどのような歴史的脈絡のなかで発明されるにいたったのかについても、知る必要がある。ホブズボームならずとも[90]、知りたいと思うではないか。連綿たる持続をいいたてる神話の煙幕は、もうたくさんである。これらの伝統は、正確にはいつから、その神通力を発揮するようになったのか。さらにまた、こんな問いも立つだろう。社会的凝集性、権威の正統化、社会化など、ときの権力が必要とする状態を醸成するために、これらの「発明」された諸伝統が発揮する機能[91]は何なのだろうか? ようするに、グラムシの成人教育構想のなかでも、歴史研究はひときわ目立つプログラム上の特質である、ということだ。

集団の歴史の回復

こうしたマクロ・レベルの歴史を強調した言説は、フレイレの著作にはみあたらない。彼が民衆教育の事例として報告しているものをみるかぎりでは、文化サークルで重点的に論じられていたのは現代であったという印象を受ける。しかし意識化の一環としてコード表示された現実の分析は、歴史的な位置づけと分析が欠けると不完全なものに終わるのではないかと、私には思えるのだ。意識化のプロセスには、歴史的に集積された思考や行為への関与が――未来の変革を念頭において、現在と過去を往還する批判的思考が、必然的にともなうはずだ〔92〕。この点でよいヒントになりそうなのは、フレイレの理論を集団史の発掘に使ってみようというピーター・マクラレンとトマス・タデュース・ダ・シルヴァの提案〔93〕である。実際、このようなスタイルが多くの分野で採用されるようになっている。女性たちの文化運動のなかでの動きはとくに顕著だ。「フライド・グリーン・トマト」のような映画、モントリオール理工科大学の大量虐殺事件〔94〕を忌念する行事、その記録の発行〔95〕なども、そうした試みの一種である。

このフレイレ教育学の応用はラテンアメリカにも広がっていて、ライフ・ヒストリー・プロジェクト（これは成人教育のなかではきわだって多くとりあげられている研究テーマである〔96〕）、あるいは老年層を巻きこんだ成人教育講座というかたちで、「民衆の文化慣行の底に潜んでいる集団的記憶の深層を掘りおこす作業〔97〕」がおこなわれている。これなど、歴史をもちいた成人教育のなかでフレイレやグラムシの思想が活用されている一つの実例といえよう。

マクラーレンとダ・シルヴァは、フレイレが「学生の語る物語、本人の経験にもとづくその語りを重んじていた」事実に注目する[98]。フーコーの語をもちいていえば、「押さえこまれた知」の領域は、それを「植民地化」するためではなく、集団的に解き放つためにこそ、言表されなければならない。民衆の記憶の奥深くに潜んでいるこのような歴史の断面の掘りおこしはグラムシ的なマクロな歴史観を補足するもので、まさにわれわれがいま問題にしているプロジェクトそのものである。フレイレのコード表示と脱コード化の手法はラディカルな成人教育従事者に、変革をめざす集団の自己史、ワルター・ベンヤミンふうにいえば「記憶の請け戻し作業」に乗りだす足がかりを提供しているのである。

ロジャー・I・サイモンはある種の記憶の復元作業について記しているが、それは集団の過去を表わすイメージや物語を、一人の個人の今のからだのなかに刻まれた感情や思考とないあわせるという実践である[99]。サイモンは、視覚的なイメージをもちいて「過去との対話」を生みだしていくコード表示の方法の有効性を、彼自身の経験をとおして示している[100]。彼が用意したイメージは、ドイツに住むイタリア人移民の惨状を描いた強烈なポスターであった。一人はダヴィデの星をもっているのだが、着ているシャツにはイタリア三色旗が描かれている。ドイツの芸術家クラウス・シュテックのイラストであったが、ホロコーストの記憶を呼びおこし、それを今日の闘争と重ねあわせながら、人種差別の長い歴史に思いを馳せている作品だ[101]。こうした対話がもたらす成果は、歴史を「現在を拘束するもの」としてとらえるのではなく、われわれの解放の営為をクローズアップする光源もしくは舞台としてとらえることができるようになる、ということだ[102]。それは「いまだ在らざる」社会の創造という観点に立って、現代という時代を私たちの「このいま」の瞬間に変える、そのような過去の再発見なのだ[103]。

だからコード表示はたんに現在を批判的にみて、そこにはたらく矛盾や対立に気づく方法として有効であるだけではなく、現在と過去を対置し、つきあわせながら、対話的なプロセスを生みだしていく手段でもあるのだ。過去とのこの対話のプロセスをとおして、変革の可能性が拓かれるのだ[104]。

実践例

さて実際にどうするかであるが、成人教育のなかでやれそうな歴史的「想起」の練習としてすぐに思いあたるのは、自分たちの学校体験を思いおこすことである。学習参加者は学校時代の写真とか、それにまつわるいろいろな資料を（学校が出している年報なども、その一例だろう）もちこんでくる。それらを手にして学校時代の経験を語るのだが、「ディレクティブ」であることを心がけているチューターは、そこに質問をはさんだりして、学習者が語る体験と、その当時の学校組織、そこに現われている教育の実態、より大きな社会の権力の仕組みとの関係を浮きあがらせていく。学習者によって語られる思い出のなかの語られることのなかった話題に質問が飛ぶこともある。

あえて語ることを回避した問題、たとえば人種、階級、ジェンダー、性的指向、障害などにスポットを当てるためだ。このように自分の過去の教育を分析することによって、現在の学校のあり方が批判的に対象化され、どのようにそれを変えていくべきかを探るヒントが生まれてくる。さらにまた、それは学習者たちが、それとは対立する、おそらくはより変革志向的な成人教育のプログラムに積極的に参加していく精神的な土台を築くものとなるだろう。

歴史教育の分野でグラムシとフレイレの思想を接合するということは、学習者の集団的経験を呼びおこし、それを討議・検討し、関連する歴史研究のマクロな知見とつきあせるという現実の作業をともなう。その過程で歴史の出来事は、しばしばそれまでとは異なる視点から——すなわち体制に抗う人びとのパースペクティブから、とらえ直されることになるだろう。労働者教育のプログラムのなかでこれがおこなわれる場合は、学習者が自分たちの手持ちの資料をもちよることになる。あるいは家族の昔の話を聞いたり、その写真をもってきたりする。理想的なケースでは、関係する家族のメンバーが——おそらくは家族の年長の人びとが、この作業に参加することもあるだろう。グループの討論のなかでは、さまざまな生活経験や労働体験が相互に対比されることになるだろう。教育者の介入は慎重であることを要するが、それが適切なタイミングでおこなわれることによって、それらの経験は労働者階級のマクロな歴史の文脈と接合されることになるだろう。それが学習プロジェクトのもっとも肝要な部分であると、私としてはいいたい。

このような討論は、いつの時代も変わらない搾取の構造と、にもかかわらず時代ごとにみられるそのモードの変転を理解するたすけになるし、労働過程でどれほどの差別と分断が、それぞれのジェンダー、人種、民族に加えられているかを理解するうえでも役立つだろう。また、それらの歴史をとおして労働者組織や社会運動が勝ちとってきた「成果」、しかしそれらが「ニューライト」によっていまやとり崩されかねない状態にあることも、明らかになっていくだろう。もしもたたかいの成果を強調するのならば、労働の世界を変えていく主体はここにいる自分たちであることを参加者たちに感じとってもらいたい。

当然のことながら、成人の学習はそれがどんな文脈のなかでおこなわれるかによって大きく内実が異なってくる。私の故国のマルタ共和国では、戦争関連のモニュメントを建造したり公開したりすることがあちこちの町まちの近年の傾向になっている。そうしたコミュニティで働くラディカルな成人教育従事者のあいだでは、この機会を利用して戦争と結びついて発展してきたこの国の歴史と経済――いわゆる「要塞経済」である――を議論しようとする動きが生まれている。イギリス植民地下にあって要塞経済がすっかり根づいてしまったマルタ島では、独立の後も容易に植民地根性が抜けきれず、「精神の非植民地化」が必要になっているのである。これらの戦争の記念物に現代を表わすイメージ、たとえばドイツのネオ・ナチのデモの写真を並置するならば、主題は一挙にその範囲を広げることになるだろう。細心な問いかけや促しをとおして二つのイメージがつながり、その意味があぶりだされてくる。討論は人種差別の問題をふくんだものになり、自分たちマルタ島民もまた、人種差別につるんでいることが話題になる。参加者たちは、しだいに気づきはじめるのだ。自分たちマルタ島民は植民地支配の下で長く抑圧の被害者でありつづけてきたが、しかし被抑圧者であるばかりでなく、じつは抑圧者でもあったのだ、と。抑圧が世界規模で進行するとき、人間の主観は多重性を帯びていく。そのことが、討論をとおして明らかになっていくのだ。

結語

本章では、アントニオ・グラムシとパウロ・フレイレの思想を仲立ちにして、ラディカルな成人教育のためのフレームをつくりだそうと試みてきた。二人の思想の相補性と今日におけるその限界性をも念頭におきながら、ラディカルな成人教育理論の基礎たりうる要素をそのなかに探ろうとした。

私が探りを入れた領域は、コミットメント、行為者、社会運動、成人教育従事者の役割、文化生産にかんする諸問題、変革志向型成人教育において歴史が果たす役割についてである。グラムシとフレイレの総合として論じうるテーマの、これはごく一部に過ぎない。もとより網羅的なものではないから、これからの研究や新しい所見が期待される。私自身もパウラ・オルマンとの別著で、資本主義グローバリゼーションの時代の社会運動とそれにコミットする成人教育のあり方を、グラムシ／フレイレの思想を手がかりにして論じたことがある[105]。

もちろん、本章で論じたことがどこまで有効性をもちうるかは、それがおこなわれる場の特性によって異なるであろう。最終章ではグラムシ／フレイレが提唱した方向での変革志向型成人教育のある限界性とその可能性を検討することにしたい。

第7章

結論　どんな時代のなかで、それは息づくのか？

変革志向型成人教育とその社会的コンテクスト

この本では変革志向的な成人教育を論じた代表的な理論家、アントニオ・グラムシとパウロ・フレイレの著作を重点的にとりあげてきた。教育——成人教育もその一つだが——というすこぶる複雑な営為を相手どった彼らは、教育と文化生産のプロセスが権力の問題と密接にかかわりあっていることを開示してみせた。デモクラティックな可能性を追求する教育実践は、中立的なものと考えるべきではなく、政治的な行為であることをフレイレもグラムシも強調してやまなかった。それらの教育行為は、既存のヘゲモニーを打ち固めて、再生産に資することもあるし、それに代わる変革的なヴィジョンに行き着く可能性もあって、どちらにしても、それらは政治的な行為なのだ。もちろん、ヘゲモニーと対抗ヘゲモニーが角逐しあうどの局面においても、プラグマティズムを要求する立場、批判的な取り組みを求める立場が相互にしのぎをけずっているのであって、事柄はあまり単純ではない。このことについては、すでに序論でも少し触れたところだ[1]。

社会変革——限定性と可能性

ここまで来て最終的に本研究に投げかけられるであろう重大な問いは、本書で、とりわけ前章で披瀝《ひれき》された教育思想は、どんな環境の下で、社会の変革に向けてどれだけの力を発揮しうるのか？　という問いである。この問いに答えようとすると、どうしてもコンテクスト、すなわち社会的文脈に目を向けざるをえない。フレイレの場合はラテンアメリカ、そしてアフリカ、すなわち植民地時代と脱・植民地化の時代、独裁と革命の時代がシャープな対比を示している、そんな国ぐににおいてであった。グラムシの名は、この二つのタイプのコンテクストをともにふくんだ闘争と関連づけて、とくにラテンアメリカや新左翼運動のなかでその名が口にされることが少なくない。

前・革命的なコンテクスト

前章で述べた変革の教育行動は、革命以前の時代環境のなかにあっても、成功裏に実行されうるものなのだろうか？　ブラジルでのフレイレの経験についてみると、そうした行動が成功をおさめることができたのは一つにはポピュリスト政権が存在したからであるといわざるをえないのだが、どうしてこのような政権が成立したかといえば、その背景には同じラテンアメリカでキューバ革命が成功をおさめ、これが解放を渇望する人びとのあいだに大きな熱狂を呼びおこしたという経緯がある[2]。高まりゆく民衆運動の波がブラジルの政治風土をゆるがせ、労働組合、農民連盟、労働者諸組織がそれぞれに存在感を高めていた。こうした状況下にあってポピュリスト政治家のジョアン・ゴラールは、地主・産業ブルジョアジーなど社会的特権層とたたかっている、とはいえ選挙権を奪われてしまっている大衆の支持を得ようと図って、それがフレイレたちの不《ふ》羈《き》自由な教育実践にプラスにはたらいたのである。だから、彼がこの時期、このブラジル北東部で意識向上識字プログラムをやってのけたのは、かならずしも偶然のことではない。この湧きたつような動乱の状態はトリーノの「赤い二年間biennio rosso」、「イタリアのペトログラード」と呼ばれたこの都市でほかにも何度かくり返された革命的昂揚の時代と、どこか響きあうものがないわけではない。しかしながら、工業ブルジョアジーと農村の寡頭地主層が手を結び[3]、国家支配の下で半植民地的な生産システムを死守しているブラジルのような国では、そうした解放のたたかいが持続する可能性は限られていた[4]。

ブラジルで起こった反動――多国籍企業に支えられた軍部のクーデタ――はこのことを証明するものであったが、それはイタリアの「挫折した革命」――これはマーティン・クラークの本のタイトルだが[5]――の後に来たファシストの政権掌握の二の舞ともいえる事件であった。解放への道を歩んでいるかのようにみえたものが一転して権威主義の方向にゆれ戻し、馴化が強制されるあたりはまるで同じだ。もっともマロウとトレスは、二つの事件の背景に明白な相違があることを、その社会理論と教育理論の研究のなかで指摘している。ファシストの政権掌握はイタリア労働者階級の敗北を示すものであったが、ブラジルの軍事クーデタの場合は、ポピュリストのもとでブラジル社会が大きく再編されようとしている、その火の手を消すためのクーデタであった、というのである[6]。

弾圧の嵐の狭間で

二つの事件の結果として起こった弾圧は、グラムシとフレイレを、過酷な運命に追いこんだ。前者は、ジャコモ・マテオッティ、ジョヴァンニ・アメンドラ、ピエロ・ゴベッティ、カルロ・ロセッリなど[7]、ほかの何人もの人びとと同様にファシズムの「受難者」となった。フレイレは最初は投獄、ついでブラジルから立ち去るように「勧誘 invite[8]」された。もちろん、社会変革の活動に携わって迫害されたのは、グラムシやフレイレのような人物たちばかりではない。第3章で述べたように、民衆教育者はつねに生命を危険にさらして活動してきたし、しばしば無残に虐殺さえもされてきた。中米では「和議(国民和解)」が締結されたなどといわれているが[9]、「恐怖の文化」は依然として力を失っていない[10]。

その一方で、フレイレがいう「解放」と「馴化」のせめぎあい、一本の糸の相互に引きあう両端にも似たこの緊張関係(序論のジェーン・トムソンの記述を参照)もまた、極端な弾圧の時代にあって、なお、その力を失わないというべきだろう。フーコーにならって、「力がはたらけば、抵抗がはたらく[11]」といいかえてもよい。グラムシは極度の圧政下のイタリアにありながら、たとえばウスティカ島の監獄学校のそれのように、短命であったとはいえ意味深い教育をやってのけようとした。フレイレについていうと、六〇年代初めのブラジルでの試み、キリスト教民主党政権時代のチリでのそれは、独裁政権になるまえの大衆運動の時代がやや長くつづいたために民衆的な伝統として定着し、弾圧が降りかかる時代にあっても民衆的抵抗の重要な拠りどころになったといってよいだろう。

たとえばピノチェットの軍事独裁下のチリで、フレイレのそれを思わせる意識化の教育が、ひそかに、しばしば職業教育と結合して(あるいはその外見をとりながら)おこなわれていたという記録が残されている[12]。ブラジルの軍部独裁時代は、教会とキリスト教基礎共同体の両方が公然と政治的な役割を果たし、闘争と抵抗の重要な拠点となった[13]。基礎共同体の運動とフレイレの教育思想、いわゆる意識化の運動とのつながりは深い。こうした仕事に携わっている聖職者たちが『被抑圧者の教育学』を秘かに他国語の訳書で――イタリア語の、フランス語の、スペイン語版の翻訳書で読んでいたことは、フレイレ自身も語っているとおりで、それというのも、ブラジルではこの本は禁書になっていて人目を避けて読むほかはなかったのである[14]。

ブラジルではフレイレはまれにしか読まれなかったが、同じその国で、グラムシの著作のほうは解禁されていた。カルロス・ネルソン・クーティニョの憶測では、純粋に哲学的で文化的なマルクス主義と明瞭に政治的なそれとのあいだには、どうやら暗黙の一線が劃《かく》されていたらしい[15]。後者にたいしては厳重な検閲がおこなわれていたが、哲学や社会学、あるいは文化関係の本ならばよろしいということであったようだ。グラムシの著作はその手の本とみなされて、お目こぼしに与ったのだ[16]。というわけで、一九六四年のクーデタ以後も彼の著作は読まれつづけ、憲法上の権利保障が一定程度生きていて、軍部独裁下にあるとはいえまだ相対的に「自由度」の高かった軍政初期に、その読者を広げていくことができた。この状況は一九六八年暮れの第二クーデタ、第五政令によってこれらの基本権が実質的に圧殺されるまでは存続した[17]。

ひそかにフレイレの著作が読みつがれたこの時期の解放教育の実践は、軍部の圧制に反対し、それに抵抗するたたかいの一環であったといってよいだろう。この抵抗運動のなかに、クーデタ以前に培われた水流がどのように流れこんでいるのかを探るのは興味深い論題だ。フレイレにそくして考えると、この問題はさらに重要である。クーデタ以前の時期にゆっくりとではあるが着実に進行していたのはカトリック教会のラディカル化であり、そのなかからアソォン・ポプラール（Ação Popular カトリック民衆行動）のような民衆運動も生まれている。この運動は貧しい人びとの識字の問題に真剣に取り組んでいた[18]。フレイレの思想は、まさにこのアソォン・ポプラールを母体にして育っているのである[19]。

より大きな動きの線間で

教会、とくにそのラディカルな翼と、解放闘争とのつながりは、ラテンアメリカにおいてとりわけ著しい。フレイレの仕事は、この地域の教会ラディカリズムの伝統を背にしたものとこれまでも解釈されてきた。実際にそのとおりで、フレイレ教育学が社会と政治の変革にもっとも効果的に寄与したのは、この背景下においてであったということができよう。一九七九年以前の、すなわち革命前夜のニカラグアの民衆教育は、主としてキリスト教会の主導でおこなわれていたのであるが、そのなかでのフレイレの影響が非常に大きなものであったことは第3章でも述べた。ニカラグアの場合についていうと、フレイレの教育理論はそれだけが単独に実践されたわけではなく、三つのうねりを一つに合わせた強力な社会運動とのかかわりのなかで実践化されたのである。すなわち国民的・民衆的な蜂起としてのサンディーノ運動、マルクス主義の階級理論、キリスト教の解放の神学である[20]。

ある一つの歴史的経験を特定の脈絡から切り離して一般化するのは軽はずみの所業であるが、ニカラグアの経験は、いかに革新的なプロセスと内容を体した成人教育といえどもそれが単独でおこなわれているかぎり、社会の変革を導くものにはなりえないことを語っていると思われる。教育は一個の独立変数ではなく、フレイレがくり返し強調しているように、ありもしない力能をそれに期待してはならないのである。それが強力で包括的な社会・政治運動の一環としておこなわれるときに、できることならばグラムシのいう「歴史的ブロック」と連動して実行されるときに、はじめて有効性を発揮するようだ。グラムシは、工場占拠に突入したトリーノ労働者たちの蜂起がついに孤立に追いこまれた事態をふまえて、この概念を使うようになったといわれている。トリーノ労働者たちの活動はきわめて重要なものであったにもかかわらず、イタリア労働運動のほかの組織からの支援は得られず、半島のほかの諸闘争と連携を結ぶこともできなかった。第二の点については、亡命先のウィーンからアルフォンゾ・レオネッティに宛てた書簡のなかで、グラムシ自身が深刻な反省を記している。

一九一九年から二〇年にかけて、われわれは深刻な誤りをおかしました。われわれはそのときの負債をいまだに背負っているのです。跳ねかえりだの、尖鋭主義だのと呼ばれることを恐れて、われわれは分派を形成し、それをイタリア全土に組織することをしませんでした。われわれは全国的に大きな影響力を行使することのできる自立した指導センターを、トリーノの工場評議会に与える用意がなかったのです。組合を分裂させることを恐れ、時期尚早にイタリア社会党から追放されることを恐れていたからです[21]。

教育活動をより広範な変革の運動から切り離してしまうことにたいしては、フレイレも重大な危惧を表明している。できもしないことを教育に「期待」してはならない、「それだけで社会を変える」ことができるなどと思いこんではならないと、彼はいう[22]。スコットランド・エディンバラの労働者居住地域で成人教育に取り組んでいる人びとはこの点をみのがさなかった。活動家たちはフレイレとアイラ・ショアの対談記録[23]の一節を引用して、そのプロジェクトをこのように解説し、考察している。「解放の教育に、まして一教室の授業に、社会を変える力はない。対話的な学習とは何かをゆめゆめ誤解しないためには、この限界性を再三再四、頭に刻みつけておくことが必要だ」と[24]。単独にそれだけでおこなわれると、フレイレ式の教育はたんなる「知的実践」になる。この種の実践で人びとの意識は変わるだろう。しかしそれは、人びとを、その境遇を変える直接的な政治行動に参加させる力をもってはいない[25]。しかしそれが社会的な行動と結びつくときに、教育のプロセスは「革命的実践」の質をふくんだものになる。すなわちニカラグアで、社会運動の一環としておこなわれたかの実践と同質のものになる[26]。この経験はラテンアメリカの全土にみられるフレイレ的民衆教育と本書で「解放の神学」と総称している社会運動との強固な結びつきを示す一例といわなければならない。

ニカラグアの事例

ニカラグアの経験からして、包括的な社会運動のなかにあるときに、教育の仕事は社会の変革に寄与するものとなる、ということができそうである。しかし、こういう見方もありえるだろう。ニカラグアの場合も、それからギニア・ビサウの場合も、ゲリラが軍事行動で成功をおさめることによって変化がもたらされたのである、と。だがこのような議論は民衆教育の役割やそれと連動する諸運動が自由の感覚を育て、それゆえに革命に向かう社会の気運を醸成したことを過小に評価するものだ[27]。同時にまた、それは草の根レベルの運動において民衆教育が果たす重大な役割、革命によって創出される社会関係への構想力を育てるという課題を不当に軽視している。民衆教育は社会運動という文脈のなかで、被支配諸グループが権力の制覇に先立って展開する「陣地戦」の一翼を担う存在なのだ。民衆教育はそのフレクシブルな性格と相対的な自立性のゆえに、対抗へゲモニックな行動の可能性を拡大する。カルロス・アルベルト・トレスとダニエル・シュグレンスキイは、この自立性について、以下のように記している。

この自立性をもっともよく享受したのはノンフォーマル教育で、前革命期において、それはいっそう顕著であった。そのよい例左はキューバ、ニカラグアの革命ゲリラ運動のなかでおこなわれた教育活動である。ニカラグアでは、それを担ったのは中央アメリカ大学のジェスイット会であり、国外に追放されたMACE〔Master of Arts in Christian Education カトリックの文化教育事業に携わる学士養成機関――訳注〕の知識人、グレナダの新聞『The New Jewel』などであった[28]。

グラムシも同様な考え方に立って労働者階級のための教育活動を構想した。さまざまな場でおこなわれる政治闘争が求心化して、教育活動は、そうした求心軸から分離することなくおこなわれるものでなければならない。グラムシはすべての革命的行動の場が一つの塊りになった複合体を思念していて、さまざまな成人教育の場がそのなかで相介し、相補うものと考えていた。フレイレは教育を「未来を先取する」作業と考えていたが、グラムシが提唱する成人教育もそのようなもので、それは工場評議会運動というかたちで具体的に追求された。工場評議会は、社会的関係性の根本的な変革によって特徴づけられる新しい社会主義国家の像をいまここにおいて先取りする運動であった。それはすべての革命、すべての社会変革がその前提としておこなわなければならない「批評という骨の折れる作業」の不可欠な一部と考えられていた[29]。

では、産業化された社会では

ここにいたって一つの疑問が提起されるであろう。——上記のような考察は低開発社会にかぎらず、産業化のすすんだ社会の変革行動にも適用可能なものであるのかどうか？ という疑問である。グラムシ自身はイタリア南部の出身であり、ラテンアメリカでのその影響力もすこぶる多大であるが[30]、にもかかわらず、西欧の産業中心地の一つで政治活動をおこない、そのなかで思想形成をとげた人物と一般には考えられている。一九一〇—二〇年の十年間にイタリアでは「一国の生産力が著しく伸張し、とりわけ戦時期においてめざましかった（鉄鋼生産は戦時期に五倍増となり、フィアットのような大企業は資本を十倍に増大した。同社の労働力は四千名から二万名に膨張した）[31]」ことを考えるだけでもよい。フレイレの場合も、彼がかかわりをもった地域は、けっしてラテンアメリカやアフリカばかりではない。彼の行動範囲と分析対象はよりグローバルな広がりを示している。この点からすると、「第一世界と第三世界」という線区分は、あまりに短絡的なのだ。

第2章と6章でも述べたことだが、グラムシの「歴史的ブロック」という思想は、容易にわれわれの現代におきかえることができ、その場合は諸運動の連携を意味する概念として受けとめることができるだろう。社会運動における分裂と連合形成を考えるときの、それは有効な概念装置となりうる。とはいえ、グラムシの場合、そうした民衆運動の連合は「国民的・民衆的な政党」

によって、すなわち彼のいう「現代の君主」によって練成されるものと考えられていた。ところがアイルランドのみたてによると、ブラジルの民衆教育はまさにそのような党の不在によって特徴づけられていたのであり、その活動は概して調整者を欠いたままにおこなわれていた[32]。諸々の社会運動によって提起されるさまざまな問題を包括する一つの党が存在し、その党が「現代の君主」になっていくということが、今日この時代においてはたして可能なのだろうか？ よし可能であるとして、われわれがここで論じているような変革志向型の成人教育にたいして、それは妥当なコンテクストを提供しうるであろうか？ ブラジル労働者党（PT）はグラスルーツの運動（たとえば土地なし農民運動 MST）や労働組合とのパイプが太く[33]、フレイレをその著名創立メンバーの一人としていて、グラムシの政治思想を大幅に受け入れている党であることは明らかなのであるが、とはいえそれを、民族の歴史的条件に感応して作動するグラムシ的な意味での「現代の君主」とみなすことができるものだろうか？[34]

フレイレにしても、社会運動との関連を抜きにしてその活動を展開してきたわけではない。対談集のどれか、たとえばアイラ・ショアとのそれをみても、そのことは明らかだ。この対談では、公平性の徹底を求める西欧社会の諸闘争が主要な論題になっている[35]。

私が本書でとりわけ重視したのは支配と馴化を強いる体制に抗してたたかう多様な新しい社会運動であり――それらの諸運動が社会変化の重要なエージェントであることは、今日では広く認識されている――、それにたいしてフレイレやグラムシの理論がどうかかわるかということである。その基本になっているのは、以下の考察だ。

1◆フレイレの思想を、成人識字教育に限定するのは誤りである。フレイレにとって識字教育とは、社会環境がそれを必要としている場合にかぎっておこなわれるものであって、目的は識字自体ではなくあくまでも政治的意識化にあって、識字はそれを推進するための手段にすぎなかった。コード表示と脱コード化の方法、そしてその他一連の彼の教育論は、参加者が通常の意味での「識字者」である場合でも、まったく同様に使えるものであった。

2◆支配イデオロギーがごまかしている諸矛盾に探査のメスを入れるのが、フレイレの方法だ。どの社会運動も、ある時点で——自分たちがかかわっている問題についての気づき(awareness)を深めなければならない段階で、この課題と向きあうことになる。

3◆フレイレの教育学は、あらゆる教育活動が政治的性格をもつことをはっきりと自覚した教育学である。そして反民主主義的な社会関係を廃棄し、ラディカルに民主主義的なそれにとって代えることをめざしている。これはフェミニストの、反人種主義者の、レズビアンやゲイの運動の、つまりは「正統」とされている社会関係を根底的に問い直そうとしている人びとの関心と、直截に繋がるものであるといわなければならない。

この点ではグラムシよりもフレイレのほうが今日性が高いというべきかもしれない。第5章でも述べたように、フレイレの政治は本質主義の政治ではない。社会変革の過程で主要な役割を演ずることを予定された単一の「普遍的」階級もしくは集団のごときものは、フレイレの著作のどこを探してもみあたらない。後期の著作で強調されているのは「多様性のなかの統一」である。とりわけファウンデスとの対談[36]、あるいは近年の刊行書のなかで一連の寄稿者たちに寄せている回答のなかでは、自分の仕事は一つの運動ではなく、多様な運動の連合を念頭において書かれていると述べている[37]。『被抑圧者の教育学』などで彼が提起している「内なる抑圧者の意識」という概念は、後期の諸著作、とくに北米でのセミナーや最近年の著作のなかで前面化されている「多層的アイデンティティ」という理論を多くの点で先取りしている。

官僚統制

運動などというと、官僚統制とはまったく無関係に存在する「自由な空間」を連想してしまうかもしれない。どっこい世界のどこの成人教育をみても、事実はそれほど単純ではない。より広範な社会運動のなかに公的資金が流れるようになると、それらの組織はしだいに官僚制機構とのつながりを深めていくことになる。序論で述べたように、グラムシとフレイレの両者は、システムの外部だけでなくその内部で批判的な仕事をすすめていくことに好意的であった。グラムシの考える「陣地戦」は、対抗ヘゲモニックな行動が効果をあげる闘争の場であったし、フレイレもフレイレで、われわれは「戦術上はシステム内部の、戦略的にはシステムの外の」存在なのだと、つねに説いていた。われわれが相手どらなければならないのは、何かにつけてしばりをかけてくる官僚制的なシステムであることを、それは覚悟した発言であったともいえるだろう。

守ろうとしていた自由が、官僚統制によって掘り崩されることもある。となると、問題は百出だ。進歩的な成人教育をおこなっていて、なかにはフレイレの影響を受けている社会団体は、EU加盟諸国の場合でいうと、ヨーロッパ社会基金の公的資金に依拠していることが少なくない。国家もしくは「大国家」とその官僚制機構に依存していることによって、これらの組織が手がけようとしているプロジェクトがマイナスの制約を受けることもおこりうるのだ。国家資金に頼ることで、その組織が取りこまれてしまうこともある。これは組織の問題であるだけではなく、フレイレ的な理想を追求する国家システム内の教育労働者の問題でもある[38]。マルタ共和国の成人教育部門で働いていた当時の私自身も、変革の思いをこめて発案した企画が硬直した官僚主義の下ですっかり干からびたものになって地団駄を踏んだことが一更ならずある。あれこれと小突きまわされて、あげくにできあがったのは現状墨守のプロジェクトでしかなかった。革命を経た旧植民地社会では、国家の官僚システムがそのまま受け継がれて、新政府が推進しようとしている社会関係とはちぐはぐなものになっていることも少なくない。ニカラグアもその例に洩れず、「民衆教育」の制度化を図る動きが始まっている[39]。解放と馴化の綱引きがおこっているわけで、フレイレもそのことには気づいているようだ。革命の後、独立の後も意識化をつづけなければならないと彼が力説する理由の一つは、そのあたりにあると思われる。不断の意識化は「革命を立ち枯れにする」官僚制への抗力なのだ[40]。

しかしながら、この問題にはもう一つの側面がある。官僚制機構の硬直性は打ち消しようのない事実なのだが、教育の変革をめざす諸組織がそれまであまりかかわりをもっていなかった諸領域に踏みこんでいくきっかけを、公的資金との接触は提供するのである。たとえばフレイレ的な成人教育をおこなおうとする組織がEU資金を得ようとすると、「長期失業者向け教育」のプロジェクトを応募要件として求められることがある。それがEU資金の優先項目になっているからである。組織の方針の一部が外部の官僚機構によって決められてしまうわけで、そのことは否定できないが、しかし私の考えでは、このことが契機になって批判的な教育を追求している諸組織の視界に、従来あまり鮮明に映っていなかった分野、すなわち職業技術教育という領野が繰りこまれてくるという利点もあるのだ。学習者が伝統的に客体として遇されていた分野で、組織は主体としての学習者のイメージを立ちあげることになるだろう。一般には統制、自由の欠如と密接不可分とされている領域においても変革のための空間の創出は可能である。多くの人は夢物語と一蹴するかもしれないが、成人教育関連の文献には、国家資金や「超国家[41]」資金に依拠することで組織が手がけたみごとな成果の数かずが報告されている[42]。

そうした資金を得るために払わされた代価については、リサージとメイスが一筆をしたためている。二人はイギリスの女性就労支援プロジェクトについて書いているのであるが、そこでは「できるだけ手早く女性たちを職に就かせた訓練プロジェクトに賞金が与えられる」[43]ことになっていて、そんななかで資金申請の書類を作成することがどんなに凄まじい作業となるかが語られている。ほかのことに向ければさぞかし建設的であったと思われる莫大なエネルギーが、そのことのために投入されているのである。とりあえずの「結果」を出そうとして個人や集団の長期的な変化のほうは疎んじられ、訓練に参加する女性たちは細分化された知識や経験を与えられるだけで、ジョン・フィールドが**コンピテンシー運動**[＊訳注]の「細切れ化」と呼んだ皮肉な状態がまさにその名のとおりに現出してしまう[44]、というのである。こうした苦い経験をふまえて、変革的な成人教育を推進しようとする組織や運動のあいだでは、自前の財源をつくりだそうとする動きがすすんでいる。公的な資金にいっさい手を出さないということではないが、理想としては足腰を鍛えるためにも自前の資金をつくりだす必要があるのだ。

グローバル資本の脅威

今日ますますその影響力を広げている可動性グローバル資本主義の影の下で、解放と馴化の緊張関係はますますぬきさしならないものになっている。資本主義の身上は変わり身の早さであり、国家をも道具にしてたえず自己の運動の場を移動していくのであるが、そのために国家の相対的な自立性は影の薄いものになっている[45]。民主主義を要求する民衆のたたかいに対応して、これまで国家は成人教育などの社会的プログラムに公的な資金を配分してきたのであるが、グローバル資本主義はこれに破壊的な影響を与える可能性があるのだ[46]。民主主義などはどうでもよいものになって、ロスとトラヒトの言葉を借りていえば「ビジネス世界のレトリック[47]」がそれにとって代わることになりかねない。ここでただちに連想されるのはサン・パウロ教育長時代のフレイレの遺贈である。よりよい教育、よりよい労働条件を追求することと、外国資本の要求との激突は必至で、このブラジル大都市の市政をめぐって、フレイレの在任当時、おそらくは今もだが、それは尖鋭に浮上していたに相違ない。ロスとトラヒトがいうように、「製造業の資本が第三世界に引き寄せられるのは、労働力が低賃金に甘んじ、権利も乏しく、資本の利益を脅かす危険が少ないから」である[48]。フレイレがサンパウロで推し進めようとした民主化政策は、絶好の餌場を求めて遊航する国際資本の船団からすると、とんでもない漁場荒らしが入りこんで

コンピテンシー運動＊competence は、すでに本書に何度か出てきた語である。「一九六〇年代に特筆すべきある収斂現象が社会・心理諸科学を貫いて生じた」と社会言語学者のバジル・バーンスティンは指摘し、「私が思い浮かべているのはコンピテンスという知的概念である」と述べている［『〈教育〉の社会理論』久富他訳、法政大学出版会、二〇〇〇］。彼が例にあげているのはチョムスキーのリングイスティック・コンピテンス言語能力、ピアジェの認知能力、レヴィ・ストロースの文化能力などであるが、それらは所与の状況への適応や習熟の度合とは異なるレベルで、自ら意味ある世界を構築していく人間の根源的な能力を意味している。コンピテンス・モデルで考えるかパーフォマンスのそれで考えるかで、〈教育〉のモードも大きく異なるものになる。変化の激しいポスト産業社会では未知の状況に直面して柔軟に思考し行動する能力が求められるとして、OECDなどもコンピテンス・モデルにもとづく教育を提唱するにいたっている。

きたことを意味しないだろうか？　そういう状況にありながら、グローバル企業の投資の冷えこみ、ＩＭＦやグローバルバンクの信用供与拒否、諸大国からの政治的・経済的圧迫に抗してよく切り抜けることができるであろうか？[49]

ブラジル国家は自らを正統化するために社会運動の要求に屈し、貧困層や権利を奪われた人びとへの財政支出を拡大してきた。その結果、成人教育のための資金も潤沢で、国家システム内部で、もしくは公費に依拠した組織で活動する進歩的な成人教育従事者は、安んじてフレイレ的な教育実践に没頭することができた。ただし危険なのは、資本主義はいつでも資本を引きあげてほかにそれを移動することができるから、そうしたファンドも将来的には減少していくであろう、ということだ。となると、またもや「構造調整」という話が蒸しかえされるおそれもある。

ＵＮＯ（国民野党連合）が選挙で勝利してからのニカラグアでは、まさにそうしたことが起こっている。低開発国のどこででもおこなわれている「構造調整プログラム」が導入された。サンディニスタ革命によって得られたものの一部は、これによって元の木阿弥になった[50]。ロバート・Ｆ・アーノーヴは、「国際通貨基金と世界銀行の勧告にもとづいて今後は政府歳出が大幅に削減されるであろう」と一九九四年の時点で記していた[51]。保健分野の民衆教育で名高いマリア・スニーガは、私の質問に答えて次のように述べている。

サンディニスタ時代の社会事業の多くは政権が変わったことで大きな受難にさらされて

います。国際銀行や合衆国のような政府機関がその名も高い構造調整政策を迫っているのですから。そう、構造調整――耳障りのいい言葉ですよね。構造を変えるというのですから。――でも、それが大問題。本当のところ何をしているかというと、民衆がなんとかやっていくための足場、いちばん基本的な生活基盤を根こそぎ取りはらっているのです。教育でしょ、保健でしょ、デイケアと社会サービス、お年寄りの年金、障害者のためのケア、何もかも取りはらっているのです。大部分の人びとの生活をささえ、成り立たせている社会サービスの一切合財を削り落とそうとしているのです[52]。

成人教育の資金配分できまって重点がおかれるのは、職業技術教育の拡充である。ドロシイ・マーシャルは、この点について次のように述べている。

労働者に与えられるメッセージはといえば、それは勤め口(job)の危機にかんするものではなくて、技能(skills)の危機を云々するものである。技能の再訓練を受ければ仕事は向こうからやってきますよ、というのが、経営者や政府の各種訓練機関が流しているメッセージである。そうした機関は職(job)の創出に熱心とされている政治家たちの肝いりで設立されたものだ。現実はどうかというと、当たり前の話ではあるが、失業率は依然として深刻な高さで、経済の方針全体が根本的に変わらないかぎり、それが緩和されるみこみはまったくない[53]。

「国際競争力言説」の一環として職業再訓練の必要性がしきりに説かれるのであるが[54]、それはもっぱら投資を呼びこみ、引きつけておくための要件としてなのだ。こういう状態になると、公的資金を申請する社会団体は、職業教育として通用しそうなプロジェクトのなかに民衆教育の要素を織りまぜてプログラムを立案するという折衷的な方策をますますとらざるをえなくなるのである。問題はこういうやり方をとることによって、ターゲットにしていたはずの学習参加者たちが締めだされる結果にならないか、ということである。

さて、フレイレ的な教育がうまく定着した場合、そうはいかなかった場合を挙げて、その背景をなしている社会的要因を探ってきた。とりあげた事例は、いずれも革命と脱植民地化を経た社会の実例である。ご覧のように馴化に向かう力と解放に向かう力がどこでも烈しくせめぎあっていた。変革型成人教育のプロジェクトがもっともすんなりと実行に移されるのは、こういう社会ではないのか、と、常識的には思えないわけでもない。そこで、こうした社会での民衆教育については状況をもっと立ち入って検討しておくほうがよいだろう。次節では、革命社会・脱植民地化社会における変革のための成人教育においてフレイレ教育学がどのように利用され、あるいは誤用されているかを述べることにしたい。これらの社会の民衆教育が企図しているのは一種の「文化革命」である。フレイレの言葉を使っていえば「革命的な社会体制に完全に協和して――

起こる」はずの文化の革命を、それはめざしている[55]。

文化革命

グラムシが思い描いていた革命的状況が現出し、そこにフレイレの教育学が適用されることになった。民衆教育というかたちをとったフレイレの教育学は、内戦下の国、あるいは植民地支配にたいする解放闘争がおこっている国の「解放区」の教育にとっては、うってつけの教育学であったのだ。ギニア・ビサウの解放区でおこなわれていた成人学校については、著書『進行途上の教育』[56]のなかで多くの言及がなされている。解放区でおこなわれていた教育は、若干の変更点はあるものの、革命後の社会でおこなわれているそれと類似しているといわれている[57]。フレイレは革命後・独立後の国家が新たに教育を立ちあげるときの助言者として、それらに直接的にタッチしていた。すでにみてきたように、彼は亡命期間中にジュネーヴのIDACで働いていて、多くの血を流して対ポルトガル解放戦争を戦ったアフリカ諸国の政府顧問として活動していた。ギニア・ビサウは、そうした旧ポルトガル植民地国の一つであったが、ほかにもグレナダの「**ニュー・ジュエル党**」**政権**[＊訳注]、ニカラグアのサンディニスタ政権の顧問でもあったことは、先に述べたとおりである[58]。彼はニエレレ政権がタンザニアで展開していた識字キャンペーンの助言者でもあった。ユネスコから授賞された事業ではあったが、この仕事は「サイドワーク」として位置づけられている[59]。

成人教育と開発

独立したばかり、まだ革命からまもない時期の政府は、フォーマルな教育よりもノンフォーマルな教育で、まずは識字の普及をなしとげようとするものだ。「他人が歩いているときに、われわれは走らなければならない」というタンザニアのスローガンは、彼らの焦りをよく表わしている。タンザニアの「第一次開発五か年計画」に記されているように、「国は子どもたちが教育されるまで開発の開始を待っているわけにはいかない[60]」のである。伝統的に「第三世界」の名で分類されている国ぐにの国民の多くは、就業年齢に達したばかりの青少年も例外ではないが、フォーマルな教育は受けていない。ロバート・F・アーノーブによれば、ソモサ時代末期のニカラグアで小学校にかよっていたものは当該年齢児童のわずか六五%であった[61]。植民地時代のアフリカ諸国でも、多くの場合、状況はよく似ていた。元タンザニア大統領ジュリウス・K・ニエレレの論文「自立の教育」はたいへん有名なものだが、ニエレレはそこで、一九六一年の独立以前のタンガニーカ(今日のタンザニアの一部だ)で学校教育がいかに普及していなかったかを語っている。もう一つの資料は革命期のニカラグア、キューバ、グレナダで就学率が急上昇したことを伝えているのであるが[62]、反面ラテンアメリカの多くの国では基礎教育過程で五〇%以上もの子どもがドロップアウトし、平均就学年数は四・五年であることを示している[63]。フレイレが教育長に就任したサンパウロ市の就学状況もそれまでは惨憺たる状態であった。『都市の教育』のあとがきで、アナ・マリア・サウルはこう記している。

三つの学校区に在籍している小学校児童数は二百万人であるが、七歳から十四歳までの学齢児のなかの約四十万人はまだ学校に行っていない。この数字はまことに危機的であるが、さらに六十万人の就学前児童が収容力がないために教室から締めだされており、また青年や大人の一四%が非識字者である[64]。

このような状態であるから、革命国家や脱植民地社会でノンフォーマル教育が重要になるのは、きわめて当然の成り行きである。経済状態の逼迫も、国が学校施設を用意できない大きな要因で、タンザニアはその端的な例である。この東アフリカの国で初等国民教育と、多くの人びとにとって高嶺の花であった中等教育を準備することは、並たいていではない大事業であったのだ。こう

ニュー・ジュエル党政権＊一九七九年三月、モーリス・ビショップらのマルクス主義政党「ニュージュエル運動」はクーデタによってゲイリー政権を打倒、人民革命政権を樹立した。八三年、政権内極左派との抗争によって三十九歳の青年首相ビショップ、女性教育相クレフト、ホワイトマン蔵相などの主要閣僚を含む七人が銃殺され、六日後に合衆国軍が侵攻して社会主義政権は崩壊した。この束の間に終わった革命期の解放の文化(とりわけ教育)のありようは、本書と同じ zed books の一冊、Chris Searle の *Words Unchained Language and Revolution in Grenada* に収録された民衆の詩の数かずからうかがい知ることができる。

した事態のなかでは、ノンフォーマルな教育がより安価な代替策になっていくのである。

成人教育における変化のアジェンダ

学校は、なかなか変わらないことで悪名が高い。革命のようなドラマティックな政治事件が起こっても、学校は相変わらずである[65]。職業指導にかかわっている人間たちは、もう何年もこのことを強調していて、新しい労働力市場の要求に学校は一向に応えようとしないと悪口をいっている。この悪口は、人的資本論が学校教育にぶつけてくる数多い批判の一つである[66]。同じことが、しかしラディカルな社会変化についてもいえてしまうのだ。マイルズ・ホートンがフレイレとの対話のなかでぶつけているのは、その問題だ。「もう、みえみえなのです。私の知るかぎり、どんな革命も学校を変えはしなかったし、それについての私の心証を変えるものでもなかった。学校は昔のままです。――キューバでも、ニカラグアでもそうだった[67]」。

ニエレレは、かつてフレイレに語っていた。「ねえ、パウロ。ぼくらが考えているようなことを実際にやろうとすると、なかなか簡単にはいかないのだよね」と[68]。学校にかんして、なにか政治的にアクションを起こそうと夢みても――たとえばタンザニアの農村に自立経営の「学校農場」をつくろうとしても、それまでとはちがったことだと、一向に実現しない。たとえやれそうにみえることでも、だめなのだと。フレイレ自身も一九九一年にシカゴで開かれたＡＥＲＡの集会では、サンパウロ教育長としての自分の経験にてらして、これと同じ困難を告白している[69]。ホートンのほうは、システムの内部よりも、むしろその外で仕事をすることに自らの活路を求めている[70]。ノンフォーマルな教育はフレクシビリティが高く、本書で述べたような変革志向型の教育を実践するときの自由度は、こちらのほうが大きいといえるだろう。変革志向型教育をすすめていくうえでのノンフォーマル教育の利便性は、旧植民地国ではいっそう大きい。植民地時代から持ち越された行政組織とお役所流儀は依然として健在で、速やかな改善はなかなか期待できないからである。

旧植民地や革命を遂行した諸国が共通に直面している課題は、独裁政治の下、あるいは植民地時代に幅を利かせていた社会関係をとって代える、ということだ[71]。それは以下のような目標を理念としてふくんだものだ。a◆「上意下達」方式の命令型コミュニケーションの変革、b◆「民衆文化」を正当に評価し、それを学習の出発点に据えること、c◆これまで従属的な立場におかれていた人びとの参加のレベルを引きあげること、d◆政府によって拒まれてきた民衆の発言権の回復、e◆一国の自立性をできるかぎり高めること。さらにまた、植民地時代、前革命時代から引きつがれたエスタブリシュトな文化の何をどう残し、批判的に継承するかも、決定を迫られる大きな課題といわなければならないだろう。この点については、グラムシの著作が他山の石として役立つだろう。

これらの課題や目標は、そのどれもがグラムシやフレイレの提唱する変革の教育思想に適い、それを発展させるものだ。革命政府がこれらの目標に向かって果敢な努力をおこなっていることは、それらの国ぐにでいま起こっている教育改革の動きからも明瞭にみてとることができる[72]。変革的な教育への取り組みがそうした状況下でめでたく結実していくことを、十分に期待してよいだろう。社会に漲《みなぎ》る精神が、その追い風になっているからである。

革命の成果を脅かすもの

革命政府のなしとげてきたこのような事蹟の数かずが、進捗する社会変革の一環であることはいうまでもない。しかしながら、解放を妨げる力も相変わらず強力である。それが外圧というかたちで現われることもある。キューバ、ニカラグア、グレナダなどの革命は既存の地政学的なへゲモニーへの脅威として受けとめられ、反動的な攻勢をかけられている。海上封鎖、計画的なものか行為先行だったのかは明らかでないが、グレナダにたいしておこなわれた侵略行為、内戦目的の反革命勢力への資金供与(コントラの場合がまさにそれである)、どれをとっても、ポスト革命社会の解放の過程が外からの脅威にさらされていることは一目瞭然である。これらの国ぐにのあらゆる社会発展——もちろん教育もその例外ではないが——を、妨害し破壊しようとする決定がおこなわれている。カリブの島グレナダで起こったことと大同小異な状況が一九六四年のブラジルで、一九七三年のチリで引き起こされているのである。コントラ戦争のような長期消耗戦争は民衆教育を物的な面で圧迫するとともに、それに携わる人びとを恐怖にさらすことになった。

こうした外的な要因によって、変革的な民衆教育の順調な実施が妨げられたことはあまりにも明白である。ところが反面からすると、そんな状況であることによって、解放の実践をおこなう機会がかえって増大するという不思議な事態も生まれてくる。一九八〇年代のニカラグア、あるいはエル・サルバドルのような内戦状態の国では、学校はそこにいるだけで危険な場所になってしまった。教育はしばしば反革命勢力の攻撃の的であった[73]（第3章に引用したフリオ・ポルティージョの談話を参照されたい。エル・サルバドルの教師が経験した迫害のようすが語られている[74]）。ノンフォーマル教育ならば、自在にどこの場所でも使うことができる[75]。というわけで、民衆教育が学校教育に代わる有力な教育方式である、ということになったのである[76]。

とはいうものの、革命的状況下でおこなわれた民衆教育のなかで自由の感覚がどの程度に育ったかにかんしては、疑問がないわけではない。よくいわれていることは、革命政府の推進する民衆教育キャンペーンはしばしばあまりにも熱狂的にすぎるということである[77]。以下に述べるように、ニカラグアについてはどうやらこの指摘が当たっているようである。サンディニスタ政府は革命の弾力を維持したいのと、革命前は教育を受けることのできなかった民衆にたいして自らの正統性を誇示する目的もあって、政権発足の三か月後に大々的な識字キャンペーンを開始したのである。文献はこのキャンペーンのすこぶる積極的な意気ごみを伝えている[78]。グラムシふうないい方をすれば「国民的・民衆的」な統一精神の下、都市と農村の住民が相互に出会って一つになる。知識を脱・職業化する。より積極的な民衆参加の精神を培う。非識字率を下げる。大衆組織を活性化する、などだ。変革と解放がめざされていることは明白だ。識字キャンペーンと、その後継事業である民衆基礎教育プログラムの全体に流れているのは、フレイレ的な教育をこの国に実現しようとする願いであり意気ごみである。民衆教育者のマリア・スニーガはその精神を解説して、次のように語っている。

教育といっても、けっして一本道の教育ではないのです。若造がやってきて、みんなに教えるという、識字オンリーの一本道じゃない。いろいろな人たちがおたがいに知りあって、おたがいを尊重することを学びあう、そんな学びの経験の一切合財がそこにはふくまれていたのです。都会の人間が、自分たちは田舎の人間とはちがう人間だと思ったり、田舎の人間が自分たちは教育が足りないから都会の衆にはかなわないと劣等感をもったり、そんな分け隔てがまったくなかったですね。都市と田舎の人たちが、この経験を分かちあって、おたがいに学ぶのです。これがサンディニスタ政権時代のニカラグア民衆教育のとても大事なところだったと、いま振り返って思います。ただしはじめのころの話ですけれどもね。ええ、識字クルセイドのごくはじめのころは、ということです［79］。

この双方向的な相互教育については、マルジョリー・メイヨーが、成人教育における観点対立を論じた彼女の論文のなかで、グラムシにまつわる一つのエピソードを紹介している。知識人はもしも労働者に何かの影響を与えようとするならば、労働者を尊敬し、彼らから学ばなければばならないとグラムシは考えていたが、それを裏書するかのような話なのだ[80]。彼女が引用しているのは、グラムシとある若い大学講師との会話である。『新しい秩序』編集部の同僚フェリーチェ・プラトーネが書きとめたものだという。労働者教育に取り組むことになって、若い大学講師が労働者を「助ける」だの、「教える」だの、「教育する」だのとしきりに彼の意図を語るのを耳にして、だれの口から出たものであれ、自分としては上位目線のもののいい方には同意できないのだと、グラムシがそれとなく釘を刺していたというのである[81]。

労働者を尊敬し、彼らに学ぶことは、相手がどんな条件のなかで生きているかを理解することにつながっていく。この点で考えさせられるのは、フレイレが『希望の教育学』のなかで告白しているエピソードである。語りかけようとしていた聴衆の一人から、「階級というものについて、したたかに教えられた」というエピソードだ。「四十歳がらみ」のその男は、フレイレの家族の者たちが享受しているであろうライフスタイルと、彼が語りかけようとしている自分たちの過酷な生活現実とをなまなましく対比してみせたのである。フレイレはどうやらこの落差をおきざりにして話を進めているように、男には思えたのだ[82]。

ニカラグアの識字キャンペーンについていうならば、革命後の熱狂のなかでおこなわれた変革のための教育は、解放をめざしつつも期せずして馴化の教育に転じていた面があったと思わざるをえない。変革志向型の「革命的」な教育学を適用したと称してはいるものの、実態は急場の必要を満たすために若い学生や、なかには読み書きができるようになったばかりの者たちをも識字ワーカーとして巻きこんでおこなわれた大規模な識字十字軍であった。これらの識字ワーカーにフレイレ式の教育に取り組めるだけの用意ができていたかどうかは、はなはだ疑問である[83]。キャンペーンの諸報告は結果がノーであったことを示している[84]。とどのつまりは「預金型」に陥っていった事例が、非常に多かったようだ[85]。ボランティア教師の肩には、三か月のキャンペーン期間内に目標を達成するという重圧がかかっていた。この点で意味深いのはサンディニスタ政府の教育相で識字十字軍のコーディネーターであったフェルナンド・カルデナル自身が、一九八五年、革命ニカラグアの教育の実績は目標をはるかに下回るものであったと、その失敗を認めていることである[86]。後年、国民野党連合に政権を奪われたのちにトロントを訪問したカルデナルは、ICAE（成人教育国際協議会／非政府成人教育団体の国際組織）の会報によると、ニカラグアが預金型教育を乗りこえるのはまさにこれからなのだと語ったといわれている[87]。

マリア・スニーガはこの発言を次のように解釈していた[88]。民衆はあまりにサンディニスタ政府に頼りすぎていて、そのためにいつも上からの指導を期待するようになっていた。サンディニスタは野党に下ったいま、より自由に草の根からの活動に取り組むことができるようになった。サンディニスタとなると必要なのは、フレイレがいっているような「ボトム・アップ」のコミュニケーションである。政権にあったころのサンディニスタは、それをうまく推進することができなかった。だって、参加型民主主義を上から推進しようとするなんて、矛盾した話でしょ。

ポスト革命社会は、これ以外にも矛盾を抱えこんでいる。一方では民衆教育で社会関係を変えようとしているのであるが、その一方で、一国の経済をささえるための有能な人材を養成しなければならない。こういう事情をうけて、二種類の教育システムが育っていく。一方は技術的効率性が第一で、したがって飼育型の教育実践が奨励されるが、他方は少なくとも理論上は、自由で変革型の教育を推奨する。ニカラグアのフォーマルな教育システムとノンフォーマルな教育との二本足ぶりはかなりのところまでそれに類するものであったと、カーノイとトレスは分析している[89]。ポスト革命社会にはたらく解放型教育と飼育型教育の相剋が、二つのシステムの並存というかたちで反映しているのであるが、この二つの要求を一本化してしまえ、というのがグラムシの革命的な政治戦略なのである。工場評議会理論が求めているのは、技術的・管理的な技術が、民主的で非階梯的な生産関係を背景にして習得されていく、そんな状況をつくりだすことだ。

「文化革命」と革命のレジームがぎくしゃくした関係になることもある。変革型の教育がもっとも円滑に実施されるのは革命後の社会においてであるかのように考えられるのだが、かならずしもそうではないことを示す実例はポルトガルである。「カーネーション革命」とか「静かなクーデタ」と呼ばれた政変後のポルトガルでは、さまざまな民衆教育の動きが一挙に活発になった[90]。革命直後の政治・文化状況からすると、すぐにでもフレイレたちの革新的な教育思想をとりこんで使いそうな雰囲気であった。ポルトガルとブラジルの文化的・政治的結びつきの深さからいっても[91]、そうなるのは当然であった。革命政府の抱負は、メロの言葉を使っていえば「民衆が豊かにもっているもの、民衆文化、民衆が蓄えてきた智恵、つまりは自分たちの生きた文化を助長する[92]」教育のプログラムを立てることであった。

上記の理想と、フレイレ教育学の基本的なトーンとが、相互につながりあうものであることは明瞭である。にもかかわらず、そうはならなかった。フレイレ思想にもとづいて立案され、国の支援の下におこなわれるはずであった民衆教育のプログラムはみおくりにされた。「政治的な底意をふくんでおり、反政府的な行動を誘発しかねない[93]」というのが、その理由であった。最終的には自分に向けられるであろう武器を、国家が人民に手渡すいわれはない、というのである[94]。

結びに代えて

本章ではいろいろな社会状況をとりあげたうえで、それらがこれまで述べてきたような変革的な動きにどのような制約を課し、あるいは可能性を提供しているかを検討してきた。どの状況もそれぞれに複雑で、はじめに提起した問いにストレートな答えを出すのは困難だ。変革的な教育思想は、どんな環境の下で、どの程度に社会の変化を促進する機能を果たしうるのか？　というのが、最初の問いであった。もちろん、ただちにいえそうなことはある。グラムシやフレイレが提起している変革の教育は、それだけの営みとしてよりも、社会運動というコンテクストの内部で、あるいは諸運動と連携しておこなわれるときのほうが効果的なものになりやすい。とはいうものの、それぞれの状況をみていくと、そこでも解放に向かう力と馴化に向かう力が相互に葛藤しあっていて、矛盾に満ちていることに変わりはない。抑圧が極度に激しいところで、逆に抵抗の場が健在であることもある。変革の教育はそこに座を占め、グラムシのいう「陣地戦」を通じて、馴化の行為にたいして解放をめざす抵抗のたたかいを展開することができる。独裁に抗して革命をなしとげ、民主主義的な社会関係を打ちたてようとしている社会では、変革的な教育があまり制約を受けずに実施できる場合もあるが、革命そのものに由来する矛盾の結果、苦しい状況に追いこまれることもある。そのどちらともいえない社会、とくに西欧型のデモクラシーを戴する社会では、変革型教育の命運は、民主主義的な空間をつくりだそうとする社会運動、それをささえる個人や組織のたたかいの結果によって大きく転変する。

グローバル化と市民社会

馴化と解放の矛盾はどんな環境の下でも持続するものであり、だからして変革のたたかいもまた、どこまでも続くプロセスとなる。だが、もう一つ、残る難題がある。グラムシ的な意味での有機的知識人、ある場、あるコンテクストに密着した（フーコー的な意味での）特殊知識人の固有な場に即した活動は貴重なものであるが、だがそれらの活動も、ますます熾烈になっているグローバル化の脅威に対抗するために、より大きな運動を介して国民国家の枠組みを超えた行動となんらかの仕方で結びつかなければならなくなっている。権力の磁場がより大きな、より国際的な諸力によって形づくられる今日の段階で、グラムシの権力と国家の理論、市民社会の網の目をとおして展開される「陣地戦」への参与という理論図式は、なお有効性をもちうるものなのだろうか？グローバル化の成人教育への影響を論じた論文のなかで、コースゴーは超国民的な行動の必要性を示唆している[95]。グローバルな市民社会の構築が必要である、と彼はいう。

グローバリゼーションの進展は両刃の剣である。一方で、それが国民国家を無力化し、市民社会とデモクラティックな公衆がこれまでコミュニケーションの場としてきた諸制度を廃朽化するものであることは明らかである。他方において、グローバリゼーションは、その性質からして国民国家の管掌とされてきた枢要な共通問題にたいして、公衆があらたな仕方で民主的な影響力を行使する可能性にも道を開く。民主化に道を開くためには、民主的でかつグローバルな諸構造、たとえば市民社会として機能する国際的な諸機関を構築しなければならない[96]。

市民社会という言葉の用法が著者ごとに異なっていることは、あらためていうまでもない。私が本書でいっている市民社会は、グラムシ的な意味での市民社会である。その概念でいえば、「グローバルな市民社会」は、変革的な行動がそこでおこなわれていようがいまいが、すでに現実に存在している。「市民社会」を野党的・変革志向的な語としてだけ受けとってはならないのであって、それは現にイデオロギー的支配がそこにおいて成立している領野なのである。グローバルな市民社会とは、それゆえにグローバルな支配がそこでおこなわれる現場、グローバルなケーブル・ネットワーク、情報テクノロジーなどをとおして支配がおこなわれる領野なのである。

とはいえ、対抗へゲモニックな行動のための隙間も存在していて、世界各地の進歩的なグループは電子的な、もしくはその他の諸手段を使って相互の結びつきを深めている。情報テクノロジーは、その意味ではたしかに両刃の剣である[97]。資本主義の道具としてのそれは支配を円滑化する利器であるが、同時にまた、それは対抗へゲモニックな運動の国際的な連携にたいしても深化の可能性をさしだしている[98]。時代から考えても、グラムシのなかにこの問題への言及がないのは当然である。フレイレの著作でも、この点にふれている部分はきわめて少ない。

インターナショナルな歴史的ブロック?

こうはいえないだろうか?　グラムシの「歴史的ブロック」という概念が、ネイションの境界を越えた諸運動の連帯を意味する概念となるためには、それが帯びている「国民的・民衆的」という性格を乗りこえる必要があるのではないか、と。国際的な変革の行動が今われわれに投げかけている挑戦とは、つまりはインターナショナルな歴史的ブロックの創出、環境運動から労働運動にいたるさまざまな運動の国際的な連帯によって特徴づけられるグローバルな歴史的ブロックの形成ではないか?――私には、そのように思えるのだ。

社会運動のリストのなかに労働運動をふくめているが、そのことが肝心である。この運動はまさに四面楚歌、排外主義的な性格、独善的な言説、そのほかもろもろの欠陥で長年にわたって悪名がとどろいている。総じて労働運動を「白人の男たち」が立てこもっている砦のようなものと考える人たちもけっこう少なくない。だがこの運動が、賃労働と不払い労働にともにみられる労働力の多様な性格を正視するときに、より包摂的で、より proactive（先導的）な運動に自らを変えていく可能性もないわけではないのだ。

グラムシは後年の著作のなかで、資本制的賃労働関係を超克する労働者機関であることを期した工場評議会は、そのことによって労働組合をも新しい、より proactive な制度に変えるであろうと、自らの抱負を表明している。レイモンド・ウィリアムズ[99]の主張に共鳴したジョン・マキロイらは、労働運動を担う諸組織は「頭の天辺から足のつま先まで面目を一新する必要がある」と説いている。——労働運動は「新しい社会正義、フェミニズム、反人種主義、エコロジー運動など、新しい運動との連帯の輪を早急に広げ、かくして一般的な公益との結びつきを再度回復しなければならない」というのだ[100]。

成人教育と包摂の政治

労働運動のなかで成人教育がおこなわれるときに、インクルージョンがそのもっとも重要な柱とされなければならないと、私はほかの場所で述べたことがある。本書の執筆に際して私がたえず思い浮かべていたのは、私自身のマルタ島での労働者教育のケーススタディであった。このプログラムは、マルタ大学の労働者参加促進センター（ＷＰＤＣ）によって企画・実施されたものだ。ケーススタディの基礎になっている分析は、すべてインクルーシブな原則にもとづいておこなわれている[101]。運営諸組織の立ちあげ、教育担当者とそのプログラム内容、それらのことごとくが参加者によって分析に付された。ＷＰＤＣの事業は、それが提起している方針と、実際におこなわれた教育との一貫性という観点から、人びとに評価された。それはまた、ジェンダーの見地からも分析され、プログラム内容の性格にかんしては「ヨーロッパ偏向」との感想ももらっている。

分析にあたって私がこうしたアプローチを採用したのは、一つにはジョン・マキロイとよく似た関心を私もまたもつからであり、本書で述べてきたような変革志向型教育の政治に自分自身もコミットしてきたからである[102]。上記のような方向で自分自身を変えていかないかぎり、労働者組織にとって適切な成人教育環境が用意できるとは思えない。事実、公刊された何点かの文献のなかでは、そうした自己変革の動きが世界各地の労働者諸組織のなかで起こっていることが記されている。たとえばブルース・スペンサーは、カナダの労働組合が新しい社会運動と緊密に連携して「生活世界」とかかわる諸問題を自己の活動のレパートリイのなかに取りこんでいるようすを伝えている[103]。論文の一つで、彼は「労働組合のグリーン化」という表現で、組合がエコロジー運動に門戸を開きつつあることを報じている[104]。このような制度の歴史は長く、ブライアン・サイモンの『啓蒙の探求[105]』などの研究が雄弁に語っているように、長く弾圧を受けつづけてきた独立労働者教育運動の伝統[106]をいまに受けつぐものであるといえよう。このような社会運動への接近をとおして、かつてグラムシが工場評議会がもたらすであろうと信じていた労働組合への影響、労働運動の自己変革が生ずるかもしれないのだ。となれば、この伝統はさらに豊かなものとなるだろう。

成人教育とグローバルな地平

だが労働組合は、こうしたそれ自体の変革だけでなく、もっと他の局面でも変革的な成人教育のモデルとして役立つことができるのだ。スペンサーはごく最近の研究で、カナダの労働組合がグローバルな通信網を編んで情報化の時代を迎え撃つ必要性を痛感し[107]、その手段の創出にのりだしていることを伝えている[108]。その一つ、Soli Net（ソリダリティ・ネットワーク）は六つのタイムゾーン（時差区分帯）にまたがるカナダ各地の公務員労組の組合員を結ぶネットワークであるが[109]、しかしそれだけでなく、ウェブサイトをとおしてより広域的な連携をもつくりだしている。スペンサーとその共著者たちによると、カナダの労働組合は資本のグローバル化に対応して自らもまた運動の国際的な側面への取り組みを強化している。国民国家の枠内で論じたり、対処しているだけでは問題はもはやすまないものになっていると、彼らは悟っているのだ。

カナダの自動車労働者たちは有給教育休暇制度（Payed Educatinal Leave 略称ＰＥＬ）を利用して、上記のアプローチとも通ずるところの多い労働者エンパワー教育計画を立ちあげている。ＰＥＬを使ったこの研修事業については、ここ数年、その報告文献も多く発表されている[110]。スペンサー報告によると、概要は以下のようになっている。「使用者側との契約によって、組合員一人に時間当たり二から三セントの給付金がつくが、これがプログラムの原資になっている。この金は共同基金として積み立てられ、教育プログラムの運営費、参加者の旅費、宿泊費、目減りした賃金の補填などに充当される〔11〕」。使用者側はプログラムに口出しはできない〔112〕。したがって、イタリアの百五十時間実験と同じように〔113〕、そこでおこなわれる教育は職務研修タイプのものではない。プログラム内容の多くは国内問題と国際問題の関係をめぐる議論にあてられている〔114〕。資本主義のグローバルな再編がどのようなものであるかを的確に理解するためには、国際的な視野をもつことが決定的に重要であると考えられている。世界のいたるところで人びとは搾取にさらされているが、搾取された諸グループの国際的な連帯は、まずはおたがいを知ることからはじまるというのである。なにごとにつけても競争をいいたてる支配のイデオロギーに、それは〝待った〟をかける〔115〕。そのイデオロギーは、一方で競争をいいたてながら、他方で「保護主義」を主張している。南の労働者を敵にみたてて北側労使の「協調」をうたい、「競争」を排して労使は「腕を組もう」などと呼びかけている――〔116〕。

このような労働組合型の教育活動のなかでも、グラムシ／フレイレ的な教育思想の出番が生まれてくる、ということだ。カナダ、とりわけカナダの労働組合員教育は、グローバリゼーションの時代における変革志向型教育のもっとも重要な「現場」実践の一例である。南北労働者の連帯を深めることを企図した国際的な変革教育として非常に意味深いのは、おそらく鉄鋼労働者ヒューマニティ資金・教育プログラム（the Steelworkers' Humanity Fund Educational Program）だろう[117]。これは「下からのグローバリゼーション」をめざした教育プログラムであると、ジュディス・マーシャルはいう[118]。団体交渉の結果、鉄鋼労働者が一時間当たり一ペニーを拠出し、労働者の一ペニー醵《きょ》金《きん》の一〇％相当分を経営側が負担し、残りはカナダ国際開発機構（Canadian International Development Agency ＣＩＤＡ）が支出して、運営資金がまかなわれることになった[119]。この基金は世界中の三十―四十組織のプロジェクトを財政的にサポートしている。その一つThinking North-South プロジェクトでは民衆教育のアプローチが採用されていて、そのなかには南北労働者の交流学習のプログラムもふくまれている[120]。このように全地球的な視野をふまえた優れた変革型教育の事例が現に生まれているのであるから、まことに驚くほかはない。

グローバルで、非ヨーロッパ的な性格をもったプログラムはこれからますます重要性が高まるし、変革型教育にとって大事な実践の場になっていくと思われるが、その一方で、純粋にローカルなものをみおとしてはならないだろう。マリア・スニーガは民衆教育を論じて、こんなことを言っている。デモクラシーと社会正義を求めるたたかいは、どんなところでもおこなわれているのだ、と。

私は社会がどうだの、政府を倒すことがどうだのといっているわけじゃない。ほかならぬこの場所を支配している不義不正をなんとかしたいのよ。そうよ。だから私は、それ

（民衆教育）はどんなところでもやれるものだと思う。どんなに小さなところだって、やれることなのよ。町だって、工場だって、自分がいるところ、そうね、正しくないことがあって、変えなくちゃいけないことがある場所なら、どこでだって、やれるのよ[121]。

民衆知と支配知

フレイレの教育学はじつに多種多様なコミュニティで、地域の力を培う方途として利用されてきた。フレイレの方法を地域で使った最良の事例の一つはエディンバラのジョージー・ダルリイの成人教育プロジェクト、the Adult Learning Project（ＡＬＰ）だろう。これにかんしてはコーリン・カークウッドとゲーリイ・カークウッドによるレポートが公刊されている。ジョージー・ダルリイは労働者コミュニティであるが、その住民が自らの世界を省察し、それにはたらきかける力を高めていく方途として、ＡＬＰは企画されたという。フレイレのコード表示の方法が使われていて、参加者は周囲の環境のさまざまな面を批判的に考察し、これはと思う問題については自分たちを組織して改善に取り組んでいったようだ[122]。

プロジェクトのポジティブな収穫の一つは組織者自身の気づきで、専門家の知識と人びとの経験を総合することの大事さを痛感したとのことである。対話の教育は同時にまた知的な厳しさをもふくんだアプローチでなければならないと、二人の著者は総括している[123]。この二要素はフレイレが一貫して強調してきたことでもあるのだが、グラムシとフレイレの思想の総合を考えるときに忘れてはならない一点だろう。難題の一つは、民衆のもの、その地域のものだけをとりあげたプログラムではなく、支配文化にも批判的な仕方で手をのばしていくような学習プランを考えだすことだ。

デニス・ホーゲイがグラムシのラディカルな教育思想を頭において下しているコメントは、上記のこととかかわってかなり図星をついたものなので引用しておくことにしたい。能力の形成という面で「今日の成人教育実践に大きく欠けているもの――それは、支配文化の言語を自由に使いこなす能力である。政治生活の外辺部に追いやられないためには、この能力を育てなければならないのだ[124]」。

画きかけのキャンバス

グラムシとフレイレの教育思想を基本にして変革志向型成人教育の理論的なフレームを構築することはできないものだろうか――その問いに導かれて、私は本書を書いた。それらが現代の実践にどのような意味をもちうるのかを問いながら、私は二人の思想を整理してみた。現代の成人教育思想、フェミニズム、カルチュラル・スタディーズ、批判教育学の分野での最近の文献のいくつかも援用して、二人の議論を補った。どの思想も、広義の民主主義と社会主義の政治を理論的なフレームとして、世界的な抑圧の構造をみすえつつ紡ぎだされたものだ。資本主義の再編成が進むと、その変化に応じて抑圧の性格も変わっていく。本書の叙述の多くも、もっと検討をほどこされて手直しをされることになるだろう。作品はいまだ未完のキャンバスでしかない。問題は続出、とうてい決着などつけようがないのだ。

訳者あとがき
グラムシ、フレイレ、成人教育

原テクストの題名は、*Gramsci, Freire and Adult Education* です。グラムシ、フレイレと、成人教育が三つ並んでいるのですが、最後の「成人教育」をどう理解したらよいのでしょうか？

二十世紀のヨーロッパ諸国では、成人教育は基礎教育（つまり子どもの教育）と並ぶ教育のカテゴリーとして制度的にも大きな位置を占めていましたから、とりあえずは、そうした制度としての成人教育が念頭におかれているのでしょうが、しかしグラムシ、フレイレ、さらには第5章以降で言及されるカルチュラル・スタディーズやフェミニズムとのかかわりで成人教育というときの「成人教育」は、それにはとどまらない広がりを内包していると考えるべきでしょう。ヨーロッパの成人教育は、直接的にか間接的にか、参政権運動や労働運動、そして女性解放運動を背景にして成立したといわれています。イプセンの『人形の家』の、ノラが家を出ていく有名な終幕の場面で、夫婦はこんなやりとりをしています。

夫◆遊び時間は終ったんだ、――これからは教育の時間だ。

妻◆誰の教育？　あたしの、それとも子供たちの？

夫◆お前と子供たちの両方だよ、ノーラ。

妻◆ああ、トルヴァル、あなたはあたしを、あなたのいい妻に教育できるような人じゃないわ。

夫◆どうしてそんなことが言えるんだ？

妻◆それに、あたし、――どうしてあたしに、子供を教育する資格があって？

夫◆ノーラ！

妻◆ついさっき、あなた自分でそう言ったじゃないの、――そういうことは、あたしに任せられないって。

夫◆つい、かっとしたんだよ！　どうしてそんなことを気にするんだ？

妻◆いいえ、そうなの、――本当にその通りなのよ。あたしには、そんなことできないわ。それより、もっと、先にしなくちゃならないことがあるのよ。自分を教育しなくちゃ。それを手伝ってもらうなんて、あなたはそういう人じゃないのよ。あたし独りでやらなくちゃならないことね。だから、あなたと別れるのよ。

夫◆（飛び上がって）何を言うんだ？ ［原千代海訳、岩波文庫］

本書の「成人教育」もまた、ここでいわれている「自分を教育すること」にひとしいと考えるべきでしょう。子どもの教育ではなくて、成人であるところの「あたし」の教育。だれかに「教育」されるのではなくて、「わたしたち」が「わたしたち」を教育する。近年の成人教育文献では「教育」という語を避けて「形成」という語が使われることが多くなりました。そういえばグラムシのEditori Riuniti版教育論集の表題も*La formazione dell'uomo*（人間の形成）となっています。

成人教育の歴史についての私の知識はかぎられたものでしかなく、不確かな憶測にすぎませんが、制度としての成人教育には、大きくいって二つの流れがあるのではないでしょうか。一つは学校教育の代替もしくは継続としての成人教育です。

十九世紀の後半は多くの国ぐにで国民教育制度が形づくられていった時代ですが（「これからは教育の時間」ということでしょうか）、子どものための学校教育とならんで、あるいはそれに一歩だけ遅れて、成人教育もまた制度化されていきます。子どもの教育がそうであったように、成人教育もまさに国家のための「教育」でした。デ・アミーチスの『クオーレ物語』は、一八八一年の、すなわち統一イタリア国家が成立してまだ二十年しかたっていない時期の（あるいは「赤い二年間」に先立つ三十八年まえの、というべきでしょうか）トリーノの町を舞台にして、小学四年生のエンリコ少年の一年間の学校生活を日録風に物語っていますが、そこにも夜学に通う健気な大人たちの姿が点描されています。大人たちは夜の教室に通って、子どもたちがそうしていたように、学校の先生から「イタリア語」の読み書きと算数を（すこし後になると歴史がそれに加わります）教わっています。「ご覧、いまはだれもが、みんな勉強していますよ」と、父親はエンリコ少年に言い聞かせています。まことに感動的な「物語」ですが、職人的労働者たちの仕事の世界とそこでの育ちの伝統が崩壊して「学校の時代」がはじまる、そんな時代を象徴する物語のように思えてなりません。

しかしヨーロッパの成人教育には、もう一つの流れがあるようです。本書と主要にかかわるのは、このもう一つの成人教育の伝統でしょう。イギリスの労働者教育協会や大学拡張運動、フランスの民衆大学、あるいは北欧のフォルケホイスコーレなどで、それらは基本的には知的解放と政治参加を志向する民衆の欲求に根ざして生まれたボランタリーな運動で、国家の主導で制度化されたものではありません。イギリス労働者教育協会の創立者であったアルバート・マンスブリッジは「労働者に与えられてきた初等教育が〈思考するのではなく吸収すること〉を強いてきたことに反発をみせ」〔矢口悦子『イギリス成人教育の思想と制度』新曜社〕、大学拡張事業との連携を模索したようです。ドレーフュス事件を背景にして生まれたフランスの民衆大学は一八九八年にパリの印刷工ジョルジュ・デュエルムが労働者の学習センターとして立ちあげたものですが、大きな反響を呼んでたちまちパリ市内の各所に、そして地方都市にも同種の「大学」が生まれています。共和派知識人たちが全面的に協力し、彼らが講師になって社会問題、文学・芸術、歴史、思想・宗教、自然科学を講じ、あるいは法律や医療・衛生の相談に応じて、一種、セツルメント的な性格を帯びていたようです。談話会、音楽会、演劇公演なども催され〔「市民演劇」と「民衆大学」は連動していて、ロマン・ロランの戯曲の多くはそこで上演された)、玉突き台やバルを備えた民衆大学は地域のたまり場でもあったようです。やや遅れてイタリアにも同種の(と、少なくとも期待された)民衆大学が生まれています。

イタリアの民衆大学にたいしてグラムシが著しく批判的であったことは、本書のなかでも言及されています。たとえば『アヴァンティ!』一九一六年十二月二十九日号に載った無署名論説「民衆大学 L'Università popolare」がそれです。トリーノ民衆大学がどうしてこれほどにミゼラブルな状態にとどまっているのかが診断されています。どうして民衆大学の指導者たちは文化の普及という自らの掲げる目標に到達できないのか。それは、民衆の大学を名のりながら、その民衆がどのような存在として彼らのまえにいるのかを一向に理解していないし、理解しようともしていないからである。聴講者は百科全書的な知識を断片的に供与される客体にされてしまっていて、知を追求する主体としては位置づけられていない。消化もできない食糧を大量に配って貧民の胃袋をダメにしてしまう慈善団体のやり口と、それは異ならないというのです。グラムシは自身の中学校時代の記憶と重なりあう不幸な情景を、大都市プロレタリアートのための「民衆大学」のなかに見てしまったのかもしれません。しかしイタリアの民衆大学にかぎらず、こうした批判はイギリスの大学拡張運動のなかでも、またフランスの民衆大学の展開過程でも、しばしばいわれてきたことでした。建前としては解放を志向しているはずの成人教育の実践が、伝統的な教育関係の轍にはまり、啓蒙という名の悪しき教化に転化する危険性は、本書の第6章で著者が指摘しているように、けっして小さくはなかったのです。

この論説のなかでグラムシが強調していることは、すべての知識の価値は、各人がそれを獲得する過程のいかんによって豊かにもなれば貧しくもなる、ということです。知識の価値は——認識主体の「知る」行為から離れてそれ自体として存在するのではなく、個々の探究者の労苦としばしば錯誤に満ちた探究の努力をとおして獲得されることによって、はじめて真理としてその価値を実現する、というのです。知育とはできあいの知識を伝授することではなく、一つの知的生産過程であり、そこに参加することによって学習者が自らの精神を鍛えあげることであるとグラムシは考えていたようです。

イタリアの民衆大学にたいする彼の批判はこのように手厳しいものなのですが、それは、成人教育にたいする彼の期待の大きさを示すものでもあるのでしょう。働きながら学ぶ労働者は、人生のなかですでに多くを学んでしまった「成人」として、教師の前にいます。彼ら・彼女たちは振り向くべき過去と現在をもった生活者であり、すでに身につけた既成の文化や「教養」の持ち主として、成人教育の場に集っています。よかれあしかれ、それが彼や彼女の学びの原資であって、「知の探究」はそこからしかはじまらないのです。

しかし学習者の「既有の経験知」(フレイレ)や「コモンセンス」(グラムシ)は、そこから探究がはじまる起点であり原資であって、それはすでに学んだことを学びほぐしながら、その外に出ていくための踏み石でもあります。フランスの民衆大学を熱烈に援護した詩人のシャルル・ペギーは、知的機能と労働の機能が一人の人間の内部で調和され、最終的に「知識人」が解消される未来社会の夢をこのプロジェクトに託しました。そこに向けて知識人と労働者が手を結ぶことが、それがすなわち革命の条件であり、革命の開始そのものであると考えたのでした。この観念はグラムシにもまた、引きつがれています。グラムシにとっては、すべての人間は潜在的に知識人であり、文化生産の当事者なのです。上位文化と民衆文化の総合、国民的・民衆的統一など、本書で論及されている彼の一連のコンセプトは、おそらくその延長線上に位置づくものなのでしょう。

フレイレやラテンアメリカ民衆教育への関心の延長線上で私はこの本を訳しました。ブラジルやラテンアメリカの各地で活動するポスト・フレイレ世代の「有機的知識人」の誰彼の姿が、この本の紙背から浮かびあがってくるように思えてなりませんでした（そのなかにはフレイレの「トーキング・ブック」の対談相手の一人であるドミニコ会在俗修道士フレイ・ベットのそれもふくまれています）。こうした人びとの理論と実践を西欧の成人教育運動の、とりわけグラムシのヘゲモニー論とつなげて考察している点が、私にとっての本書のユニークな魅力でした。ノートの代わりに気になる部分を訳していたら、結局、全部を訳す結果になりました。

著者については、あまり詳しくは知りません。おおよそのことは著者自身が序論のなかで語ってくれていますが、イタリアのすぐ南の島、長くイギリス植民地であったマルタ共和国出身の社会学者で、故国マルタで成人教育に従事した後、カナダで本格的な研究生活に入り、オンタリオ教育研究科大学院に提出した博士論文が本書のベースになっているようです。現在は帰国し、マルタ大学を拠点にして成人教育事業に携わる傍ら、イタリアでも手広く活動を展開しています。

この本が売れない時代に、このような反時代的な書物を出版に持ち込んでくださった太郎次郎社エディタスの北山理子さん、編集に当たってくださった黒田貴史さんに心よりお礼申し上げます。すでにグラムシ関連書をいくつか手掛けてこられた黒田さんのご助力は、私には非常にありがたいものでした。東京イタリア文化会館にも感謝を。グラムシ関連の文献は同館所蔵のそれを利用させていただきました。

二〇一四年五月

里見実

さくいん

ここでは、項目語を説明する記述、あるいは、同じ内容を表わす別の語(例、上位文化=支配文化)もふくめた。

あ行

『新しい秩序』◆022,024,061,069,072,142,197,201,202,301
アプローチ◆100,121,122,133,143,145,279,280,282,283
意識化◆100-103,224,233,246,256,257
一貫性◆138,163,164,177,183,192
エスニック・マイノリティ◆112
越境◆106,230
エル・サルバドル◆093,197,269,297
エンパワー◆010,011,125,280

か行

階級◆013,047,054,060,062,066-068,070,080,082,083,102,110,112,135,137,152,153,166,174,176,184,185,197,199,200,209-211,223,225,227,255,271,307,310
階級的自殺◆110,184,185,222,223
下位文化◆078,080,119,156,157
解放(の教育)◆014,161,164,219,249,273
解放の神学◆031,095,098,130,147,207,248,250
可能性の言語◆046,057,090,091,198,312
家父長主義◆173,179,211,231
カルチュラル・スタディーズ◆051,224,228-231,284,286
関係性◆047,048,055,070,075,091,109,110,129,132,139,140,142,145,203,206,217,221
関与(エンゲージメント)◆015,016,043,138,197
官僚制機構◆255-257,296
ギニア・ビサウ◆030,118,119,131,137,148,250,263,295
教育の内容◆048,114
『クラルテ』◆023,024,071,136,190
グレナダ◆031,251,263,264,268
グローバリゼーション(下からの)◆282
ゲイ◆112,114,155,175,254
権威◆108,109,121,122,206,217,221
権力の磁場◆163,275
行為者◆046,055,057-059,062,067-069,095,098,099,107,110,111,114,116,134,143,161,178,198,203,207,214,238,297,306,314
工場評議会◆022,037,061,062,069,073,074,085,135,140-142,146,170,173,197,206,207,210,249,251,278,280
構造調整◆007,008,210,260,261
公民権◆172,177,178,180-182,286
コード化◆212,217
コード表示◆099,101,103,104,120,145,179,212,234,235,254,283
黒人◆112,114,155,175,176,181,188,200,210
『獄中ノート』◆027,080,124,130,145,190,307,319-321
国民的・民衆的◆067,147,149,208,248,252,269,277,292

さ行

サバルタン◆065,066,082,083,103,135,166,320
サルデーニャ◆020,169
参加◆008-010,118,143,144,219,267,279
参加型教育◆075-077,207
参政権◆286
ジェンダー◆013,047,051,103,154,170,175-180,187,200,209-212,223,227,236,237,279
ジェンティーレ改革◆056,076
識字◆029,030,068,083,117,125,128,144,148,151,176,219,220,254,264,265,269-271,296,307
識字率◆020,151,166,167,269
システム◆016,045,115,174,187,188,

203,213,215,256,267
実践◆043,048,085,099,100,102,105,114,115,117-119,121,145,150,161,199,235
指導◆075,121,139,140
指導的役割◆067,075,108,152,162,305
支配的言語◆082,119,231
支配言語◆284
資本主義グローバリゼーション◆006,007,043,191,204,207-209,238,258,275,276,280,281,321
市民社会◆016,017,059,061,126,132-134,156,160,161,198,213,226,275,276,308,320
社会関係◆048,059,077,127,134,163,205,211,250,254,267,272
社会的関係性◆047,070,075,091,204,251
主体◆012,098,099,104,105,140-142,144,161,217,237,257,290,291
馴化◆014,110,222,223,244,245,253,256,258,262,271,274,275
上位文化◆073,078,080-082,119,156,157,196,224-226,230,231,284,292
省察◆091,099,118,145,146,283
常識(コモンセンス)◆036,037,118,138,158,164,205,217,228,291
少数民族◆155,175,210
情報テクノロジー◆051,189,191,277,301
職業技術教育◆036,142,174,257,261
職業教育◆056,246,262
女性◆112,155,170,171,175,178-180,200,210
人種◆051,103,175,187,200,212,236,237
新自由主義◆007,008,010,033,316
人種差別◆177,180,182-184,228,254
人種主義◆172,182,210,211,254,278
陣地戦◆015,059-062,065,066,069,070,086,115,133,187,191,206,213,250,255,275,276
政治的意識化◆117,151,254
成人教育従事者◆046,066,068,077,099,106,136,174,178,185,215-218,221,234,237,238
成人教育プログラム◆174,211,213,216,236
制度◆015-017,055,074,095,096,132,133,141,161,174,198,215,286,288,308
セクシュアリティ◆013,051,176,211
先住民◆176
戦術上はシステムの内部、戦略的にはシステムの外◆015,115,116,174,187,188,213,256,267

た行

対話◆076,077,099,104,108,121,139,204,206,217,218,249,283
多様性のなかの統一◆183,255
知識人◆062-064,066,076,077,110,135,137,139,140,202,292,297
知識人の役割◆075,219,306
地方主義◆171-173
中立◆014,046,055,090,092,093,161,198,242
同性愛者差別◆173
同性愛排除◆173,175,211
闘争◆017,147,153,180,181,212,223
闘争の場◆016,133,198,204,255
同盟関係(歴史的)◆028,128
トーキング·ブックス◆032,112,113,127,154,176,177
トリーノ◆021,061,062,067-069,071-073,125,126,173,244,248,288,313

な行

南部(イタリア)◆020,021,037,062,063,067,068,087,126,129,151,152,167,

172,252
ニカラグア◆093,094,146,147,247,248,250,251,256,263,264,268-272
『人形の家』◆081,170,225,286
農民◆028,067,083,095,105,111,125-127,137,144,152,166,167,173,176,243,310
能力◆108,122,217,258,259,284
ノンフォーマル(教育)◆072,102,115,251,264,265,267,269,273,302,310

は行

批判教育学◆033,038,042,048,090,189,193,199,284,312
批判の言語◆045,057,090,091
被抑圧者◆012,029,091,096,112,148,155,162,176,177,188,238
ファシスト◆023,024,056,126,132,201,244,245
ブラジル労働者党(PT)◆019,031,090,148,149,253,305,306,309
プロレタリアート◆060,062,066-068,078,079,081,084,111,125,126,136,141,152,166-168
プロレトクルト◆023,071,078,136,190
文化活動◆025,060,061,066,069,071,086,132,167,203,204
文化資本◆110,222
文化侵略◆092,122
文化生産◆048,073,156,168,169,225,242,292
ヘゲモニー◆054,055,059,129,131,132,153,163,199,206,213,231,242,307,315
変革志向型(成人)教育◆015,017,034,041,045,050,077,119,127,132,144,156,161,198,204,207,212,236,238,242,253,258,267,279,281
ポストモダン◆011,040,158,161
本質主義◆068,153,155,166,255,313

ま行

マッチスモ◆121,179
マルクス主義◆031,057,068,081,085,098,130,145,153,154,171,172,246,248,315
マルタ◆010,211,219,237,256,278,279,293,300
未来派◆085,087,202
民衆大学◆066,087,222,289-292
民衆文化◆029,073,080,120,121,156,157,167,169,196,224,225,267,273,292
民族◆013,047,177,209
木目に逆らった◆158,228

や行

有機的知識人◆063-066,077,135-138,168,174,197,206,216,222,275,297,306
ヨーロッパ中心主義◆171,172,175,209,211,231
預金型教育◆047,049,091,092,108,133,134,159,160,162,227,272,310

ら行

ライフ・ヒストリー◆233,298
良識(グッド・センス)◆036,118,138,164,184,205,217
歴史◆058,084,104,158,159,232-237
歴史的ブロック◆028,060,062,067,069,147,152,207-209,248,252,277,312
レズビアン◆112,155,175,254
老人差別◆211
労働組合◆057,070,095,141,174,209,210,243,278-280
労働者教育協会(WEA)◆066,186,289,314
労働者文化協会◆023,071

参考文献

Abercrombie, N., B. Turner and S. Hill (1984), *A Dictionary of Sociology*, Penguin, London and Harmondsworth.
Achebe, C. (1975), *Morning. Yet on Creation Day*, Doubleday, Garden City NY.
Adams, F. (1972), 'Highlander Folk School: Getting Information, Going Back and Teaching It', *Harvard Educational Review*, vol. 42, no. 4, pp. 97- 119.
Adamson, W. (1980), *Hegemony and Revolution*, University of California Press, Berkeley, Los Angeles and London.
Alden, H. (1981), 'Gramsci's Theoretical Legacy', *Convergence*, vol. XlV, no. 3, pp. 91-94.
Allman, P. (1988), 'Gramsci, Freire and Illich: Their Contributions to Education for Socialism', in T. Lovett (ed.), *Radical Approaches to Adult Education: A Reader*, Routledge, London.
Allman, P. (1994), 'Paulo Freire's Contribution to Radical Adult Education', *Studies in the Education of Adults*, vol. 26, no. 2, pp. 144-61.
Allman, P. (1996), 'Freire with no Dilutions' in H. Reno and M. Witte (eds) , *37th Annual AERC Proceedings*, University of South Florida, Tampa.
Allman, P. and P. Mayo (1997), 'Freire, Gramsci and Globalisation: Some Implications for Social and Political Commitment in Adult Education', in P. Armstrong, N. Miller and M. Zukas (eds), *Crossing Borders Breaking Boundaries: Research in the Education of Adults*, Proceedings of the 27th Annual SCUTREA Conference, Birkbeck College, University of London.
Allman, P. and J. Wallis (1990), 'Praxis: Implications for "Really" Radical Education', *Studies in the Education of Adults*, vol. 22, no.1, pp. 14-30.
Allman, P. and J. Wallis (1995a), 'Challenging the Postmodern Condition: Radical Adult Education for Critical Intelligence', in M. Mayo and J. Thompson (eds), *Adult Learning, Critical Intelligence and Social Change*, NlACE, Leicester.
Allman, P. and J. Wallis (1995b), Gramsci's Challenge to the Politics of the Left in "Our Times", *International Journal of Lifelong Education*, vol. 14, no. 2, pp. 120-43.
Allman, P. and J. Wallis (1997), 'Commentary: Paulo Freire and the Future of the Radical Tradition', *Studies in the Education of Adults*, vol. 29, no. 2, pp. 113-20.
Amendola, G. (1978), *Antonio Gramsci nella vita culturale e politica italiana*, Guida Editori, Naples.
Amin, S. (1997), *Capitalism in an Age of Globalization*, Zed Books, London.
Anderson, P. (1976), 'The Antinomies of Antonio Gramsci', *New Left Review*, 100, pp. 5-78.
Apitzsch, U. (1993), 'Gramsci and the Current Debate on Multicultural Education', *Studies in the Education of Adults*, vol. 25, no. 2, pp. 136-45.
Apitzsch, U. (1995), 'Lavoro, cultura ed educazione tra fordismo e fascismo', in G. Baratta and A. Catone (eds), *Antonio Gramsci e il 'Progresso Intellettuale di Massa'*,

Edizioni Unicopli, Milan.

Apple, M. (1980), Review of H. Entwistle, *Antonio Gramsci: Conservative Schooling for Radical Politics, Comparative Education Review*, vol. 24, no. 3, pp. 436-8.

Apple, M. (ed.) (1982), *Cultural and Economic Reproduction in Education*, Routledge & Kegan Paul, Boston MA.

Apple, M. (1991), 'Education, Power and Personal Biography', Michael Apple interviewed by R.A. Morrow and C.A. Torres, *Education* (Malta), vol. 4, no. 2, pp. 28-9.

Apple, M. (1992), 'The Text and Cultural Politics', *Educational Researcher*, vol. 21, no. 7, pp. 4-11.

Araújo Freire, A.M. (1997), 'A Bit of My Life with Paulo Freire', *Taboo: The Journal of Culture and Education*, vol. II, Fall, pp. 3-11.

Aricó, J. (1988), *La Cola del Diablo: Itinerario de Gramsci en América Latina*, Editorial Nueva Sociedad, Caracas.

Armstrong, P. (1988), '*L'Ordine Nuovo*: The Legacy of Antonio Gramsci and the Education of Adults', *International Journal of Lifelong Education*, vol. 7, no. 4, pp. 249-59.

Arnove, R.F. (1986), *Education and Revolution in Nicaragua*, Praeger, New York.

Arnove, R.F. (1994), *Education as Contested Terrain: Nicaragua (1979-1993)*, Westview Press, Boulder CO.

Arnove, R.F. and H.J. Graff (eds) (1986), *National Literacy Campaigns: Historical and Comparative Perspectives*, Plenum, New York.

Aronowitz, S. (1993), 'Freire's Radical Democratic Humanism', in P. McLaren and P. Leonard (eds), *Paulo Freire: A Critical Encounter*, Routledge, New York and London.

Aronowitz, S. and H. Giroux (1991), *Postmodern Education*, University of Minnesota Press, Minneapolis and Oxford.

Arvidson, L. (1993), 'Adult Education and Democracy', in *Social Change and Adult Education Research: Adult Education Research in Nordic Countries 1991/92*, Special-Trykkereit Viborg A/S, Copenhagen.

Azzopardi, E. and L.J. Scerri (eds) (1984), *Issues: Aspects of an Island Economy*, Economics Society, Malta.

Baldacchino, G. (1990), *Worker Cooperatives with Particular Riference to Malta: An Educationist's Theory and Practice*, Institute of Social Studies, The Hague.

Baldacchino, G. (1997), 'The Information Age: Implications for Trade Unions and Worker Education', in G. Baldacchino and P. Mayo (eds), *Beyond Schooling: Adult Education in Malta*, Mireva, Malta.

Ball, W. (1992), 'Critical Social Research, Adult Education and Anti-Racist Feminist Praxis', *Studies in the Education of Adults*, vol. 24, no. 1, pp. 1-25.

Bhola, H.S. (1984), *Campaigning for Literacy. Eight National Experiences of the Twentieth*

Century, With a Memorandum to Decision-makers, Unesco, Paris.
Blackburn , R. (1989), 'Introduction', in R. Williams, *Resources of Hope*, Verso, London.
Blackledge, D. and B. Hunt (1985), *Sociological Interpretations of Education*, Croom Helm, London, Sydney, Dover and New Hampshire.
Blundell, S. (1992), 'Gender and the Curriculum of Adult Education', *International Journal of Lifelong Education*, vol. 11, no. 3, pp. 199-216.
Bobbio, N. (1987), 'Gramsci and the Conception of Civil Society', in R. Bellamy (ed.), *Which Socialism?*, University of Minnesota Press, Minneapolis.
Bocock, R. (1986), *Hegemony*, Tavistock, London and New York.
Boff, L. and C. Boff (1987), *Liberation and Theology 1: Introducing Liberation Theology*, Burns and Oates, Kent.
Borg, C. and P. Mayo (1993), Review of Roger I. Simon, *Teaching Against the Grain, McGill Journal of Education*, vol. 28, no. 1, Winter, pp. 161-7.
Boron, A. and C.A. Torres (1996), 'The Impact of Neoliberal Restructuring on Education and Poverty in Latin America', *Alberta Journal of Educational Research*, vol. XLII, no. 2, pp. 102-14.
Bourdieu, P. and J.C. Passéron (1990), *Reproduction in Education, Society and Culture*, 2nd edn, Sage, London, Newbury Park and New Delhi.(邦訳『再生産――教育・社会・文化』P. ブルデュー、J.C. パスロン著、宮島喬訳、藤原書店、1991)
Briton, D. (1996), *The Modern Practice of Adult Education: A Postmodern Critique*, SUNY Press, Albany NY.
Broccoli, A. (1972), *Antonio Gramsci e l'educazione come egemonia*, La Nuova Italia, Florence.
Brookfield, S. (1987), *Developing Critical Thinkers*, Jossey-Bass, San Francisco.
Brookfield, S. (1989), 'Teacher Roles and Teaching Styles', in C.J. Titmus(ed.), *Lifelong Education for Adults: An International Handbook*, Pergamon Press, Oxford.
Brookfield, S. (1993), 'Breaking the Code: Engaging Practitioners in Critical Analysis of Adult Education Literature', *Studies in the Education of Adults*, vol. 25, no. 1, pp. 64-91.
Bruss, N. and D. Macedo (1985), 'Toward a Pedagogy of the Question: Conversations with Paulo Freire', *Journal of Education*, vol. 167, no. 2, pp. 7- 21.
Buttigieg, J.A. (ed.) (1992), *Antonio Gramsci: Prison Notebooks, Volume 1*, Columbia University Press, New York and Oxford.
Cannadine, D. (1983), 'The Context, Performance and Meaning of Ritual: The British Monarchy and the "Invention of Tradition", *c.* 1820-1977', in E.J. Hobsbawm and T. Ranger (eds), *The Invention of Tradition*, Cambridge University Press, Cambridge.
Carnoy, M. (1982), 'Education, Economy and the State', in M. Apple (ed.), *Cultural and Economic Reproduction in Education*, Routledge & Kegan Paul, Boston MA.
Carnoy, M. and H. Levin (1985), *Schooling and Work in the Democratic State*, Stanford

University Press, Stanford CA.

Carnoy, M. and C.A. Torres (1987), 'Education and Social Transformation in Nicaragua 1979-1986', in M. Carnoy and J. Samoff (eds), *Education and Social Transition in the Third World*, Princeton University Press, Princeton NJ.

Caruso, S. (1997), 'La riforma intellettuale e morale', in S. Mastellone (ed.), *Gramsci: I 'Quaderni Del Carcere', Una riflessione politica incompiuta*, UTET Libreria, Turin.

Chu, D.-C. (1980), *Chairman Mao: Education of the Proletariat*, Philosophy Library, New York.

Clark, M. (1977), *Antonio Gramsci and the Revolution that Failed*, Yale University Press, London and New Haven.

Clark, M.C. (1997), 'Learning as a Non-unitary Self: Implications of Postmodernism for Adult Learning Theory', in P. Armstrong, N. Miller and M. Zukas (eds), *Crossing Borders Breaking Boundaries: Research in the Education of Adults*, Proceedings of the 27th Annual SCUTREA Conference, Birkbeck College, University of London.

Clover, D.E. (1991), 'Institute in Honour of Paulo Freire', *ICAE News*, no. 4, pp. 1, 6, 7.

Coben, D. (1994), 'Antonio Gramsci and the Education of Adults, Adult Education and Social Change', collection of papers presented at the European Research Seminar of the European Society for Research on the Education of Adults (ESREA), Lahti, Finland, 7- 11 August.

Coben, D. (1995), 'Revisiting Gramsci', *Studies in the Education of Adults*, vol. 27, no. 1, pp. 36-51.

Coben, D. (1998), *Radical Heroes: Gramsci, Freire and the Politics of Adult Education*, Garland, New York.

Collins, M. (1977), *Paulo Freire: His life, Works and Thought*, Paulist Press, New York.

Comeliau, C. (1997), 'The Challenges of Globalization', *Prospects*, vol. XXVII, no. 1, pp. 29-34.

Connelly, B. (1992), 'A Critical Overview of the Sociology of Adult Education', *International Journal of Lifelong Education*, vol. 11, pp. 235-53.

Cooper, G. (1995), 'Freire and Theology', *Studies in the Education of Adults*, vol. 27, no. 1, pp. 66-78.

Corrigan, P. (ed.) (1980), *Capitalism, State Formation and Marxist Theory*, Quartet, London.

Corrigan, P., H. Ramsay and D. Sayer (1980), 'The State as a Relation of Production', in P. Corrigan (ed.), *Capitalism, State Formation and Marxist Theory*, Quartet, London.

Corrigan, P. and D. Sayer (1985), *The Great Arch: English State Formation as Cultural Revolution*, Basil Blackwell, Oxford.

Coutinho, C.N. (1995), 'In Brasile', in E.J. Hobsbawm (ed.), *Gramsci in Europa e in America*, Italian edition ed. A. Santucci, Sagittari Laterza, Rome and Bari.

Crane, J.M. (1987), 'Moses Coady and Antigonish' in P. Jarvis (ed.), *Twentieth Century*

Thinkers in Adult Education, Routledge, London and New York.

Cunningham, P. (1992), 'From Freire to Feminism: The North American Experience with Critical Pedagogy', *Adult Education Quarterly*, vol. 42, pp. 180-91.

Dale, R., G. Esland and M. Macdonald (eds) (1976), *Schooling and Capitalism*, Routledge & Kegan Paul, London.

Darmanin, M. (1997), 'Women's Studies in Adult Education', in G. Baldacchino and P. Mayo (eds), *Beyond Schooling: Adult Education in Malta*, Mireva, Malta.

Da Silva, T. and P. McLaren (1993), 'Knowledge under Siege: The Brazilian Debate', in P. McLaren, and P. Leonard (eds), *Paulo Freire: A Critical Encounter*, Routledge, New York and London.

De Kadt, E. (1970), *Catholic Radicals in Brazil*, Oxford University Press, Oxford.

De Robbio Anziano, I. (1987), *Antonio Gramsci e la pedagogia del impegno*, Ferraro, Naples.

Diskin, J. (1993), 'Gramsci in Rethinking Marxism', *International Gramsci Society Newsletter*, no. 2., pp. 18-20.

Edwards, R. and R. Usher (1997), 'Globalisation and a Pedagogy of (Dis)location', in P. Armstrong, N. Miller and M. Zukas (eds), *Crossing Borders Breaking Boundaries: Research in the Education of Adults*, Proceedings of the 27th Annual SCUTREA Conference, Birkbeck College, University of London.

Elias, J. (1994), *Paulo Freire: Pedagogue of Liberation*, Krieger, Florida.

Ellsworth, E. (1989), 'Why Doesn't this Feel Empowering? Working Through the Repressive Myths of Critical Pedagogy, *Harvard Educational Review*, vol. 59, no. 3, pp. 297- 324.

Entwistle, H. (1979), *Antonio Gramsci: Conservative Schooling for Radical Politics*, Routledge & Kegan Paul, London, Boston and Henley.

Escobar, M., A.L. Fernández and G. Guevara-Niebla, with P. Freire (1994), *Paulo Freire on Higher Education: A Dialogue at the National University of Mexico*, SUNY Press, Albany NY.

Fernández Díaz, O. (1995), 'In America Latina', in E.J. Hobsbawm (ed.), *Gramsci in Europa e in America*, Italian edition ed. A. Santucci, Sagittari Laterza, Rome and Bari.

Festa, S. (1976), *Gramsci*, Cittadella Editrice, Assisi.

Findlay, P. (1994), 'Conscientization and Social Movements in Canada: The Relevance of Paulo Freire's Ideas in Contemporary Politics', in P. McLaren and C. Lankshear (eds), *Politics of Liberation: Paths from Freire*, Routledge, London.

Finger, M. (1989), 'New Social Movements and their Implications for Adult Education', *Adult Education Quarterly* vol. 40, no. 1, pp. 15-22.

Fiori, G. (1970), *Antonio Gramsci: Life of a Revolutionary*, New Left Books,London. (邦訳『グラムシの生涯』G.フィオーリ著、藤沢道郎訳、平凡社、1972)

Foley, G. (1993), 'The Neighbourhood House: Site of Struggle, Site of Learning', *British Journal of Sociology of Education*, vol. 14, no. 1, pp. 21-37.

Foley, G. (1994), 'Adult Education and Capitalist Reorganisation', *Studies in the Education of Adults*, vol. 26, no. 2, pp. 121-43.

Foucault, M. (1980), *The History of Sexuality, vol. 1*, Pantheon, New York. (邦訳『性の歴史1 知への意志』M.フーコー著、渡辺守章訳、新潮社、1986)

Freire, P. (1970), *Pedagogy of the Oppressed*, Seabury Press, New York. (邦訳『被抑圧者の教育学』P.フレイレ著、三砂ちづる訳、亜紀書房、2011)

Freire, P. (1971), 'To the Coordinator of a Cultural Circle', *Convergence*, vol.Ⅳ, no. 1, pp. 61-2.

Freire, P. (1972a), *Cultural Action for Freedom*, Penguin, New York and Harmondsworth. (邦訳『自由のための文化行動』P.フレイレ著、柿沼秀雄訳、亜紀書房、1984)

Freire, P. (1972b), 'Education: Domestication or Liberation?', *Prospects*, vol. 2, no. 2, pp. 173- 81.

Freire, P. (1973), *Education for Critical Consciousness*, Continuum, New York.

Freire, P. (1976), 'Literacy and the Possible Dream', *Prospects*, vol. 6, no. 1, pp. 68-71.

Freire, P. (1978), *Pedagogy in Process: The Letters to Guinea-Bissau*, Continuum, New York.

Freire, P. (1981), 'The People Speak their Word: Learning to Read and Write in São Tomé and Príncipe', *Harvard Educational Review*, vol. 51, no. 1, pp. 27-30.

Freire, P. (1985), *The Politics of Education*, Bergin & Garvey, Massachusetts.

Freire, P. (1991), *Educational Policy and Social Change in Brazil: The Work of Paulo Freire as Secretary of Education in São Paulo*, audio cassette, Teach'em Inc., Chicago.

Freire, P. (1993), *Pedagogy of the City*, Continuum, New York.

Freire, P. (1994), *Pedagogy of Hope*, Continuum, New York. (邦訳『希望の教育学』P.フレイレ著、里見実訳、太郎次郎社エディタス、2001)

Freire, P. (1995), 'Reply to Discussants', in de Figueiredo-Cowen and D. Gastaldo (eds), *Paulo Freire at the Institute*, Institute of Education, University of London.

Freire, P. (1996), *Letters to Cristina. Reflections on MY Life and Work*, Routledge, New York.

Freire, P. (1997a), 'A Response', in P. Freire with J. W. Fraser, D. Macedo, T. McKinnon and W. T. Stokes (eds), *Mentoring the Mentor: A Critical Dialogue with Paulo Freire*, Peter Lang, New York.

Freire, P. (1997b), *Pedagogy of the Heart*, Continuum, New York.

Freire, P. (1998a), *Teachers as Cultural Workers: Letters to Those Who Dare Teach*, Westview Press, Boulder CO.

Freire, P. (1998b), *Pedagogy of Freedom: Kinds of Knowledge Essential for Educative Practice*, Rowman & Littlefield.

Freire, P. and F. Betto (1985), *Essa Escola Chamada Vida*, Atica, São Paulo.

Freire, P. and A. Faundez (1989), *Learning to Question: A Pedagogy of Liberation*, World Council of Churches, Geneva.

Freire, P. and D. Macedo (1987), *Literacy: Reading the Word and the World*, Bergin & Garvey, Massachusetts.

Freire, P. and D. Macedo (1993), 'A Dialogue with Paulo Freire', in P. McLaren and P. Leonard (eds), *Paulo Freire: A Critical Encounter*, Routledge, New York and London.

Freire, P. and D. Macedo (1995), 'A Dialogue: Culture, Language and Race', *Harvard Educational Review*, vol. 65, no. 3, pp. 377-402.

Freire, P. and D. Macedo (1998), *Ideology Matters*, Rowman & Littlefield.

Freire, P. with J. W. Fraser, D. Macedo, T. McKinnon and W.T. Stokes (eds) (1997), *Mentoring the Mentor. A Critical Dialogue with Paulo Freire*, Peter Lang, New York.

Fukuyama, F. (1992), *The End of History and the Last Man*, Free Press, New York. (邦訳『歴史の終わり』フランシス・フクヤマ著、渡部昇一訳、三笠書房、2005)

Gaber-Katz, E. and G.M. Watson (1991), *The Land that We Dream of: A Participatory Study of Community-Based Literacy*, OISE Press, Toronto.

Gadotti, M. (1994) *Reading Paulo Freire: His life and Work*, SUNY Press, Albany NY. (邦訳『パウロ・フレイレを読む』M.ガドッチ著、里見実・野元弘幸訳、亜紀書房、1993)

Gadotti, M. and G.A. Torres (1997), 'Paulo Freire: A Homage', *Taboo: The Journal of Culture and Education*, vol. 11, Fall, pp. 96-101.

Gam, P., S. Tosse, J. Tuomisto, M. Klasson and B. Wahlgren (1993), *Social Change and Adult Education Research: Adult Education Research in Nordic Countries 1991/92*, Special-Trykkereit Viborg A/S, Copenhagen.

Geras, N. (1987), 'Post Marxism?', *New Left Review*, 163, pp. 41-82.

Gerhardt, H.-P (1993), 'Paulo Freire (1921-)', *Prospects*, vol. 23, no. 3/4, pp. 439-58.

Germino, D. (1990), *Antonio Gramsci: Architect of a New Politics*, Louisiana State University Press, Baton Rouge and London.

Giroux, H. (1980), Review of H. Entwistle, *Antonio Gramsci: Conservative Schooling for Radical Politics, British Journal of Sociology of Education*, vol. 1, no. 3, pp. 307-15.

Giroux, H. (1981), 'Hegemony, Resistance and the Paradox of Educational Reform', *Interchange*, vol. 12, nos 2-3, pp. 3-26.

Giroux, H. (1983), *Theory and Resistance in Education: A Pedagogy for the Opposition*, Bergin & Garvey, Massachusetts.

Giroux, H. (1985), 'Introduction' to P. Freire, *The Politics of Education*, Bergin & Garvey, Massachusetts.

Giroux, H. (1987), 'Literacy and the Pedagogy of Political Empowerment', in P. Freire and D. Macedo, *Literacy: Reading the Word and the World*, Bergin & Garvey, Massachusetts.

Giroux, H. (ed.) (1988), *Teachers as Intellectuals*, Bergin & Garvey, Massachusetts.

Giroux, H. (1992), *Border Crossings, Cultural Workers and the Politics of Education*,

Routledge, New York.

Giroux, H. (1996), *Disturbing Pleasures*, Routledge, New York and London.

Giroux, H., D. Shumway, P. Smith and J. Sosnoski (1988), 'The Need for Cultural Studies', in H. Giroux (ed.), *Teachers as Intellectuals*, Bergin & Garvey, Massachusetts.

Gore, J.M. (1992), *The Struggle for Pedagogies. Critical and Feminist Discourses as Regimes of Truth*, Routledge, New York.

Goulet, D. (1973), 'Introduction', to P. Freire, *Education for Critical Consciousness*, Continuum, New York.

Grabowski, S.M. (ed.) (1972), *Paulo Freire: A Revolutionary Dilemma for the Adult Educator*, ERIC Clearing House, New York.

Gramsci, A. (1957), *The Modern Prince and Other Writings*, edited by L. Marks, International Publishers, New York.

Gramsci, A. (1964), *2000 Pagine di Gramsci* (Vol.1), edited by G. Ferrara and N. Gallo, Il Saggiatore, Milan.

Gramsci, A. (1971a), *Gli intelletuali e l'organizzazione della cultura*, Editori Riuniti, Rome.

Gramsci, A. (1971b), *Selections from the Prison Notebooks*, edited by Q. Hoare and G. Nowell Smith, International Publishers, New York.

Gramsci, A. (1972), *L'Alternativa Pedagogica*, edited by M.A. Manacorda, La Nuova Italia, Florence.

Gramsci, A. (1976), *Scritti 1915-1921*, edited by S. Caprioglio, Moizzi Editore, Milan.

Gramsci, A. (1977), *Selections from Political Writings* (*1910-20*), edited by Q. Hoare and J. Matthews, International Publishers, New York.

Gramsci, A. (1978), *Selections from Political Writings* (*1921-1926*), edited by Q. Hoare, International Publishers, New York.

Gramsci, A. (1985), *Selections from Cultural Writings*, edited by D. Forgacs and G. Nowell Smith, Harvard University Press, Cambridge MA.

Gramsci, A. (1988), *A Gramsci Reader*, ed. D. Forgacs, Lawrence & Wishart, London.

Gramsci, A. (1995), *Further Selections from the Prison Notebooks*, trans. and ed. D. Boothman, University of Minnesota Press, Minneapolis.

Gramsci, A. (1996), *Lettere dal Carcere 1926-1937*, edited by A. Santucci, Sellerio Editore, Palermo.

(グラムシ『獄中ノート』の邦訳は以下がある。『歴史の周辺にて「サバルタンノート」』松田博訳、明石書店、2011、『知識人とヘゲモニー「知識人論ノート」』松田博訳、明石書店、2013、『新編・現代の君主』上村忠男訳、ちくま文庫、2008、『ノート22 アメリカニズムとフォーディズム』東京グラムシ会『獄中ノート』研究会訳、いりす・同時代社、2006、『グラムシ・セレクション』片桐薫訳、平凡社、2001、『知識人と権力』上村忠男訳、みすず書房、1999)

Green, A. (1990), *Education and State Formation: The Rise of Educational Systems in England, France and the USA*, Macmillan, London.

Hall, B.L. (1993), 'Learning and Global Civil Society: Electronic Networking in International Non-governmental Organisations', *International Journal of Computers in Adult Education and Training*, vol. 3, no. 3, pp. 5-24.

Hall, B.L. (1998), '"Please Don't Bother the Canaries": Paulo Freire and the International Council for Adult Education', *Convergence*, vol. XXXI, nos 1 and 2, pp. 95-104.

Hall, S. (1996), 'Gramsci's Relevance for the Study of Race and Ethnicity', in D. Morley and K.-H. Chen (eds), *Stuart Hall: Critical Dialogues in Cultural Studies*, Routledge, London and New York.

Hammond, J.L. (1991), 'Popular Education in the Midst of Guerrilla War: An Interview with Julio Portillo', *Journal of Education*, vol. 173, no. 1, pp.91-106.

Hart, M.D. (1992), *Working and Educating for Life: Feminist and International Perspectives on Adult Education*, Routledge, London and New York.

Harwood, R. (1984), *All the World's a Stage*, Methuen, London.

Haug, F. (ed.) (1987), *Female Sexualization: A Collective work of Memory*, Verso, London.

Haughey, D. (1998), 'From Passion to Passivity: The Decline of University Extension for Social Change', in S.M. Scott, B. Spencer and A. M. Thomas (eds), *Learning for Life: Canadian Readings in Adult Education*, Thompson Educational, Toronto.

Haviland, R. (1973), 'An Introduction to the Writings of Paulo Freire', *Adult Education*, vol. 45, no. 5, pp. 280-85.

Highet, G. (1991), 'Gender and Education: A Study of the Ideology and Practice of Community-Based Women's Education', in S. Westwood and J.E. Thomas (eds), *Radical Agendas? The Politics of Adult Education*, NIACE, Leicester.

Hill, R.J. (1996), 'Learning to Transgress: A Socio-historical Conspectus of the American Gay Lifeworld as a Site of Struggle and Resistance', *Studies in the Education of Adults*, vol. 28, no. 2, pp. 253-79.

Hobsbawm, E.J. (1983), 'Mass-Producing Traditions: Europe, 1870-1914', in E.J. Hobsbawm and T. Ranger (eds), *The Invention of Tradition*, Cambridge University Press, Cambridge.

Hobsbawm, E.J. (ed.) (1995), *Gramsci in Europa e in America*, Italian edition ed. A. Santucci, Editori Laterza, Rome and Bari.

Hobsbawm, E.J. and T. Ranger (eds) (1983), *The Invention of Tradition*, Cambridge University Press, Cambridge.

Hoechsmann, M. (1993), 'Resources for Memory', *Border/Lines*, 27, pp. 55-6.

Holub, R. (1992), *Antonio Gramsci: Bryond Marxism and Postmodernism*, Routledge, London and New York.

Hommen, L. (1986), 'On the "Organic Intellectualism" of Antonio Gramsci: A Study of the Concept as a Contribution to the Politics of Adult Education', unpublished thesis, College of Education, University of Saskatchewan.

hooks, b. (1981), *Ain't I a Woman? Black Women and Feminism*, South End Press, Boston MA.（邦訳『アメリカ黒人女性とフェミニズム』ベル・フックス著、大類久恵・柳沢圭子訳、明石書店、2010）

hooks, b. (1988), *Talking Back: Thinking Feminist, Thinking Black*, Between the Lines, Toronto.

hooks, b. (1993), 'bell hooks Speaking about Paulo Freire: The Man, His Work', in P. McLaren and P. Leonard (eds), *Paulo Freire: A Critical Encounter*, Routledge, New York and London.

hooks, b. (1994), *Teaching to Transgress*, Routledge, London and New York.（邦訳『とびこえよ、その囲いを』ベル・フックス著、里見実監訳、新水社、2006）

Horton, M. and P. Freire (1990), *We Make the Road by Walking: Conversations on Education and Social Change*, Temple University Press, Philadelphia.

Husen, T. and N. Postlewaithe (eds) (1985), *The International Encyclopaedia of Education: Research and Studies*. vol. VIII, Pergamon, Oxford.

Ireland, T. (1987), *Antonio Grarmsci and Adult Education: Reflections on the Brazilian Experience*, Manchester University Press, Manchester.

Jackson, T. (1981), 'The Influence of Gramsci on Adult Education', *Convergence*, vol. 14, no. 3, pp. 81-6.

Jarvis, P. (1985), *The Sociology of Adult and Continuing Education*, Croom Helm, Beckenham.

Jarvis, P. (1987a), 'Paulo Freire', in P. Jarvis (ed.), *Twentieth Century Thinkers in Adult Education*, Routledge, London and New York.

Jarvis, P. (1987b), *Adult Learning in the Social Context*, Croom Helm, Beckenham.

Jarvis, P. (ed.) (1992), *Perspectives on Adult Education and Training in Europe*, Leicester, NIACE.

Jules, D. (1993), 'The Challenge of Popular Education in the Grenada Revolution', in C. Lankshear and P. McLaren (eds), *Critical Literacy, Politics, Praxis and the Postmodern*, SUNY Press, Albany NY.

Kekkonen, H. (1977), 'An Experiment in Outreach and the Pedagogy of Freire', *Convergence*, vol. 10, no. 1, pp. 53-7.

Kelly, U. and J.P. Portelli (1991), 'Absent Discourses: A Review Symposium on Peter McLaren's *Life in Schools* and the Author's Response', *Journal of Education*, vol. 173, no. 3, pp. 7-59.

Kester, G. (1980), *Transition to Workers' Self-Management: Its Dynamics in the Decolonising Economy of Malta*, Institute of Social Studies, The Hague.

Kidd, R. and K. Kumar (1981), 'Coopting Freire: A Critical Analysis of Pseudo-Freirean Adult Education', *Economic and Political Weekly*, vol. XVI, nos 1 and 2, pp. 27-36.

Kirkwood, G. and C. Kirkwood (1989), *Living Adult Education: Freire in Scotland*,

Open University Press, Milton Keynes.

Korsgaard, O. (1997), 'The Impact of Globalization on Adult Education', in S. Waiters (ed.), *Globalization, Adult Education and Training: Impacts and Issues*, Zed Books, London.

Kozol, J. (1997), 'Exiles', in *Taboo: The Journal of Culture and Education*, vol.Ⅱ, Fall, pp. 176-178.

La Belle, T.J. (1986), *Non Formal Education in Latin America and the Caribbean: Stability, Reform or Revolution?*, Praeger, New York.

Laclau, E. and C. Mouffe (1985), *Hegemony and Socialist Strategy: Towards a Radical Democratic Politics*, Verso, London and New York.（邦訳『ポスト・マルクス主義と政治』E.ラクラウ、C.ムフ著、山崎カヲル・石澤武訳、大村書店、1992、『民主主義の革命』E.ラクラウ、C.ムフ著、西永亮・千葉眞訳、ちくま学芸文庫、2012）

Lajolo, L. (1985), *Gramsci: un uomo sconfitto*, Rizzoli, Milan.

Lange-Christensen, E. (1996), 'Freire and Liberation Theology', in H. Reno and M. Witte (eds), *37th Annual AERC Proceedings*, University of South Florida, Tampa.

Lawner, L. (ed.) (1973), *Letters from Prison, Antonio Gramsci*, The Noonday Press, New York.

Lawton, D. (1984), 'Curriculum and Culture', in M. Skilbeck (ed.), *Readings in School-based Curriculum Development*, Harper & Row, New York.

Ledwith, M. (1997), *Participating in Transformation: Towards a Working Model of Community Empowerment*, Venture Press, Birmingham.

Leiner, M. (1986), 'The 1961 National Cuban Literacy Campaign', in R.F. Arnove and H.J. Graff (eds), *National Literacy Campaigns: Historical and Comparative Perspectives*, Plenum, New York.

Leonard, P. (1993), 'Critical Pedagogy and State Welfare: Intellectual encounters with Freire and Gramsci, 1974-86', in P. McLaren and P. Leonard (eds), *Paulo Freire: A Critical Encounter*, Routledge, New York and London.

Lepre, A. (1998), *Il Prigioniero: Vita di Antonio Gramsci*, Laterza, Bari.（邦訳『囚われ人アントニオ・グラムシ』A.レプレ著、小原耕一・森川辰文訳、青土社、2000）

Lesirge, R. and J. Mace (1992), 'Literacy and Return to Learning Programmes for Women: Shifts in Perspective', in M. Taylor and R. Bédard (eds), *Proceedings of the 11th Annual Conference of the Canadian Association for the Study of Adult Education*, University of Saskatchewan, Saskatoon.

Lichtner, M. (1992), 'Italy', in P. Jarvis (ed.), *Perspectives on Adult Education and Training in Europe*, NIACE, Leicester.

Lind, A. and A. Johnston (1986), *Adult Literacy in the Third World*, SIDA, Stockholm.

Livingstone, D.W. (1976), 'On Hegemony in Corporate Capitalist States: Materialist Structures, Ideological Forms, Class Consciousness and Hegemonic Acts', *Sociological Inquiry*, 46, vol. 3, no. 4, pp. 235-50.

Livingstone, D.W. (1995), 'Searching for the Missing Links: Neo-Marxist Theories of

Education', *British Journal of Sociology of Education*, vol. 15, no. 3, pp. 325-39.

Livingstone, D.W. (1997), 'Working Class Culture, Adult Education and Informal Learning: Beyond the "Cultural Capital" Bias to Transformative Community', in P. Armstrong, N. Miller, and M. Zukas (eds), *Crossing Borders Breaking Boundaries: Research in the Education of Adults*, Proceedings of the 27th Annual SCUTREA Conference, Birkbeck College, University of London.

Lloyd, A. (1972), 'Freire, Conscientisation and Adult Education', *Adult Education*, vol. 23, no. 1, pp. 3-20.

Lojacono, G. (1977), *Gramsci, Nuove Linee del P.C.I. ed Euro-Comunismo*, Istituto Padano Di Arti Grafiche, Rovigo.

London-Edinburgh Weekend Return Group (1979,1980), *In and Against the State*, Pluto Press, Bristol.

Lorde, A. (1984), *Sister Outsider*, The Crossing Press, California.

Lovett, T. (ed.) (1988), *Radical Approaches to Adult Education: A Reader*, Routledge, London.

Lovett, T. (1978), 'The Challenge of Community Education in Social and Political Change', *Convergence*, vol. X, no. 1, pp. 42-51.

Lunacarskij, A. (1976), 'La Cultura nel movimento socialista', in S. Caprioglio (ed.), *Antonio Gramsci: Scritti, 1915-1921*, Moizzi Editore, Milan.

Luria, A.R. (1976), *Cognitive Development: Its Cultural and Social Foundations*, Harvard University Press, Cambridge MA. (邦訳『認識の史的発達』A.R.ルリア著、森岡修一訳、明治図書、1976)

Lynch, K. and C. O'Neill (1994), 'The Colonisation of Social Class in Education', *British Journal of Sociology of Education*, vol. 15, no. 3, pp. 307- 24.

Macedo, D. (1993), 'Literacy for Stupidification: The Pedagogy of Big Lies', *Harvard Educational Review*, vol. 63, no. 2, Summer, pp. 183-206.

Macedo, D. (1994), 'Preface', in P. McLaren and C. Lankshear (eds), *Politics of Liberation: Paths from Freire*, Routledge, London.

Mackie, R. (ed.) (1980), *Literary and Revolution: The Pedagogy of Paulo Freire*, Continuum, New York.

Manacorda, M.A. (1970), *Il Principio Educativo in Gramsci*, Armando Editore, Rome. (邦訳『グラムシにおける教育原理――アメリカニズムと順応主義』M.A.マナコルダ著、上野幸子・小原耕一訳、株式会社楽、1996)

Mancini, F. (1973), *Worker Democracy and Political Parry in Gramsci's Thinking*, discussion paper, Bologna, School of Advanced International Studies, The Johns Hopkins University.

Marks, L. (1957), 'Biographical Notes and Glossary', in A. Gramsci, *The Modern Prince and Other Writings*, International Publishers, New York.

Marshall, J. (1997), 'Globalization from Below: The Trade Union Connections', in S.

Walters, (ed.), *Globalization, Adult Education and Training: Impacts and Issues*, Zed Books, London.

Martinez, E. (1998), 'Freire in the North under Southern Eyes', *Convergence*, vol. XXXI, nos 1 and 2, pp. 128-36.

Mastellone, S. (1997), 'Introduzione: Una lettura diacronica dei *Quaderni del Careere*', in S. Mastellone (ed.), *Gramsci: I 'Quaderni Del Carcere', Una riflessione politica incompiuta*, UTET Libreria, Turin.

Mayo, M. (1995), 'Adult Education for Change in the Nineties and Beyond: Towards a Critical Review of the Changing Context'. in M. Mayo and J. Thompson (eds), *Adult Learning, Critical Intelligence and Social Change*, NIACE, Leicester.

Mayo, M. (1997), *Imagining Tomorrow: Adult Education for Transformation*, NIACE, Leicester.

Mayo, P. (1988), 'A Comparative Analysis of Antonio Gramsci's and Paulo Freire's Ideas Relevant to Adult Education', unpublished M.Ed. thesis, Department of Educational Foundations, University of Alberta.

Mayo, P. (199Ia), 'Pedagogy and Politics in the Work of Paulo Freire', *Education*, vol. 4, no. 1, pp. 20-28.

Mayo, P. (1991b), Review of P. Freire and A. Faundez, *Learning to Question: A Pedagogy of Liberation, Convergence*, vol. XXIV, no. 4, pp. 80-82.

Mayo, P. (1992), Review of M. Horton and P. Freire, *We Make the Road by Walking, Convergence*, vol. XXV, no. 2, pp. 77-80.

Mayo, P. (1993a), 'When does it Work? Freire's Pedagogy in Context', *Studies in the Education of Adults*, vol. 25, no. 1. pp. 11-30.

Mayo, P. (1993b) , Review of P.V. Taylor, *The Texts of Paulo Freire, Adults Learning*, vol. 4, no. 10, p. 283.

Mayo, P. (1994a), 'Synthesising Gramsci and Freire: Possibilities for a Theory of Radical Adult Education', *International Journal of Lifelong Education*, vol. 13, no. 2, pp. 125- 48.

Mayo, P. (1994b), 'Gramsci, Freire and Radical Adult Education: A Few "Blind Spots"', *Humanity and Society*, vol. 18, no. 3, pp. 82-98.

Mayo, P. (1994c), 'A Comparative Analysis of the Ideas of Gramsci and Freire from an Adult Education Perspective', *The Canadian Journal for the Study of Adult Education*, vol. 8, no. 2, pp. 1-28.

Mayo, P. (1995a), 'Towards a Process of Transformative Adult Education: A Maltese Case Study', in M. Bron and M. Malewski (eds), *Adult Education and Democratic Citizenship*, Wroclaw University Press, Wroclaw.

Mayo, P. (1995b), 'The "Turn to Gramsci" in Adult Education: A Review of the English Language Literature', *International Gramsci Society Newsletter*, April.

Mayo, P. (1995c), 'Critical Literacy and Emancipatory Politics: The Work of Paulo

Freire', *International Journal of Educational Development*, vol. 15, no. 4, pp. 363-79.

Mayo, P. (1996), 'Transformative Adult Education in an Age of Globalization: A Gramscian- Freirean Synthesis and Beyond', *Alberta Journal of Educational Research*, vol. XLII, June, pp. 148-60.

Mayo, P. (1997a), 'Tribute to Paulo Freire (1921-1997)', *International Journal of Lifelong Education*, vol. 16, no. 5, pp. 365-70.

Mayo, P. (1997b), 'Workers' Education and Democracy', in G. Baldacchino and P. Mayo (eds), *Beyond Schooling: Adult Education in Malta*, Mireva, Malta.

Mayo, P. (1997c), Review of P. McLaren and P. Leonard (eds), *Paulo Freire: A Critical Encounter and P. McLaren* and C. Lankshear (eds), *Politics of Liberation: Paths from Freire, Mediterranean Journal of Educational Studies*, vol. 2, no. 2, pp. 165- 73.

McGinn, N.F. (1996), 'Education, Democratisation and Globalisation: A Challenge for Comparative Education', *Comparative Education Review*, vol. 40, no. 4, pp. 341-57.

McGinn, N.F. (1997), 'The Impact of Globalization on National Educational Systems', *Prospects*, vol. XXVII, no. 1, pp. 41-54.

McIlroy, J. (1992), 'The Rise and Fall of Independent Working Class Education in the UK', in M. Taylor and R. Bédard (eds), *Proceedings of the 11th Annual Conference of the Canadian Association for the Study of Adult Education*, University of Saskatchewan, Saskatoon.

McIlroy, J. (1993a), 'Border Country: Raymond Williams in Adult Education', in J. McIlroy and S. Westwood (eds), *Border Country: Raymond Williams in Adult Education*, NIACE, Leicester.

McIlroy, J. (1993b), 'Community, Labour and Raymond Williams', *Adults Learning*, vol. 4, no. 10, pp. 276-7.

McIlroy, J. (1993c), 'Tales from Smoke-filled Rooms', *Studies in the Education of Adults*, vol. 25, no. 1, pp. 42-63.

McIlroy, J. and S. Westwood (eds) (1993), *Border Country: Raymond Williams in Adult Education*, NIACE, Leicester.

McLaren, P. (1986), 'Postmodernity and the Death of Politics: A Brazilian Reprieve' *Educational Theory*, vol. 36, no. 4, pp. 389-401.

McLaren, P. (1989), *Life in Schools*, Longman, New York and London.

McLaren, P. (1991), 'Critical Pedagogy: Constructing an Arch of Social Dreaming and a Doorway to Hope', *Journal of Education*, vol. 173, no. 1, pp. 9-34.

McLaren, P. (1994), 'Postmodernity and the Death of Politics: A Brazilian Reprieve', in P. McLaren and C. Lankshear (eds), *Politics of Liberation: Paths from Freire*, Routledge, London.

McLaren, P. (1995), *Critical Pedagogy and Predatory Culture*, Routledge, New York and London.

McLaren, P. (1997), 'Paulo Freire's Legacy of Hope and Struggle', *Taboo: The Journal of*

Culture and Education, vol. II, Fall, pp. 33- 38.

McLaren, P. and T.T. Da Silva (1993), 'Decentering Pedagogy: Critical Literacy, Resistance and the Politics of Memory', in P. McLaren and P. Leonard (eds), *Paulo Freire: A Critical Encounter*, Routledge, New York and London.

McLaren, P. and C. Lankshear (eds) (1994), *Politics of liberation: Paths from Freire*, Routledge, London.

McLaren, P. and P. Leonard (eds) (1993), *Paulo Freire: A Critical Encounter*, Routledge, New York and London.

McLaren, P., G. Fischman, S. Serra and E. Antelo (1998), 'The Spectres of Gramsci: Revolutionary Praxis and the Committed Intellectual', *Journal of Thought*, Winter, pp. 1-32.

Meiksins Wood, E. (1986), *The Retreat from Class*, Verso, London.

Melis, A. (1995), 'Gramsci e l'America Latina', in G. Baratta and A. Catone (eds), *Antonio Gramsci e il 'Progresso Intellettuale di Massa'*, Edizioni Unicopli, Milan.

Melo, A. (1985), 'From Traditional Cultures to Adult Education: The Portuguese Experience after 1974', in K. Wain (ed.), *Lifelong Education and Participation*, University of Malta Press, Malta.

Merrington, J. (1977), 'Theory and Practice in Gramsci's Marxism', in *Western Marxism: A Critical Reader*, Verso, London.

Miles, A. (1989), 'Women's Challenge to Adult Education', *Canadian Journal for the Study of Adult Education*, vol. 3, no. 1, pp. 1- 18.

Miles, A. (1997), 'Adult Education for Global Social Change: Feminism and Women's Movement', in P. Wangoola and F. Youngman (eds), *Towards a Transformative Political Economy of Adult Education*, University of Illinois Press, Chicago.

Miles, A. (1998), 'Learning from the Women's Movement in the NeoLiberal Period', in S.M. Scott, B. Spencer and A.M. Thomas (eds), *Learning for Life: Canadian Readings in Adult Education*, Thompson Educational Publishing, Toronto.

Monasta, A. (1993a), *L'Educazione tradita: Criteri per una diversa valutazione complessiva dei Quaderni del Carcere di Antonio Gramsci*, McColl, Florence.

Monasta, A. (1993b), 'Antonio Gramsci (1891- 1937)', *Prospects*, vol. 23, nos 3/4, pp. 597-612.

Morgan, W.J. (1987), 'The Pedagogical Politics of Antonio Gramsci: "Pessimism of the Intellect, Optimism of the Will"', *International Journal of Lifelong Education*, vol. 6, no. 4, 1987, pp. 295- 308.

Morgan, W.J. (1996), 'Antonio Gramsci and Raymond Williams: Workers,Intellectuals and Adult Education', *Convergence*, vol. XXIX, no. 1, pp. 61- 74.

Moriarty, P. (1989), 'A Freirean Approach to Peacemaking', *Convergence*, vol. 22, no. 1, pp. 25-36.

Morrow, R.A. (1987), 'Introducing Gramsci on Hegemony: Towards a Post-marxist

Interpretation', Paper delivered at the Colloquium on the Fiftieth Anniversary of Grarnsci's death, 27 April, Department of Educational Foundations, University of Alberta, Edmonton.

Morrow, R.A. (1991), 'Critical Theory, Gramsci and Cultural Studies: From Structuralism to Poststructuralism', in P. Wexler (ed.), *Critical Theory Now*, Falmer, New York and London.

Morrow, R.A. and C.A. Torres (1995), *Social Theory and Education: A Critique of Theories of Social and Cultural Reproduction*, SUNY Press, Albany NY.

Mouffe, C. (1988), 'Hegemony and New Political Subjects: Toward a New Concept of Democracy', in C. Nelson and L. Grossberg (eds), *Marxism and the Interpretation of Culture*, University of Illinois Press, Chicago.

Mulenga, D. (1996), 'The Impact of Economic Crisis and Structural Adjustment on Education and Training in Africa', in H. Reno, and M. Witte (eds), *37th. Annual Adult Education Research Conference Proceedings*, University of South Florida, Tampa.

Murphy, M. (1997), 'Capital, Class and Adult Education: The International Political Economy of Lifelong Learning in the European Union', in P. Armstrong, N. Miller and M. Zukas (eds), *Crossing Borders Breaking Boundaries: Research in the Education of Adults*, Proceedings of the 27th Annual SCUTREA Conference, Birkbeck College, University of London.

Nairn, T. (1982), 'Antonu su Gobbu', in A. Showstack Sassoon (ed.), *Approaches to Gramsci*, Writers and Readers, London.

Nelson, C. and L. Grossberg (eds) (1988), *Marxism and the Interpretation of Culture*, University of Illinois Press, Chicago.

Norris, A. (1992), 'Brazil's Death Squads Refine their Methods', *The Times* (Malta), 22 August, p. 18.

Nyerere, J.K. (1979), 'Education for Self-Reliance', *The Tanzanian Experience*, Unesco, Hamburg.

O'Cadiz, P., P.L. Wong and C.A. Torres (1997), *Education and Democracy: Paulo Freire, Social Movements and Educational Reform in São Paulo*, Westview Press, Boulder CO.

Ornelas, C. (1982), 'Cooperative Production and Technical Education in the Basque Country', *Prospects*, vol. XII, no. 4, pp. 467-75.

Pannu, R.S. (1996), 'Neoliberal project of Globalization: Prospects for Democratisation of Education', *Alberta Journal of Educational Research*, vol. XLII, no. 2, pp. 87-101.

Peters,J.M. and B. Bell (1987), 'Horton of Highlander', in P.Jarvis, (ed.), *Twentieth Century Thinkers in Adult Education*, Routledge, London and New York.

Peters, S. (1997), 'Paulo Freire's Conscientization Applied to Critical Pedagogy of Hope for Students with Disabilities', presentation at the Comparative International Education Society Conference, Mexico City, 20-22 March.

Plumb, D. (1995), 'Critical Adult Education and Identity in Postmodernity', in P.

Collette, B. Einsiedel and S. Hobden (eds), *36th Annual Adult Education Research Conference*, University of Alberta, Edmonton.

Quiroz Martín, T. (1997) , 'Women, Poverty and Adult Education in Chile', in S. Walters (ed.), *Globalization, Adult Education and Training: Impacts and Issues*, Zed Books, London.

Ransome, P. (1992), *Antonio Gramsci: A New Introduction*, Harvester Wheatsheaf, Hemel Hempstead.

Retamal, G. (1981) *Paulo Freire, Chiristian Ideology and Adult Education in Latin America*, Newland Papers no. 5, University of Hull.

Rockhill, K. (1987), 'Gender, Language and the Politics of Literacy', *British Journal of Sociology of Education*, vol. 8, pp. 153- 67.

Rosenberg, S. (1992), 'Inside the Ellipses: Intervals (of) (for) Memory', *Border/Lines* 24/25, pp. 30-35.

Ross, R. and K.C. Trachte (1990), *Global Capitalism: The New Leviathan*, SUNY Press, Albany NY.

Said, E. (1994), *Representations of the Intellectual*, Vintage, London. (邦訳『知識人とは何か』エドワード・サイード著、大橋洋一訳、平凡社、1998)

Scatamburlo, V.L. (1997), 'The Revolutionary Legacy of Paulo Freire', *Taboo: The Journal of Culture and Education*, vol. II, Fall, pp. 55-57.

Schedler, P.E. (1993), 'Autonomy: Solution, Transition or Possibility? Women's Emancipation and Education', *Studies in the Education of Adults*, vol. 25, no. 1, pp. 31-9.

Schedler, P.E. (1996), 'Gay Emancipation and the Information Society', *Studies in the Education of Adults*, vol. 28, no. 2, pp. 280-91.

Schenke, A. (1992), 'Refashioning Girlhood', *Border/Lines* 24/25, pp. 56-8.

Scholle, D. (1991), 'Critical Pedagogy and Popular Culture: The Language of Critique and Possibility', *Journal of Education*, vol. 173, no.1. pp. 124-30 .

Senese, G.B. (1991), 'Warnings on Resistance and the Language of Possibility: Gramsci and a Pedagogy from the Surreal', *Educational Theory*, vol. 41, no. 1, Winter, pp. 13-22.

Sharp, R., M. Hartwig and J. O'Leary (1989), 'Independent Working Class Education: A Repressed Historical Alternative', *Discourse*, vol. 10, no. 1, October, pp. 1-26.

Shaull, R. (1970), 'Foreword', in P. Freire, *Pedagogy of the Oppressed*, Seabury Press, New York.

Shor, I. (ed.) (1987), *Freire for the Classroom: A Sourcebook for Liberatory Teaching*, Boyton/Cook, Portsmouth NH.

Shor, I. (1992), *Empowering Education: Critical Teaching for Social Change*, University of Chicago Press, Chicago.

Shor, I. and P. Freire (1987), *A Pedagogy for Liberation: Dialogues on Transforming*

Education, Bergin & Garvey, Massachusetts.

Showstack Sassoon, A. (ed.) (1982), *Approaches to Gramsci*, Writers and Readers, London.

Showstack Sassoon, A. (1987), *Gramsci's Politics*, Hutchinson, London, Melbourne, Sydney and Auckland.

Simon, R. (1982), *Gramsci's Political Thought: An Introduction*, Lawrence & Wishart, London.

Simon, R.I. (1992), *Teaching Against the Grain: Texts for a Pedagogy of Possibility*, OISE Press, Toronto.

Sklair, L. (1995), 'Social Movements and Global Capitalism', *Sociology*, vol. 29, no. 3, pp. 495-512.

Soljan, N., M. Golubovic and A. Krajnc (eds) (1985), *Adult Education in Yugoslav Society*, Andragoski Centar, Zagreb.

Spencer, B. (1992), 'Workers' Education in Canada and Britain in the 1990s', in M. Taylor and R. Bédard (eds), *Proceedings of the 11th Annual Conference of the Canadian Association for the Study of Adult Education*, University of Saskatchewan, Saskatoon.

Spencer, B. (1994), 'Educating Union Canada', *Canadian Journal for the Study of Adult Education*, vol. 8, no. 2, pp. 45-64.

Spencer, B. (1995), 'Old and New Social Movements as Learning Sites: Greening Labour Unions and Unionising the Greens', *Adult Education Quarterly*, vol. 46, no. 1, pp. 31- 42.

Spencer, B. (1998a), *The Purposes of Adult Education: A Guide for Students*, Thompson Educational, Toronto.

Spencer, B (1998b), 'Workers' Education for the Twenty-first Century', in S.M. Scott, B. Spencer and A.M. Thomas (eds), *Learning for life: Canadian Readings in Adult Education*, Thompson Educational, Toronto.

Spriano, P. (1979), *Antonio Gramsci and the Parry: The Prison Years*, Lawrence & Wishart, London.

Stefanos, A. (1997), 'African Women and Revolutionary Change: A Freirian and Feminist Perspective', in P. Freire et al. (eds), *Mentoring the Mentor: A Critical Dialogue with Paulo Freire*, Peter Lang, New York.

Steinberg, S., J.L. Kincheloe and K. Hausbeck (1997), *Taboo: The Journal of Culture and Education*, vol. II, Fall.

Sultana, R.G. (1992), *Education and National Development: Historical and Critical Perspectives on Vocational Schooling in Malta*, Mireva Publications, Malta.

Taking Liberties Collective (1989), *Learning the Hard Way: Women's Oppression in Men's Education*, Macmillan, London.

Taylor, M. and R. Bédard (eds) (1992), *Proceedings of the 11th Annual Conference of the Canadian Association for the Study of Adult Education*, University of Saskatchewan, Saskatoon.

Taylor, P. (1993), *The Texts of Paulo Freire*, Open University Press, Buckingham and Philadelphia.

Thomas, J.E. (1991), 'Innocence and After: Radicalism in the 1970s', in S. Westwood and J.E. Thomas (eds), *Radical Agendas? The Politics of Adult Education*, NIACE, Leicester.

Thompson, J.L. (1980), *Adult Education for a Change*, Hutchinson, Kent.

Thompson, J.L. (1983), *Learning Liberation: Women's Response to Men's Education*, Croom Helm, London, Sydney, Dover and New Hampshire.

Thompson, J.L.(1988), 'Adult Education and the Women's Movement' in T. Lovett(ed.), *Radical Approaches to Adult Education: A Reader*, Routledge, London.

Titmus C.J. (ed.) (1989), *Lifelong Education for Adults: An International Handbook*, Pergamon Press, Oxford.

Tonkovic, S.(1985), 'Education for Self-Management', in N. Soljan, M. Golubovic and A. Krajnc (eds), *Adult Education in Yugoslav Society*, Andragoski Centar, Zagreb.

Torres, C.A. (1982), 'From the *Pedagogy of the Oppressed* to *A Luta Continua* -An Essay on The Political Pedagogy of Paulo Freire', *Education with Production*, Review no. 2, Botswana, Spring, pp. 76-97.

Torres, C.A. (1985), 'State and Education: Marxist Theories', in T. Husen and N. Postlethwaite (eds), *The International Encyclopaedia of Education: Research and Studies*, vol. VIII, Oxford, Pergamon.

Torres, C.A. (1987), *Toward a Political Sociology of Adult Education: An Agenda for Research on Adult Education Policy-Making*, Occasional Paper series, Department of Educational Foundations, Centre for International Education and Development, University of Alberta.

Torres, C.A. (1988), 'An Analytical Framework for Adult Education in Alberta', *Alberta Journal of Educational Research*, special issue, Adult Education in International Perspective, vol. XXXIV, no. 3, pp. 269-86.

Torres, C.A. (1990a), *The Politics of Nonformal Education in Latin America*, Praeger, New York.

Torres, C.A. (1990b), 'Adult Education and Popular Education in Latin America: Implications for a Radical Approach to Comparative Education', *International Journal of Lifelong Education*, vol. 9, no. 4, pp. 271- 87.

Torres, C.A. (1991a), 'A Political Sociology of Adult Education: A Research Agenda', *Education*, vol. 4, no. 1, pp. 29- 34.

Torres, C.A. (1991b), 'The State, Nonformal Education, and Socialism in Cuba, Nicaragua, and Grenada', *Comparative Education Review*, vol. 35, no. 1, pp. 110-30.

Torres, C.A. (1993), 'From the *Pedagogy of the Oppressed* to *A Luta Continua* -An Essay on The Political Pedagogy of Paulo Freire' in P. McLaren and P. Leonard (eds), *Paulo Freire: A Critical Encounter*, Routledge, New York and London.

Torres, C.A. (1994a), 'Education and the Archeology of Consciousness: Freire and Hegel', *Educational Theory*, vol. 44, no. 4, pp. 429-45.

Torres, C.A. (1994b), 'Paulo Freire as Secretary of Education in the Municipality of São Paulo', *Comparative Education Review*, vol. 38, no. 2, pp. 181- 214.

Torres, R.M. (1986), 'Education and Democracy in Revolutionary Grenada', *Access*, vol. 5, no. 1, pp. 1-43.

Tucker, R. (ed.) (1978), *The Marx-Engels Reader*, W.W. Norton, New York.

Turner, G. (1990), *British Cultural Studies*, Unwin Hyman, Boston.

Unsicker, J. (1986), 'Tanzania's Literacy Campaign in Historical-Structural Perspective', in R.F. Arnove and H. Graff (eds), *National Literacy Campaigns in Historical and Comparative Perspective*, Plenum, New York.

Usher, R. and R. Edwards (1994), *Postmodernism and Education: Different Voices, Different World*, Routledge, London.

Usher, R., I. Bryant and R. Johnston (1997), *Adult Education and the Postmodern Challenge: Learning Beyond the Limits*, Routledge, London.

Vanek, J. (1977), 'Education and the Practice of Self Management', in *Democracy in the Workplace*, Strongforce Inc., Washington DC.

Viezzer, M. (1990), 'La Población Marginada, Objeto del Ano Internacional de la Alfabetización', interview with Paulo Freire, *Convergence* vol. XXIII, no. 1, pp. 5- 8.

Walker, J.C.(1980), 'The End of Dialogue: Paulo Freire on Politics and Education', in R. Mackie (ed.), *Literacy and Revolution: The Pedagogy of Paulo Freire*, Continuum, New York.

Walters, S. (ed.) (1997), *Globalization, Adult Education and Training: Impacts and Issues*, Zed Books, London.

Weiler, K. (1991), 'Freire and a Feminist Pedagogy of Difference', *Harvard Educational Review*, vol. 61, no. 4, pp. 449-74.

Welton, M. (ed.) (1987), *Knowledge for the People: The Struggle for Adult Learning in English-speaking Canada: 1828-1973*, OISE Press, Toronto.

Welton, M. (1991), 'Dangerous Knowledge: Canadian Workers' Education in the Decades of Discord', *Studies in the Education of Adults*, vol. 23, no. 1, pp. 24- 40.

Welton, M. (1993), 'Social Revolutionary Learning: The New Social Movements as Learning Sites', *Adult Education Quarterly*, vol. 43, no. 3, pp. 152-64.

Westwood, S. (1991a), 'Constructing the Other: Minorities, the State and Adult Education in Europe', in S. Westwood and J.E. Thomas (eds), *Radical Agendas? The Politics of Adult Education*, NIACE, Leicester.

Westwood, S. (1991b), 'Constructing the Other: A Postmodern Agenda for Adult Education', in S. Westwood and J.E. Thomas (eds), *Radical Agendas? The Politics of Adult Education*, NIACE, Leicester.

Westwood, S. (1993), 'Excavating the Future: Towards 2000', in J. McIlroy and S.

Westwood (eds), *Border Country: Raymond Williams in Adult Education*, NIACE, Leicester.

Westwood, S. and J.E. Thomas (eds) (1991), *Radical Agendas? The Politics of Adult Education*, NIACE, Leicester.

Wexler, P. (1991), *Critical Theory Now*, Falmer Press, New York and London.

Williams, R. (1961), *The Long Revolution*, Penguin, Harmondsworth.

Williams, R. (1975), 'You're a Marxist, Aren't You?' in B. Parekh (ed.), *The Concept of Socialism*, Croom Helm, Beckenham.

Williams, R. (1976), 'Base and Superstructure in Marxist Cultural Theory', in R. Dale, G. Esland and M. Macdonald (eds), *Schooling and Capitalism*, Routledge & Kegan Paul, London.

Williams, R. (1983), *Towards 2000*, Chatto & Windus, London.

Young, M.F.D. (ed.) (1971), *Knowledge and Control*, Collier-Macmillan, London.

Youngman, F. (1986), *Adult Education and Socialist Pedagogy*, Croom Helm, Beckenham.

Zachariah, M. (1986), *Revolution through Reform: A Comparison of Sarvodaya and Conscientisation*, Praeger, New York.

Zammit, E. (1995-96), 'Worker Participation and Employee Empowerment: A Comparative Study of Two Enterprises in Malta', *Economic and Social Studies*, vol. 7, pp. 1-17.

Zammit, E.L. and A. Gauci (1984), 'Case Studies in Industrial Democracy: Malta Drydocks and the Mondragon Co-operatives', in E. Azzopardi and L.J. Scerri (eds), *Issues: Aspects of an Island Economy*, Economics Society, Malta.

Zuniga, M. (1993), 'Popular Education and Social Transformation in Nicaragua', Maria Zuniga interviewed by Peter Mayo, *Education*, vol. 5, no. 1, pp. 33-40.

注

[1] この点に私の注意を差し向けてくれたのはPaula Allmanである. Allman P. and Mayo, 1997 参照. これはロンドン大学バーベック・カレッジで開催された SCUTREA 第27回年次学会でのわれわれの報告である.

[2] グローバリゼーション, 成人教育, 訓練については Walters. S. (ed) Globalization, Adult Education and Training が本叢書第1巻として Zed Books より刊行されている. とくに同書中のKorsgaard論文. ほかには Miles 1998.
グローバリゼーションと教育全般との結びつきについては, Comeliau, 1997, McGinn, 1996, 1997, Prospects vol. XXVII, no.1 および Alberta Journal of Educatinal Research, vol. XLII, no.2 の特集号を参照されたい. グローバリゼーションを広く経済学の視点から論じた文献としては, Ross and Trachte, 1990; Amin, 1997 がある.

[3] Allman and Wallis, 1995a.

[4] Hoare and Nowell Smith, in Gramsci(『獄中ノート』・英訳版), 1971b: 280 をみよ. Allman and Mayo, 1997: 8.(東京グラムシ会『獄中ノート』研究会訳・編, 対訳セリエ1『ノート22・アメリカニズムとフォーディズム』同時代社, 2006)

[5] そのような再編が, 資本主義にとってもつ意味については, Foley, 1994 をみよ.

[6] See Boron and Torres,1996; Pannu, 1996; Mulenga, 1996; McGinn, 1996.

[7] 市場経済移行に向けての国際ガイドラインが1975年にチリに導入された. 関係閣僚の多くはシカゴ大学の卒業生で, ミルトン・フリードマンの強い影響下にある人々であった.
—Quiroz Martín, 1997: 39.

[8] Pannu, 1996.

[9] Pannu, 1996; Boron and Torres, 1996; Mulenga, 1996. この部分と次の注10の文章はAllmanとの共著 1997 からの再録である.

[10] Boron and Torres, 1996; Pannu, 1996; Mulenga, 1996; McGinn, 1996. Text virtually reproduced from Allman and Mayo, 1997: 6.

[11] たとえば Vanek, 1977; Ornelas, 1982; Tonkovic, 1985; Crane, 1987; Baldacchino, 1990; Zammit, 1995-96; Mayo, 1997b; Spencer, 1998a. などをみよ.

[12]「成人教育とアクティブな民主主義シティズンシップ」という標語は ESREA (European Society for Research on the Education of Adult) のもの. 上記の理念を標榜するさまざまな研究グループがこのネットワークに参加している.

[13] Ledwith, 1997: 148.

[14] たとえば Westwood. 1991b; Usher and Edwards, 1994; Plumb, 1995; Usher, Bryant and Johnston, 1997; Briton, 1996; M.C. Clark, 1997; Edwards and Usher, 1997 などを参照.

[15] Westwood, 1991b をみよ.

[16] McLaren, 1994 参照.

[17] Allman and Wallis, 1995a: 31. 著者たちの1997: 118, 119ページの論述も参照されたい.

[18] たとえば Freire 1998a: 14.

[19]この用語は McLaren, 1995: 100 からの援用である.
[20]Scatamburlo, 1997: 56.
[21]たとえば Fukuyama, 1992 (フランシス・フクヤマ『歴史の終わり』渡部昇一訳, 三笠書房, 1992)をみよ.
[22]Freire, 1996; 84.
[23]Gadotti and Torres, 1997: 100.
[24]Tompson, 1980: 26; cited in M. Mayo, 1995: 5.
[25]Freire, 1972b.
[26]Torres, 1988: 273; The original source は Welton, 1987.
[27]「市民社会」という概念を使うときは批判的な配慮が必要であることを, 私は SCULTREA でのAngela Miles (University of Tronto), Joseph Buttigieg (Notre Dame University, Indiana) との討論をとおして学んだ. 1997年10月にナーポリのパラッツォ・セッラ・ディ・カッサーノでおこなわれた国際グラムシ研究会議でも『獄中ノート』中でのサバルタン範疇の用法と関連して, このことが論議されている. また Korsgaard (1997) がおこなっている「市民社会」についての論述も参考になる.
[28]Korsgaard, 1997: 22.
[29]Hall, 1996: 424. (スチュアート・ホール『カルチュラル・アイデンティティの諸問題』柿沼敏江・佐復秀樹・林完枝・松畑強訳, 大村書店, 2001)
[30]Morrow and Torres, 1995: 457. 1950年代から60年代にかけて Hector Agosti らによってグラムシの『獄中ノート』がアルゼンチンで翻訳・出版されている. また José Aricó によって1961年にLiteratura y vida nacional (文学と国民生活)が訳出されている. Fernández Díaz, 1995: 143.
[31]Freire, 1995: 63, 64. I am indebted to M. Mayo (1997) for drawing my attention to this point.
[32]Freire, 1985: 182.
[33]Freie and Faundez, 1989; Horton and Freire, 1990を参照.
[34]Horton and Freire, 1990: 36.
[35]La Belle, 1986: 47.
[36]Freire and Faundez, 1989.
[37]Coutinho, 1995: 135. 参照.
[38]Fiori, 1970: 10. (G. フィオーリ『グラムシの生涯』藤沢道郎訳, 平凡社, 1972: 11.)
[39]Fiori; 1970; 10. (藤沢訳: 11)
[40]Germino, 1990: 1; Lepre, 1998: 4. (アウレリオ・レプレ, 小原耕一・森川辰文訳『囚われ人アントニオ・グラムシ』青土社, 2000)
[41]Germino, 1990: 1; Lepre, 1998: 4.
[42]De Robbio Anziano, 1987: 10.
[43]Fiori, 1970: 15, 25; Lepre. 1998: 7.
[44]Sautucci, in Gramsci, 1996: xxxii.
[45]De Robbio Anziano, 1987: 12; Lepre, 1998: 11.

[46]Hoare and Nowell Smith, in Gramsci, 1971b: xx.
[47]Hoare and Nowell Smith, in Gramsci, 1971b: xxi.
[48]Buttigieg, 1992: 67.
[49]Buttigieg, 1992: 67; Caprioglio, in Gramsci, 1976: 21.
[50]Adamson, 1980: 50.
[51]Buttigieg, 1992: 68.
[52]Gramsci, 1996: 56.
[53]Buttigieg, 1992: 68.
[54]Gramsci,『獄中ノート』Santucci, 1996. xxxiv, xxxv.
[55]Gramsci, 1977: 65, 66.
[56]Buttigieg, 1992: 74.
[57]たとえば Lawner, 1973: 28; Hoare, in Gramsci, 1977: x; Adamson, 1980: 60; Ransome, 1992: 85, 86; Germino, 1990: 112.
[58]Encarta 98. の Fiat の項を参照.
[59]Ransome, 1992: 86.
[60]Germino, 1990: 108.
[61]Buttigieg, 1992: 75 をみよ.
[62]Manacorda, 1970: 38; Buttigieg, 1992: 75.
[63]Caprioglio, in Gramsci, 1976: 216.
[64]Broccoli, 1972: 49.
[65]Buttigieg, 1992: 83.
[66]Santucci, in Gramsci, 1996: xxxv.
[67]Spriano, 1979: 49.
[68]Hoare and Nowell Smith, in Gramsci, 1971b: lxxxix; De Rubbio Anziano,1987: 13; Buttigieg, 1992: 88.
[69]ピエロ・ズラッファ宛1927年1月2日付書簡をみよ. In Gramsci, 1996: 28, 29.
[70]Buttigieg, 1992: 86.
[71]Gramsci, 1996: 27; Manacorda, 1970: 69.（マナコルダ『グラムシにおける教育原理』上野幸子・小原耕一訳, 楽, 1996: 73, 75）
[72]Gramsci, 1996: 95. グラムシの1927年7月4日ジュゼッペ・ベルティ宛て書簡.（上杉聡彦訳『グラムシ 獄中からの手紙』合同出版では49ページ.）
[73]Gramsci, 1996: 30; Manacorda, 1970: 70. マナコルダ邦訳:76.
[74]Santucci, in Gramsci, 1996: xxxvi.
[75]Santucci, in Gramsci, 1996: xxxix-xli.
[76]Gramsci, 1996: 55. パスコリに言及しているが,「永久」云々は彼の詩 Canti del castelvecchio（『古城歌謡集』）中のもの. — Santucci, in Gramsci, 1996: 58.
[77]Santucci, in Gramsci, 1996: xxxvi.
[78]Spriano, 1979: 115, 116.
[79]Spriano, 1979: 108.

[80]Buttigieg, 1992; 1.
[81]以下の略伝は, Mayo, 1997a の再録である.
[82]恰好な略伝に, Taylor, 1993; Gerhardt, 1993 などがある.
[83]Escobar et al., 1994 をみよ.
[84]Freire, 1996: 21.(里見実訳『希望の教育学』太郎次郎社エディタス, 2001)
[85]Ireland, 1987: 12.
[86]Freire, 1994: 15, 16.
[87]Freire, 1996: 81; see also Freire, 1994.
[88]Gadotti, 1994: 5-7を参照.(里見実・野元弘幸訳『パウロ・フレイレを読む』亜紀書房, 1993, 原書 Convite a Leitura de Pauro Freire, 1989)
[89]Freire, 1996: 81.
[90]Freire, 1994: 16, 17; Freire, 1996: 87.
[91]Gadotti, 1994: 15.
[92]Shaull, 1970: 12.
[93]Freire, 1994: 51.
[95]Kozol, 1997: 176, 177.
[96]McLaren, 1997: 34.
[97]Kozol, 1997: 177. コゾルはフレイレの『進行途上の教育』に序文を書いている.
[98]Kozol, 1997: 177.
[99]McLaren,1997: 34.
[100]ヘーゲルの影響については, Torres, 1994a を参照. マルクス主義の影響についてはオールマンが多くの論文を書いている. 文献リストを参照されたい.
[101]1996年3月にネブラスカ大学でおこなわれた「被抑圧者の教育学フォーラム」での発言. 討論者のなかにはアウグスト・ボアール, ピーター・マクラレンなどがいた.
[102]Retamal, 1981; Elias, 1994; Cooper, 1995; Lange-Christensen, 1996. などを参照.
[103]Da Silva and McLaren, 1993: 38.
[104]R.M. Torres, 1986; Jules, 1993; Arnove, 1986; Carnoy and Torres, 1987.
[105]Denis Collins, *Paulo Freire: His Life, Works and Thought*; 1997. にもとづく.
[106]Gadotti and Torres, 1997: 98.
[107]Araújo Freire, 1997: 6.
[108]このときの経験については, Freire, 1991, 1993; Torres, 1993, 1994b; O'Cadiz et al., 1997.
[109]Gadotti and Torres, 1997: 98.
[110]Freire, 1991, 1993; Torres, 1993, 1994b.
[111]Horton and Freire, 1990.
[112]Freire and Betto, 1985.
[113]Freire and Faundez, 1989.
[114]Shor and Freire, 1987.
[115]Macedo は何篇かのフレイレの著書の翻訳者である. フレイレとの対談, 共同執筆も多くおこ

なっている. Freire and Macedo, 1987, 1993, 1995, 1998.
[116] Freire, 1996.
[117] Freire and Macedo, 1998; Freire et al., 1997; Freire, 1998a, 1998b.
[118] Araújo Freire, 1997: 10.
[119] Araújo Freire, 1997: 10.
[120] McLaren, 1997: 38.
[121] たとえば Youngman, 1986; Torres, 1990a. など.
[122] Ransome, 1992; Morrow and Torres, 1995.
[123] 私はこのことを1997年8月15日 Georgio Baratta との交信によって知ることができた.
[124] 主としてフランス, スペイン, イギリス, ロシア, 合衆国, ブラジル, その他のラテンアメリカ諸国におけるグラムシ受容が論じられている. E. Hobsbawm, 1995.
[125] Manacorda, 1970; Broccoli, 1972; Entwistle, 1979; Ireland, 1987; De Robbio Anziano, 1987; Monasta, 1993a. 上記のモナスタは英語版のグラムシ論を執筆している. Monasta, 1993b. [マナコルダ1970年の邦訳は上野幸子・小原耕一訳『グラムシにおける教育原理—アメリカニズムと順応主義』株式会社楽, 1996, マナコルダ編のグラムシ教育論は *L'alternativa Pedagogia* «La Noura Itaria» Editrice, 1972＊訳注]
[126] Gramsci, 1972.
[127] Thompson, 1983; Youngman, 1986; La Belle, 1986; Torres, 1990a; Green, 1990; M. Mayo, 1995, 1997. 上記のグラムシ成人教育思想関連文献の紹介は, 多くは *International Gramsci Society Newsletter* に寄稿した私の論文からの引用である. P. Mayo, 1995b.
[128] ラテンアメリカにおけるグラムシの影響は多大である. この地域でのグラムシ受容については下記を参照されたい. Aricó, 1988; Fernández Díaz, 1995; Coutinho, 1995; Melis, 1995. 教育関連の基本英語文献としては, Morrow and Torres, 1995.
[129] Lovett, 1978. Jackson, 1981:81. による.
[130] Entwistle, 1979.
[131] この問題と成人教育との関連については, Hommen, 1986参照.
[132] Da Siva and McLaren, 1993. 参照.
[133] Senese, 1991. Entwhistle のグラムシ解釈は多くの反響を呼んだ. とくに注目されるのは *British Journal of Sociology of Education*, 1980, 307-25 に掲載されているHenry Giroux, Douglas Holly, Quintin Hoare の書評シンポジウムである. 成人教育関係の文献にも論評が現われたが, Convergence 誌上のAlden, 1981; Jackson, 1981 が注目を集めた.
[134] Ireland, 1987.
[135] Morgan, 1987, 1996.
[136] Armstrong, 1988.
[137] Coben. 1994, 1995.
[138] Adamson, 1980; Ransome, 1992; Mancini, 1973.
[139] Apitzsch, 1995.
[140] Apitzsch, 1993.
[141] Allman and Wallis, 1995b.

[142]基本的には拙著, 1997c よりの引用である.

[143]たとえば Grabowski, 1972; Lloyd,1972; Haviland, 1973; Kekkonen, 1977; Kidd and Kumar, 1981; Youngman, 1986; Jarvis, 1987a; Allman, 1988, 1994, 1996; Cunningham, 1992; Kirkwood and Kirkwood, 1989; Moriarty, 1989; Taylor, 1993; Mayo, 1993a, 1995c, 1997a; Allman and Wallis, 1997.

[144]Giroux, 1988.（「可能性としての教育の地平」市橋秀夫・能山文香訳『新日本文学』 1986年1,2月合併号）

[145]Giroux, 1988; 1996.

[146]Steinberg, Kincheloe, and Hausbeck, 1997.

[147]Peter Roberts—personal communication.

[148]たとえば Freire and Macedo, 1998; Freire et al., 1997; Freire, 1998.

[149]Shor, 1987; Kirkwood and Kirkwood, 1989.

[150]Taylor, 1993; Elias, 1994; Gadotti, 1994.

[151]Mackie, 1980.

[152]McLaren, 1986; Torres, 1982; Weiler, 1991.

[153]これについては, さらにTorres, 1994b; O'Cadiz, Wong and Torres, 1997 参照.

[154]hooks, 1993.

[155]Stefanos, 1997.

[156]M. Mayo, 1997.

[157]ユネスコ生涯教育局の前局長 Ettore Gelpi は, われわれのライフチャンスと教育選択が構造的に強いられたものとしてあることを多分に意識しながら, 生涯教育の理念を打ちだしている. こうした彼の論文は, 新自由主義的で市場主義的なイデオロギーにもとづく没批判的な「生涯教育論」とは著しく対立する性格をもっている. この点でのEUの政策を批判した論文としては Murphy,1997 が説得力に富んでいる.（エットーレ・ジェルピ, 前平泰志訳『生涯教育—抑圧と解放の弁証法』東京創元社, 1983）

[158]Coben, 1998.

[159]刊行（1998）に先立って著者からもらい受けた広告コピーから.

[160]Allman, 1988.

[161]Ledwith, 1997.

[162]Ransome, 1992; Leonard, 1993.

[163]Allman, 1988: 105.

[164]Allman and Mayo, 1997.

[165]Mayo, 1994a; 1994b; 1994c; 1996.

[166]Thomas, 1991: 11.

[167]Giroux, 1985: xiv.（注144の論文を参照されたい）.

[168]Simon, 1992: 162.

[169]Allman, 1988: 95.

[170]Bocock, 1986: 12, 13; Sklair, 1995.

[171]Lovett, 1988; Finger, 1989; Arvidson, 1993; Welton, 1993; Miles, 1989, 1997,

1998.

[172]問題の論文は Gramsci's Subversion of the Language of Politics で, *Rethinking Marxism* 3, Spring 1990, pp.14-25 に掲載された.

[173]テクストを読むという行為には, 読者がそれを心のなかで書き直すという行為がふくまれている, と, フレイレは述べている. 彼がそのことを力説しているのを, 私は直接に聴いた. 1996年3月23日, ネブラスカのオマハでのアウグスト・ボアール, ピーター・マクラレンとの「被抑圧者の教育学」をめぐる討論の場面であった.

第2章◆アントニオ・グラムシ——革命戦略と成人教育

[1]本章は Mayo, 1994a をもとにして作成した.

[2]Morrow, 1987; Morgan, 1987.

[3]Livingstone, 1976: 235.「社会生活の全側面 all aspects of social life」に力点がおかれているが, これはヘゲモニーが, イデオロギー支配だけではなく,「慣行や期待全般」についてももちいられる幅広い概念であることを示している. —Williams, 1976: 205.
とはいえポーラ・オールマンによれば, ヘゲモニーをこのように解釈することは, かならずしもイデオロギーを超える内容をそこに盛りこむことを意味するわけではなく, むしろイデオロギー概念そのものの拡大を表わしている. グラムシはイデオロギーが表出される場を観念や思想ばかりでなく, 物質的な諸関係, 慣行や社会の組まれ方にまでも広げて考えた20世紀最初のマルクス主義者であったと, 彼女はいう. この慣行や社会の組まれ方のなかには, 直接に生産関係に由来するものもあるが, それがすべてというわけではない. Paula Allman, 1988: 100.

[4]Morgan, 1987: 299.

[5]Gramsci, 1971b: 350.

[6]Gramsci, 1971b: 238.

[7]Gramsci, in Manacorda, 1970: 32.

[8]Gramsci, in Manacorda, 1970: 32参照.

[9]Diskin, 1993: 18.

[10]Broccoli, 1972: 28; Merrington, 1977: 144; Adamson, 1980: 45.

[11]Clark, 1977: 52.

[12]Gramsci, 1957: 75.

[13]これはセルジオ・カルーゾのイタリア語論文からの文字どおりの直訳である. Caruso, 1997: 85, 86.

[14]Cf. Lojacono, 1977: 8; Clark, 1977: 51; Adamson, 1980: 45. カール・マルクスの名とともに史的唯物論古典の硬直した経済主義が槍玉にあげられているようにみえるのであるが, いささか唐突な感じがないわけでもない. 青年グラムシはそのような硬直がほんとうにマルクスその人のものだと考えていたのだろうか? ウォルター・アダムソンはこの点でのグラムシの真の敵は「マルクスではなく, まして『資本論』のマルクスではなく, 第二インターナショナルでやがて顕著になっていく俗流マルクス主義であった」としている. —Adamson, 1980: 45. アンネ・ショウスタック・サッスーンも彼女の論文のなかで, グラムシの標的は第二インターナショナルのマルクス解釈であったと述べている. —Showstack Sassoon, 1987: 29. しかしここで考えておか

なければならないことは，マルクスの初期論考をグラムシはまだ手にしていなかった，ということである．ここでのマルクスはさほど硬直しているとは思えず，行為者と構造との相互作用に大きな重要性を与えているのであるが，グラムシはそれを読むことができなかった．

[15]Gramsci, 1977: 34.

[16]Broccoli, 1972: 28.

[17]Fiori, 1970: 239. 藤沢道郎訳『グラムシの生涯』平凡社, 1972 :359.

[18]Williams, 1976.

[19]La Belle, 1986: 49; Carnoy, 1982: 88.

[20]Lawner, 1973: 49.

[21]Showstack Sassoon, 1982: 14.

[22]Gramsci, 1977: 12.

[23]Marks in Gramsci, 1957: 192.

[24]Clark, 1977: 49.

[25]Gramsci in Clark, 1977: 53.

[26]Cf. Armstrong, 1988: 257, 258.

[27]Cf. Arnove, 1986; Arnove, 1994.

[28]Merrington, 1977: 158.

[29]Merrington, 1977: 158.

[30]Welton 1991: 25; Welton, 1993: 220.　ミカエル・ウエルトンは「労働の学校」と「労働学校」を区別している．彼の定義する「労働の学校 schools of labour」は，「社会的に組織された労働の場のことで，それらは経済，社会，政治の統制のネットワークのなかに埋めこまれている」．一方，「労働学校 labour schools」のほうは，「労働者が自らの労働と文化の意味を振り返って考えるための場で，彼ら自身，指導者，協力教育者によって開設され，フォーラム，新聞や定期刊行物の発行，大学拡張プログラム，WEA(労働者教育協会)の諸事業などが，そこでおこなわれる」— Welton, 1991: 25; 1993: 220.

[31]Cited in Merrington, 1977: 159.

[32]Gramsci, 1971b: 57.

[33]Adamson, 1980: 60.

[34]Gramsci, 1957: 47.

[35]Gramsci, 1957: 45.

[36]De Robbio Anziano, 1987: 28.

[37]Gramsci, 1957: 47.

[38]Gramsci, 1957: 44.

[39]De Robbio Anziano, 1987: 28.

[40]Ransome, 1992: 198.

[41]Gramsci, 1957: 118.

[42]Gramsci, 1957: 119.

[43]Said, 1994: 4. (大橋洋一訳『知識人とは何か』平凡社, 1995)

[44]Merrington, 1977: 153.

[45]Caruso, 1997.
[46]Caruso, 1997: 73, 74.
[47]Gramsci, in Caruso, 1997: 81.
[48]Mastellone, 1997: xxxiii, xxxiv.
[49]Hoare and Nowell Smith in Gramsci, 1971b: 329.
[50]Broccoli, 1972: 41.
[51]Manacorda in Gramsci, 1972: xv.
[52]Gramsci, 1988: 67.
[53]Cf. Gramsci, 1964: 797- 819.
[54]Gramsci, 1957: 30 ; Gramsci, 1964: 799.
[55]本書では「本質主義」という語を，ラクラウとムフの定義に従ってもちいることにしたい．社会変化の過程をもっぱら一つの社会的種差の形式だけで説明しようとするときに，そうした言説を名づける言葉として，ラクラウとムフは ‘Essentialism’ なる語を使っている．—Laclau and Mouffe（1985）．（山崎カヲル・石澤武訳『ポスト・マルクス主義と政治』大村書店，1992）
[56]Bocock, 1986: 106.
[57]Gramsci, 1964: 235, 236; Gramsci, 1988: 67, 68. [「なぜイタリアには相変わらず多くの非識字者がいるのだろうか．なぜならイタリアには，自分の一生を生まれ故郷の一地域や家族のなかで送るだけの人々が余りにも多いからだ．イタリア語を学ぶ必要が感じられないのは、地域生活や家庭の生活には方言で十分用が足せるからであり，社会生活はすべて残らず，方言で会話が終わってしまうからである．読み書きは必要ないので、その習得はひどい苦痛となり，権柄ずくの押しつけとなる．読み書きが必要事となるためには、普段の生活がもっと活発になるべきであろうし，その生活がますます大多数の市民を引き込み，そうして読み書きや国語『共通語としてのイタリア語』が必要不可欠であるという意識が自然と生まれるようにすべきであろう．読み書きには，義務教育に関するどんな法律よりも社会主義宣伝のほうがずっと効果的であった．法律は一つの押しつけである。つまり法律は通学を強制することはできるが，学ばせたり，学んだことを忘れないようにさせることはできない．社会主義の宣伝は，直接の利害をもつ小集団『地域や家族』に属する単なる個人ではなく，思考や希望や苦悩を取り交わさねばならない市民から構成される，より広大な世界の市民であるという生き生きとした意識をすぐさま呼び醒ますのである．だから読み書きという素養は，一つの目的として勝ちとってきたし，またこの目的が人々の意識のなかに生きているかぎり，知ることを愛することは抑えがたいものになるであろう」（東京グラムシ会訳『グラムシ・リーダー』お茶の水書房，1995）＊訳注]
[58]Cf. Clark, 1977.
[59]運動の失敗は，一つには，それがトリーノを越えては広がらなかったこと，その活動が労働運動のほかのセクターのからの支持を得られなかったことに起因している．ここでいうほかのセクターには，労働組合もふくまれている．
[60]この新聞がアントニオ・グラムシによって創刊されたことは，毎号の第1面，発行人欄の下部に銘記されている．
[61]Amendola, 1978: 39.　Amendola のイタリア語の原文は，以下のようになっている．'non a caso il giornale del partito comunista lo voleva chiamare "L' Unità " che non é I'unità di un partito, é I'unità di forze sociali, di un blocco storico che si deve

formare attraverso la conquista di un largo consenso' —[日本語訳:「共産党機関紙が『ウニタ』という名を選んだのは，気まぐれな思いつきではない．このウニタ(団結)はたんに一つの党の団結ではなく，社会的諸力の団結，歴史的ブロックの団結であって，それは幅広い合意の獲得をとおして形成されるべきものなのである」]

[62]Manacorda のイタリア語序文をほぼそのまま訳している. in Gramsci, 1972: xv.

[63]De Robbio Anziano, 1987: 124.

[64]Caprioglio, in Gramsci, 1976: 216.

[65]Broccoli, 1972: 47.

[66]Buttigieg, 1992: 75.

[67]Gramsci, 1985: 21.

[68]Gramsci, 1985: 22.

[69]Lunacarskij, 1976: 362. [1918年に出版された『労働者階級の文化的事業，普遍的文化と階級文化』は欧州各国で——また日本でも——大きな反響を呼んだ＊訳注]

[70]Buttigieg, 1992: 68.

[71]Buttigieg, 1992: 68.

[72]De Robbio Anziano, 1987: 125.

[73]Lawner, 1973: 68.

[74]Festa, 1976: 12.

[75]Merrington, 1977: 158.

[76]Gramsci, 1977: 110.

[77]Gramsci, 1977: 110.

[78]Gramsci, in Mancini, 1973: 5.

[79]Gramsci, 1977: 111 ; Gramsci, in Manacorda, 1970: 46.

[80]Cf. Gramsci, 1977: 66.

[81]Gramsci, 1977: 65.

[82]Corrigan, Ramsay and Sayer, 1980.

[83]Gramsci, 1971b: 350.

[84]Lajolo, 1985: 35. 原書の当該か所には次のように記載されている．'Durante le accese discussioni del "Club di Vita Morale", Gramsci non parla molto: preferisce dare suggerimenti di comportamento etico, o chiedere precisazioni e avanzare obiezioni al fine di evitare il procedimento contraddittorio dei ragionamenti, con l'atteggiamento del maestro socratico, dell'educatore paziente ed appassionato, che rifiuta i discorsi retorici e demagogici.'

[85]Harold Entwistle, 1979 はグラムシの学校教育観の保守的な側面を大きく取りあげているが，これは，グラムシ思想を引きあいに出すことの多い「新しい教育社会学」への当てつけという要素を多分にふくんでいる．Guy B. Senese, 1991 も批判教育学の一派に，すなわち，Henry Giroux, Stanley Aronowitz, Peter McLaren といった論客たちが掲げる「可能性の言語」という主張に，批判の矢を放っている．3人が3人とも，その本のなかでしばしばグラムシを引用する著作家たちである．

[86]De Robbio Anziano, 1987.
[87]Gramsci, 1971a: 141; Gramsci, 1971b: 36.
[88]Cf. Brookfield, 1989: 209, 210.
[89]Gramsci, 1971b: 350.
[90]Broccoli, 1972: 65.
[91]Lenin, cited in Entwistle, 1979: 44; Lenin in Broccoli, 1972: 66.
[92]Gramsci, 1971b: 37.［デイヴィッド・フォーガチ編, 東京グラムシ会訳『グラムシ・リーダー』御茶の水書房, 1995: 第10章2を参照＊訳注］
[93]Manacorda, in Gramsci, 1972: xxix.
[94]Gramsci, 1971b: 39.
[95]Grarmsci, 1971b: 39, 40.
[96]Gramsci, 1971b: 37.
[97]Forgacs and Nowell Smith, in Gramsci, 1985: 12.
[98]Forgacs and Nowell Smith, in Gramsci, 1985: 344.
[99]Gramsci, 1985: 102.
[100]Gramsci, 1985: 102.
[101]Cf. Gramsci, 1964: 246, 247; Gramsci, 1985: 72.
[102]Cf. 'Americanism and Fordism', in Gramsci, 1971b: 296; cf. Simon, 1982: 90.［前掲『グラムシ・リーダー』第12章2も参照＊訳注］
[103]Gramsci, 1971b: 325.
[104]Giroux, 1980: 312; 1988: 201, 202; Apple, 1980: 437, 438.
[105]Gramsci, 1964: 236.
[106]Gramsci, 1971b: 325. アダムソンからの示唆を得て, 私はこの文章に注目するようになった. Adamson, 1980: 151.
[107]Gramsci, 1985: 29.
[108]Gramsci, 1971b: 41.
[109]Forgacs and Nowell Smith, in Gramsci, 1985.
[110]Gramsci, 1985: 51.
[111]Grarmsci, 1985: 52.
[112]Gramsci, 1985: 43.

第3章◆パウロ・フレイレ——批判教育学と成人教育

[1]本章の一部はすでに Mayo, 1994a で発表したものであるが, さらに Mayo, 1991a; 1993a; 1995c の内容をも書き加えている.
[2]McLaren, 1994.［フランクフルト学派の批判理論・批判哲学を意識した命名であり, 学派としての critical pedagogy の訳としては批判教育学とした＊訳注］
[3]Freire, 1976: 70.
[4]Giroux, 1985: xii; 1988: 108.［第1章注144参照, 31］
[5]Freire, 1970: 58.［三砂ちづる訳『被抑圧者の教育学』亜紀書房, 2011: 80. banking education は

「銀行型教育」と訳されることが多く，上記の三砂訳でもそうなっている．それでもよいのだが，「預金型」とするほうがフレイレの記述の文脈との整合度が高いので，本訳書では「預金型教育」という訳語を使うことにしたい．]

[6]Goulet, 1973: 11.

[7]Jarvis, 1987b: 90.

[8]Freire, 1970: 58.（里見『パウロ・フレイレ「被抑圧者の教育学」を読む』太郎次郎社エディタス: 104）

[9]Mayo, 1991a.

[10]Freire, 1985: 80.

[11]Freire, in Horton and Freire, 1990: 104.

[12]Horton and Freire, 1990: 224.

[13]Hammond, 1991: 93.

[14]CISAS（Centre for Information and Advisory Services in Health）がマナグアでおこなったMaria Zunigaとのインタビューの録音記録から—Zuniga, 1993: 36.

[15]Norris, 1992: 18.

[16]Giroux, 1988: 113.

[17]Freire, 1985: 131.

[18]Freire, 1970: 163.（三砂訳『被抑圧者の教育学』:271）

[19]Giroux, 1988: 113.

[20]Boff and Boff, 1986: 70.

[21]Freire, 1985: 137.

[22]Cf. Retamal, 1981; Elias, 1994; Cooper, 1995; Lange-Christensen, 1996.

[23]Youngman, 1986.

[24]Torres, 1982: 77.

[25]Freire, 1985: 178, 179.

[26]Carnoy and Torres（1987）はラテンアメリカのなかで「民衆教育」という語が広く使われていることを伝えている．「社会変革の重要な担い手としての貧困層，とりわけ農民に重点をおいておこなわれる一種のノンフォーマル教育」というのが，その公約数だ．—La Belle, 1986: 33. このテーマにかんするもっとも著名な著作家であるGarcia Huidobroは，この運動の特徴を記して，階級性と政治的志向性が非常に強く，究極的にはより平等で，階級なき社会の実現をめざしている，としている．—La Belle, 1986: 181, 182. ラテンアメリカでは「新左翼」の運動との結びつきも深い．

[27]Bruss and Macedo, 1985: 9.

[28]Freire, 1970: 119.（三砂訳『被抑圧者の教育学』: 118, 里見: 150）

[29]Jarvis, 1987b: 90.

[30]Zachariah, 1986: 28.

[31]Zachariah, 1986: 36.

[32]Freire, 1993: 110.

[33]Freire, 1993: 111.

[34]Freire, in Zachariah, 1986: 36.

[35] Freire, 1993: 110.
[36] Freire, 1993: 108.
[37] Freire, 1970: 19.
[38] Torres, 1990a: 8.
[39] Torres, 1990a: 8.
[40] Goulet, 1973: 11.
[41] Freire, 1970: 67.
[42] Freire, 1976: 115.
[43] Freire, 1985: 177.
[44] Giroux, 1987: 22.
[45] Giroux, 1992.
[46] Allman, 1994: 153.
[47]「対等者の教育」については Jarvis, 1985 をみられたい.
[48] Freire, 1985: 177.
[49] Freire, in Shor and Freire, 1987: 103.
[50] Youngman, 1986.
[51] Youngman, 1986: 179.
[52] Freire, in Shor and Freire, 1987: 91.
[53] Freire, in Horton and Freire, 1990: 181.
[54] Freire, in Freire and Macedo, 1995: 378.
[55] Cf. Freire and Macedo, 1995.
[56] Freire, in Horton and Freire, 1990: 160.
[57] Cf. Mayo, 1991a, 1993a.
[58] Gaber-Katz and Watson, 1991.
[59] Giroux, 1988.
[60] Freire, 1971: 61; Freire in Freire and Faundez, 1989: 56.
[61] Cf. Torres, 1990b: 280.
[62] Freire, 1978: 104.
[63] Freire, in Freire and Faundez, 1989: 56.
[64] Walker, 1980.
[65] Freire, in Walker, 1980: 137, 138.
[66] Freire, 1985 (訳者 Donaldo Macedoとの対談が収録されている); Shor and Freire, 1987; Freire and Macedo, 1987; Horton and Freire, 1990; Freire and Macedo, 1993, 1995.
[67] Freire, in Viezzer, 1990: 6.
[68] Giroux, 1988: 109.
[69] Freire, 1991.
[70] フレイレが加盟したブラジル「労働者党」(PT) は伝統的に草の根運動や労働組合運動とのつながりが深かった. Ireland, 1987.
[71] Freire, in Shor and Freire, 1987: 39.

[72]Freire, in Freire and Faundez 1989: 66.

[73]Freire, in Horton and Freire, 1990: 203.

[74]Freire, 1985: 178.

[75]Freire, 1991.

[76]Cf. Kidd and Kumar, 1981.

[77]Bhola, 1984: 130.

[78]このことを指摘された私の恩師 Carlos Alberto Torres の1987年5月の Alberta 大学での授業がいまも私の心のなかに響いている.

[79]Cf. Freire and Macedo, 1987.

[80]Youngman, 1986: 163.

[81]Freire, 1978: 105.

[82]Cf. Chu, 1980.

[83]Cf. Nyerere, 1979.

[84]Freire, in Shor and Freire, 1987: 73.

[85]Freire, 1970: 175.（三砂訳『被抑圧者の教育学』亜紀書房）

[86]Freire, 1973.（楠原彰・里見・桧垣良子訳『伝達か対話か』亜紀書房, 1982）

[87]Reproduced from Mayo, 1993a: 17.

[88]この問題については, Aronowitz, 1993; Macedo, 1994; Allman, 1996; Freire, 1997a: 303- 6を参照.

[89]Freire, 1978: 9.

第4章◆グラムシとフレイレ――共鳴と相違

[1]本章の初出は Mayo, 1994c である.

[2]Hoare and Nowell Smith, in Gramsci 1971b: xxx- xxxi; Festa,1976: 14.［片岡薫『グラムシ』リブロポート, 1991 によると,すでに1913年には『人民の叫び』に寄稿を始めている＊訳注］

[3]Shaull, 1970: 11.

[4]Shaull, 1970: 11; Fiori, 1970: 15, 25.（藤沢訳:第2章）

[5]Adamson, 1980: 50.［パオロ・スプリアーノ, 桐生尚武訳『工場占拠――イタリア1920』鹿砦社, 1980＊訳注］

[6]Torres, 1982.

[7]De Kadt, 1970; Jarvis 1987a; Elias, 1994.

[8]Ireland, 1987: 16; Torres, 1990a: 40.

[9]ここでの「市民社会」は, マルクスのいう意味での市民社会, すなわち経済的諸関係の領域を指す語として使われているのではなく（Bobbio, 1987: 147）, グラムシ的な意味で, すなわちイデオロギー的諸制度の総体を表わす語としてもちいられている.

[10]Gramsci, 1957: 40.

[11]Gramsci, 1957: 42.

[12]Gramsci, 1957: 42.

[13]Torres, 1982: 88.

[14]Cf. Shor and Freire, 1987; Horton and Freire, 1990.

[15]Luria, 1976.（ルリア『認識の史的発達』森岡修一訳, 明治図書, 1976. ルリアの調査地であるウズベキスタン, キルギス農村での識字状況については邦訳: 29-33）

[16]Cf. Youngman, 1986: 84-6.

[17]Youngman, 1986: 84- 6.

[18]Ireland, 1987: 12.

[19]Ireland, 1987: 12.

[20]Ireland, 1987: 13.

[21]Nairn, 1982: 174.

[22]Ireland, 1987: 9.

[23]Gramsci, in Ireland, 1987: 11.

[24]Torres, 1985: 4793.

[25]Abercrombie et al., 1984: 99.

[26]Freire, 1976: 70.

[27]E.g. Youngman, 1986.

[28]Cf. Elias, 1994: 47- 60.

[29]Giroux, 1988: 113.

[30]Freire, 1978.

[31]ビデオ *Guns and Pencils*, OISE, University of Toronto参照.

[32]Freire, 1996: 8, 9.

[33]Freire, 1996: 205- 7.

[34]Anderson（1976）はグラムシの著作にみられる矛盾を論じているが，それによると，力と合意の関係をめぐるグラムシのヘゲモニー概念の定式化にはぶれがみられるという．そのために，ヘゲモニーのなかに強制的な力をふくめるかどうかで，解釈の相異が生じることになる．とはいってもグラムシの分析の眼目は明瞭である．資本主義社会での支配が力と合意ではなく，合意にもとづいておこなわれる，などといっているわけではないのである．

[35]Grarmsci, 1971b: 170. Alden はこの点についての Entwistle（1979）の所論を批判して, 次のように述べている．エントウィッスルは「西欧の資本家階級の支配的地位が，経済的・政治的な権勢ではなく，もっぱら〈ヘゲモニー〉にもとづいて，—ただしその場合の〈ヘゲモニー〉は合意に依拠して成立する支配と解されているのだが，その〈ヘゲモニー〉なるものを基盤にして形成されたと信じこんでいるようだ」. —Alden, 1981, 92参照. オルデンは，さらにこうもいっている．「『獄中ノート』には，彼のヘゲモニー理論がマルクスやレーニンの権力的・強力的な階級支配・階級闘争の概念にとって代わるものではないこと，それを補足する学説にすぎぬことがたっぷりと記されているのに，それらの典拠はエントウィッスルによって無視されている」. —Alden, 1981: 92参照.

[36]Gramsci, 1971b: 238.

[37]Gramsci, 1977: 12.

[38]Freire, 1970: 31.（フレイレ『被抑圧者の教育学』第2章）

[39]Freire, 1985: 179.

[40]Gramsci, 1957: 75.

[41]Morrow, 1987: 2.

[42]Youngman, 1986: 162, 163.

[43]Broccoli, 1972: 49; Morrow, 1987: 2.

[44]Youngman, 1986: 159.

[45]Morrow, 1987: 2.

[46]Youngman, 1986: 63. グラムシの行為者の思想は，この初期の段階から，党の戦略とかかわっての革命理論の構築へと移行する．共産党総書記への就任がその決定的な動機になったと思われる．フレイレの場合も，労働者党への加盟と，その結果としてのサンパウロ教育長への就任が，あるいは同様の影響を著作とその後の教育・社会思想の展開にもたらした，といえるのかもしれない．(Freire, 1993; Torres, 1993, 1994b 参照)，政治的・行政的な経験をくぐることで，初期の自発性優先の傾向は軟化したようにみえる．1991年の AERAの Conferenceでは，社会の変革にはさまざまな困難がともなうことを強調し，論調の変化を感じさせるものがあった.—Freire, 1991参照.

[47]Gramsci, 1971b: 5.

[48]グラムシの有機的知識人概念と成人教育との関連を踏みこんで分析した文献としては，Hommen, 1986 がある．獄中で着手された彼の研究のなかでも知識人の理論は重要な柱とされていたものであるが，このことを論じた関連文献は急増していて，最近は広く現代社会における知識人の役割という文脈の下でグラムシの知識人思想をとりあげた論文が数多く発表されている．—Barney, 1994参照.［日本語文献としては片桐薫『グラムシとわれわれの時代』論創社，2008＊訳注］

[49]Merrington, 1977: 168.

[50]Cf. Entwistle, 1979.

[51]Broccoli, 1972: 49.

[52]Broccoli, 1972 : 49, 51.

[53]これはフレイレにおよぼしたグラムシの影響を証しするものだろう.

[54]Freire, 1978: 104.

[55]Freire, 1978: 143.

[56]Bhola, 1984: 97, 98; Leiner, 1986: 177, 178; M. Mayo, 1997: 67, 68.

[57]Arnove, 1986: 32, 33; 1994: 17, 27.

[58]Freire, 1970: 61.

[59]Freire, 1971: 61.

[60]Gramsci, 1971b: 419.

[61]Hoare and Nowell Smith, in Gramsci, 1971b: 323.

[62]Hoare and Nowell Smith, in Gramsci, 1971b: 323.

[63]Gramsci, 1971b: 334, 335.

[64]Gramsci, 1971b: 350.

[65]Freire, 1970: 67.

[66]Freire, in Shor and Freire, 1987: 103.

[67]私がここで指しているのは Frank Youngman の Freire 教育学批判である. ヤングマンの批判はショアとフレイレの対談集が刊行される1年まえに発表されたもの. 本文にも述べたように, それ以前のフレイレは教える者の指導性をとくに強調してはいない. そんなことを背景にしてヤングマンの推測が生まれてきたのではないか, と私は思う. 教育者の理論的理解が学習者のそれに優越しているといいきれるものかどうか, フレイレはいささか態度を決しかねていると, この著者は観察している. —Youngman, 1986: 179.

[68]Gramsci, 1977: 76.

[69]Gramsci, in Merrington, 1977: 158.

[70]Gramsci, 1978: 21.

[71]Freire, 1973.

[72]Freire, in Bruss and Macedo, 1985: 9.

[73]Allman, 1988.

[74]Freire, 1985: 60.

[75]この点については, Allman and Wallis, 1990参照.

[76]Hoare and Nowell Smith, in Gramsci, 1971b: xiii.

[77]この場合に「方法」という語を好んで使う論者が多い. 本書第3章の結論中の, とくに注88該当部分を参照されたい.

[78]Cf. Freire and Faundez, 1989.

[79]La Belle, 1986: 181.

[80]Marx, in Tucker 1978: 144.

[81]La Belle, 1986: 181.

[82]Arnove, 1986: 8.

[83]グラムシは労働運動とカトリック大衆との出会い(incontro)を好意的にうけとめていた —Amendola, 1978. カトリック教会とのあいだになんらかの「和解 modus vivendi」の道が模索されなければならない, と彼は論じていた. —Lojacono, 1977: 22. リヴォルノ党大会で共産主義者分派は, ドン・ルイジ・ステゥルツォ Don Luigi Sturzo のカトリック教会系政党「人民党 Partito Popolare」との連携に失敗したとして, 社会党を非難していた. ファシズムの伸長を阻止するためには, 彼らと連携が必要であると考えていたのである. —Lojacono, 1977: 25.

[84]Freire, in Shor and Freire, 1987: 37.

[85]Mayo, 1993a と本書の最終章を参照されたい.

[86]Cf. Freire, 1991.[この時期のサンパウロの学校改革については山口アンナ真美の博士論文(2002年, 北海道大学) Paulo Freire and the challenge to public schools が, PTの政策レベルと現場レベルの双方にそくして詳細な分析をおこなっている. 長く形骸化していた「学校評議会」を実質化することは教育行政機構の官僚主義的な体質を打破する改革であると同時に, 地域住民の citizenship を活性化する「成人教育」としての意味を多分に帯びていたようだ*訳注]

[87]Ireland, 1987.

[88]Shor and Freire, 1987: 72.

[89]Freire, in Shor and Freire, 1987: 73.

[90]Grarmsci, 1985: 43.

[91]Gramsci, 1971b: 325.
[92]Entwistle, 1979: 25.
[93]Mayo, 1991; 1993.
[94]In Gramsci, 1988: 53.
[95]Cf. Gramsci, 1964: 797- 819.
[96]Gramsci, 1957: 30; cf. Grarnsci, 1964: 799.
[97]Freire, in Walker, 1980: 137, 138.
[98]Gramsci, 1957: 30; Gramsci, 1964: 799.
[99]Laclau and Mouffe, 1985: 192.(前掲山崎カヲル・石澤武訳『ポスト・マルクス主義と政治』)
[100]Mouffe, 1988: 100.
[101]Geras, 1987: 77.
[102]Geras, 1987: 44.
[103]Meiksins Wood, 1986.
[104]Norman Geras ならびに Ellen Woodへの以上の言及は, Mayo, 1994a の脚注からの引用である.
[105]Apple, 1991: 28, 29.
[106]Youngman, 1986.
[107]Freire, 1991.
[108]Gramsci, 1971b: 395.
[109]Gramsci, 1971b: 37.
[110]Cf. Gramsci in Broccoli, 1972: 32.
[111]Gramsci, 1971b: 36.
[112]Entwistle, 1979: 147.
[113]Goulet, 1973: 11.
[114]Freire, 1970: 58.
[115]Freire, 1970: 59.(本書6章参照)
[116]Gramsci, 1971b: 35.
[117]Cf. Apple, 1992: 10.
[118]Freire, 1970.
[119]Freire, 1997a: 311, 312.
[120]Weiler, 1991; 1994.
[121]Holub, 1992: 197.
[122]Freire, 1997a: 312.
[123]Freire, 1997a: 312.

第5章◆グラムシとフレイレ——今日の問題には応えていない諸側面

[1]本章の初出は Mayo, 1994b.
[2]Laclau and Mouffe, 1985.(ラクラウ/ムフ 山崎・石澤訳『ポスト・マルクス主義と政治』).
[3]Cf. Germino, 1990: 1- 24.

[4]Forgacs and Nowell Smith, in Gramsci, 1985: 345.
[5]Forgacs and Nowell Smith, in Gramsci, 1985: 344.
[6]Forgacs, in Gramsci, 1988: 53.
[7]Forgacs, in Gramsci, 1988: 53.
[8]Hoare and Nowell Smith, in Gramsci, 1971b: xviii.
[9]たとえば Thompson, 1983, 1988; Rockhill, 1987; Taking Liberties Collective, 1989; Miles, 1989, 1997, 1998; Westwood, 1991a; Ball, 1992; Blundell, 1992; Hart, 1992; Schedler, 1993, 1996; Brookfield, 1993; Hill, 1996; Darmanin, 1997 など.
[10]Gramsci, 1996: 674; Germino, 1990: 3.
[11]Germino, 1990: 2.
[12]Germino, 1990: 3.
[13]グラムシとフェミニズムについては, Holub, 1992: 191-203 の結語を参照. この本で彼女は, グラムシの人生の経糸となった二人の女性, Julia と Tatania Schucht にフォーカスを当てている.
[14]Gramsci, 1971b.
[15]Gramsci, 1985: 70-73.
[16]Hoare and Nowell Smith, in Gramsci, 1971b: xxxi.
[17]Holub, 1992: 195.
[18]Livingstone, 1995: 64.
[19]Cf. Apitzsch, 1993.
[20]Germino, 1990: 11.
[21]Gramsci, 1971b.
[22]Holub 1992: 198.
[23]Cf. Taking Liberties Collective, 1989: 124.
[24]London- Edinburgh Weekend Return Group, 1979.
[25]Freire and Macedo, 1993; Freire and Macedo, 1995参照.
[26]Freire et al., 1997 の最終章をご覧いただくよう, 再度, お勧めしたい. 筆者たちに宛てたフレイレの応答を記した一文である.
[27]Mayo, 1993a: 18.
[28]Freire and Macedo, 1993.
[29]Freire, 1997a: 309.
[30]Cf. Mayo, 1992: 80.
[31]Horton and Freire, 1990.
[32]Cf. Adams, 1972; Peters and Bell, 1987; Horton and Freire, 1990.
[33]Mayo, 1992: 80.
[34]Mayo, 1992: 80.
[35]Weiler, 1991.
[36]hooks, 1988.

[37]hooks, 1993: 148; hooks, 1994: 49.（里見・堀田碧・朴和美・吉原令子訳『とびこえよ、その囲いを』新水社, 2006: 58-59）
[38]hooks, 1993: 148; hooks, 1994: 49.（同上）
[39]Freire, 1973.（前掲『伝達か対話か』）
[40]Cf. Taylor, 1993; Mayo, 1993b.
[41]Freire, in Freire and Macedo, 1993: 173.
[42]Holub, 1992.
[43]Freire and Macedo, 1993.
[44]Freire and Macedo, 1993: 175.
[45]ジルーの同名の著書がある．Giroux, 1992.
[46]Adams, 1972: 104.
[47]Adams, 1972: 113.
[48]Adams, 1972: 112.
[49]Adams, 1972; 114.
[50]Adams, 1972; 112.
[51]Mayo, 1991b: 82.
[52]hooks, 1993: 154.
[53]Mayo, 1991b: 82.
[54]Freire, 1997a: 310.
[55]Freire, 1996: 175.
[56]Freire, 1996: 163.
[57]Freire, 1978.
[58]Leonard, 1993: 166.
[59]Bourdieu and Passéron, 1990: 43, 44.（宮島喬訳『再生産——教育・社会・文化』藤原書店, 1991: 52-59）
[60]成人教育のノンフォーマルな性格，またこの分野にはボランティアが多くかかわることも一因となって，成人教育従事者はフォーマルな教育システムの教育者に比べて地位が低いとみなされることが少なくない．後者の場合はあらかじめ，そのための専門的な訓練を受けているから，というわけである．
[61]McIlroy, 1993a: 275.
[62]Mayo, 1993a: 18, 19.
[63]Weiler, 1991: 454, 455.
[64]Weiler, 1991, 1994.
[65]E.g. bell hooks, 1988, 1993.
[66]たとえば Aronowitz and Giroux, 1991; Giroux, 1992; Shor,1992; McLaren and Da Silva, 1993 などを参照されたい．
[67]Gramsci, 1971b; Gramsci, 1985.
[68]Forgacs and Nowell Smith, in Gramsci, 1985: 13.
[69]Buttigieg, 1992: 83.

[70] Baldacchino, 1997.
[71] オラップはフェミニスト闘争の国際的な協力を強調して，彼女のグラムシ研究を締めくくっている．情報テクノロジーの急速な普及によって，その可能性は日ごとに大きくなっている，と彼女はいう．—Holub, 1992: 203.
[72] hooks, 1993: 148.
[73] Westwood, 1993: 336.

第6章◆グラムシとフレイレ——補いあう両者の総合

[1] 本章の要旨は Mayo, 1996 として先に刊行されている．
[2] Horton and Freire, 1990.
[3] Giroux, 1988.
[4] Simon, 1992.
[5] Freire, in Freire and Macedo, 1993: 172. この点について，Freire は対談のなかで次のように述べている．「マルクスの影響が大きかったし，若いころノルデスチで経験した階級的抑圧はとうてい信じられないほどに残酷なものでしたから，『被抑圧者の教育学』を書いたころのぼくの最大の関心の的は階級的な抑圧でした．でも不思議なんですよ．そのぼくに，おまえは階級をちゃんと分析していないと批評してくれるマルクス主義者がおりましてね．ぼくの記憶が確かであれば，『被抑圧者の教育学』では，およそ33回くらいかな，社会階級の問題にふれているのですが」．
[6] Cf. Macedo in Freire and Macedo, 1993: 172.
[7] Cf. Macedo in Freire and Macedo, 1993: 172.
[8] Corrigan, Ramsay and Sayer, 1980: 22.
[9] たとえば，Taking Liberties Collective, 1989参照．
[10] Lorde, 1984; hooks, 1981; Stefanos, 1997.
[11] Ball, 1992: 8.
[12] Weiler, 1991; Ellsworth, 1989; Gore, 1992; Lynch and O'Neill, 1994参照．
[13] Cf. Simon, 1992: 39.
[14] Laclau and Mouffe, 1985.
[15] Holub, 1992.［邦語文献ではノルベルト・ボッビオ，中村勝己訳『光はトリノより』青土社，2003が詳しい。「ゴベッティが勇気ある自己批判の表明をして自らのあまりに未完成な雑誌『リボルツィーネ・リベラーレ』の活動からとつぜん身を引いたとき，グラムシは彼が『オルディオ・ネ・ヌオーヴォ』の演劇批評を担当するように声をかけたのである．2年ほどのあいだ，ゴベッティのおもてむきの主要な活動は，コミュニスト雑誌への協力だったのである」「グラムシとゴベッティ」＊訳注］
[16] Gramsci, 1985: 54.
[17] Holub, 1992: 156.
[18] Mayo, 1995b, 1997a参照．
[19] Holub, 1992: 162.
[20] Sklair, 1995.
[21] Shor, 1987: 93.

[22]Aronowitz and Giroux, 1991: 130, 131. この文章の存在に私の注意を喚起してくれたBrookfield (1993: 73)に感謝したい.

[23]Horton and Freire, 1990; Shor and Freire, 1987.

[24]Said, 1994: 4. (大橋洋一訳『知識人とは何か』平凡社, 1995)

[25]Freire, 1997a: 303, 304.

[26]Aronowitz, 1993; Macedo, 1994; Allman, 1994, 1996; Mayo, 1995c.

[27]最後の数パラグラフは Mayo, 1996: 151, 152 からの再録である.

[28]Cf. Adamson, 1980.

[29]Freire, 1985.

[30]E.g. Shor and Freire, 1987; Freire and Faundez, 1989; Findlay, 1994参照.

[31]Welton, 1993.

[32]Mayo, 1994b, 1994c.

[33]Gramsci, 1971b: 130.

[34]Zachariah, 1986.

[35]Sklair, 1995.

[36]Sklair, 1995: 507.

[37]Sklair, 1995: 507.

[38]Cf. Hall, 1993.

[39]マルタ島での労働者教育のプログラム作成とそのかんの議論を記録した私の事例研究 — Mayo, 1997b を参照されたい.

[40]Gramsci, 1978: 21.

[41]McIlroy, 1993b: 277.

[42]Mayo, 1995a, 1997b.

[43]Foley, 1994.

[44]Ross and Trachte, 1990.

[45]Spivak, in Giroux, 1992: 27.

[46]Gramsci, 1995: 154, 155.

[47]Freire, 1991.

[48]Cf. Sharp, Hartwig and O'Leary, 1989.

[49]Torres, 1991a: 31.

[50]Corrigan and Sayer, 1985: 4.

[51]Freire, in Horton and Freire, 1990: 203.

[52]Giroux, 1981,1983.

[53]Cf. London- Edinburgh Weekend Return Group, 1979: 80. 国家の内部で国家と対立して活動する者たちにとってグラムシやフレイレの思想が何を意味するかをさらに踏みこんで論じた文献としては, Leonard, 1993と Mayo, 1997b参照.

[54]Shor and Freire, 1987: 103; Hortonと Freire, 1990: 181.

[55]Freire, 1985: 177; Shor and Freire, 1987.

[56]Gramsci, 1971b: 36.

[57] Freire, in Horton and Freire, 1990: 160.

[58] Cf. Arnove, 1986: 24, 25; Baldacchino, 1990: 53, 54; Gaber-Katz and Watson, 1991.

[59] Ransome, 1992: 195.

[60] このカンファランスは, 1991年12月に New School for Social Research Curriculum and Pedagogy Collaborative, Greenwich Village, New York でおこなわれた. 'Challenging Education, Creating Alliances: An Institute in Honour of Paulo Freire's 70th Birthday'. Clover,1991: 1参照. この講演のなかで, フレイレはこんなこともいっている.「学習は海辺のレジャーとはちがう. ずいぶんと困難な仕事です. 私にとってすら, そうなのです」― Clover, 1991: 1. Ira Shorとの対談でも, フレイレは同様のことをいっている. in Shor and Freire,1987: 75-96.

[61] Blackledge and Hunt, 1985: 165.

[62] Bourdieu and Passéron, 1990: 5.(宮島訳『再生産』1991: 18)

[63] Freire, 1978; Freire and Faundez, 1989.

[64] Cf. Torres, 1990b.

[65] たとえば, Thompson, 1983; Taking Liberties Collective,1989.

[66] Broccoli, 1972.

[67] Mayo, 1993a: 180.

[68] 教育者は, 階級的には学習者と異なる立場の者が多いから, その必要を感ずる機会がかなり多いのではないかと思う.

[69] Mayo, 1993a: 19.

[70] Gramsci, 1985.

[71] これが通説であることは強調しておくべきだろう. グローブ座をはじめとする当時の劇場が, 実際にどんな佇まいであったかについては, いろいろと論争がある. 通説の裏付けとされているのは, オランダ人旅行者 Johannes de Witt による「白鳥座」の内部スケッチである. この図面にはようすを記した説明もついている(Harwood, 1984: 115). ここでとりあげた問題については, 私の友人の英文学者 Ivan Callus との興味深い議論に負うところが大きく, 謝意を表しておかなければならない. 彼の洞察に富んだ指摘は私をおおいに啓発したが, 私の議論に至らない点があるとすれば, それはひとえに私の責任である.

[72] Williams, 1961: 277.(若松繁信訳『長い革命』ミネルヴァ書房, 1983)

[73] Williams, 1961: 278.

[74] Williams, 1961: 278.

[75] イギリスの君主政治にまつわる「伝統の発明」については, Cannadine, 1983を参照されたい.

[76] Gramsci, 1971b: 35.

[77] Apple, 1992: 10.

[78] Apple, 1992: 10.

[79] Simon, 1992.

[80] Achebe, 1975.

[81]Cf. Giroux et al., 1988.

[82]Cf. Turner, 1990: 210-214; Morrow, 1991: 38-59.

[83]Scholle, 1991: 124, 125.

[84]Williams, in McIlroy and Westwood, 1993: 260. この論文は*Adult Education and Social Change: Lectures and Reminiscences in Honour of Tony McLean*, WEA Southern District, 1983: 9-24 に収録されている.

[85]Giroux, 1992: 169.

[86]Giroux, 1992: 169.

[87]Mayo, 1995a.

[88]Cf. Gramsci, 1971b: 325; Shor and Freire, 1987: 73.

[89]Cf. Entwistle, 1979: 41.

[90]Hobsbawm, 1983.

[91]Cf. Hobsbawm and Ranger, 1983: 9.

[92]この点の立論では David W. Livingstone教授の示唆に負うところが大きい. —Mayo, 1996: 156参照.

[93]McLaren and Da Silva, 1993.

[94]モントリオール事件というのは, 25歳の男性青年がモントリオール大学工学部(エコール・ポリテクニーク)で工学を履修していた女子学生14人を殺害した事件である. 事件は1989年12月6日に起こり, 行為後, 男は自殺した。殺人は政治的な行動であり, 自分の人生を破滅させたのはフェミニズムである旨を記したノートが遺体からみつかった. Rosenberg, 1992: 32参照.

[95]私はこれらに, 記憶と告白をめぐるフェミニスト文献, たとえば Haug, 1987; Schenke, 1992: 58 などを加えたい.

[96]ライフ・ヒストリー研究のための専門的なネットワークとして, The European Society for Research on the Education of Adults (ESREA)がある.

[97]Hoechsmann, 1993: 55. Rowe and Schelling の *Memory and Modernity: Popular Culture in Latin America* (Verso, London, 1992)への書評のなかで, この言葉が使われている.

[98]McLaren and Da Silva, 1993: 74.

[99]Simon, 1992: 149.

[100]McLaren and Da Silva, 1993: 75.

[101]Borg and Mayo, 1993: 165.

[102]McLaren and Da Silva, 1993: 75.

[103]McLaren and Da Silva, 1993: 77.

[104]Borg and Mayo, 1993: 166.

[105]Allman and Mayo, 1997.

第7章◆結論——どんな時代のなかで,それは息づくのか?

[1]本章は Mayo, 1993a. Mayo, 1995c などのフレイレ論をもとにして執筆した.

[2]Torres, 1982, 1993.

[3]Ireland, 1987.
[4]Torres, 1990b: 274.
[5]Clark, 1977.
[6]Morrow and Torres, 1995: 272.
[7]Buttigieg, 1992: 2.
[8]Freire, 1970. の裏表紙のコピーのなかの言葉である.
[9]Zuniga, 1993: 38; Arnove, 1994: 202. スニーガは, 異なる社会的行為者, 異なる社会勢力が一つの社会へと結束したのが「国民和解」であると記している. たとえ富裕者でも, なにほどか理性ある者であれば, 人びとがともに働き, 生活を改善する可能性がなければ, 情況は破局的となり, 彼らが富と権力を維持すること自体が不可能になることを悟るにちがいない. こうして富者や権力者は他の社会的行為者たちと同じテーブルにつかざるをえなくなり, リーゾナブルな社会変化をもたらすことに合意せざるをえなくなる. これが中米でいま起こりつつあることなのだと, 彼女はいう. (Zuniga, 1993: 38)
[10]Martinez, 1998.
[11]Foucault, 1980: 4. (渡辺守章訳『性の歴史I 知への意志』新潮社, 1986)
[12]La Belle, 1986: 203.
[13]Freire and Faundez, 1989: 65, 66.
[14]Horton and Freire, 1990: 211.
[15]Coutinho, 1995: 126. [カルロス・ネルソン・クーティニョはブラジルへのグラムシ紹介者として名高く, Os Intelectuais e a Organização da Cultura などの訳書は広く読まれて版を重ねている＊訳注]
[16]Coutinho, 1995: 126.
[17]Coutinho, 1995: 126.
[18]Ireland, 1987.
[19]Jarvis, 1987a: 268.
[20]Arnove, 1986: 9.
[21]Hoare in Gramsci, 1977: xiv-xv.
[22]Shor and Freire, 1987: 37.
[23]Shor and Freire, 1987.
[24]Freire, in Kirkwood and Kirkwood, 1989: 138.
[25]La Belle, 1986: 18.
[26]La Belle, 1986: 18.
[27]Mayo, 1991a.
[28]Torres, 1990a: 99. [ジョン・ソブリノ『エルサルバドルの殉教者』(山田経三監訳, 柘植書房, 1991)はエルサルバドルで虐殺された8人の中央アメリカ大学スタッフへの献辞であるが, 理性的認識が支配の具と化し, 知識人が支配階級の有機的知識人となっていく時代の大学と知識人, とくに聖職者の責任を厳しく自問した文章群が収められている。＊訳注]
[29]Gramsci, 1977: 12.
[30]Aricó, 1988; Morrow and Torres, 1995; Coutinho, 1995; Fernández Díaz, 1995; Melis, 1995.

[31]Hoare in Gramsci, 1977: ix.
[32]Ireland, 1987.
[33]Ireland, 1987.
[34]Coutinho, 1995: 134- 6.
[35]Shor and Freire, 1987: 39.
[36]Freire and Faundez, 1989.
[37]Freire, 1997a.
[38]そのとりこみ能力の卓越性こそが資本主義のダイナミズムの一端であることをここで指摘しておくべきだろう．パウロ・フレイレの思想は一更ならず資本主義と支配エリートの利益に奉仕する手立てとして使われてきた．—Kidd and Kumar, 1981参照．支配体制やその政治組織は彼の方法のテクニカルな側面をとりこんで，政治的な側面をどぶに捨てた．フレイレの著書を16年にわたって禁圧してきたまさにそのブラジルの軍事政権が，政府を後ろ盾とするMOBRAL 識字キャンペーンでは彼の方法を使えと要求しているのである．—Bhola, 1984: 130.
[39]CISAS の Maria Zuniga とのインタビュー・テープから．CISAS (Centre for Information and Advisory Services in Health), Managua. マリア・スニーガが「制度化」といっているのは，この場合は「官僚制化」のことであると，私は解釈している．
[40]Freire, 1972b: 78.
[41]この語は Corrigan, 1980: xv からの借用である．
[42]イギリスのTUCについては，McIlroy, 1993c: 53; 1992: 300参照．
[43]Lesirge and Mace, 1992: 353.
[44]Lesirge and Mace, 1992: 354.
[45]Ross and Trachte, 1990: 68.
[46]Carnoy and Levin, 1985.
[47]Ross and Trachte, 1990: 68.
[48]Ross and Trachte, 1990: 112.
[49]Ross and Trachte, 1990: 112. サンパウロとグローバル資本の移動について述べたこの部分は，以前に書いた論考の再用である．—Mayo, 1993a: 22.
[50]Zuniga, 1993; Arnove, 1994: 207; M. Mayo, 1997: 70参照．
[51]Arnove, 1994: 207.
[52]Zuniga, 1993: 37, 38.
[53]Marshall, 1997: 59.
[54]Marshall, 1997: 59.
[55]Freire, in Torres, 1982: 88.
[56]Freire, 1978.
[57]Torres, 1990b: 273.
[58]Arnove, 1986: 41; Torres, 1990a: 87, 97; Jules, 1993: 146.
[59]Torres, 1982: 87. フレイレのタンザニアへのかかわりを物語る興味深いエピソードが Hall, 1998 に記されている．

[60]Cited in Unsicker, 1986: 231.
[61]Arnove, 1986: 3.
[62]Torres, 1990a: 95, 96.
[63]Torres, 1990a: 107.
[64]Saul, in Freire, 1993: 151.
[65]Torres, 1990a: 9.
[66]Sultana, 1992: 298.
[67]Horton in Horton and Freire, 1990: 221.
[68]Freire, in Horton and Freire, 1990: 219.
[69]Freire, 1991.
[70]Horton in Horton and Freire, 1990: 200.
[71]私は植民地における独裁政治をも念頭において，これを記している．とりあえず旧ポルトガル植民地三国の名だけをあげるが，ギニア・ビサウ，カーポ・デ・ヴェルデ，サン・トメ・エ・プリンシペなどで，人びとの生活の質に植民地支配が与えた影響はきわめて直接的なものであったのだ．
[72]Arnove, 1986; Carnoy and Torres, 1987; R.M. Torres, 1986; Freire, 1978, 1981.
[73]Horton and Freire, 1990: 224; Hammond, 1991: 93; Zuniga,1993: 36.
[74]Hammond, 1991: 93.
[75]Torres, 1993: 127.
[76]Carnoy and Torres, 1987.
[77]この点については1987年秋，エドモントンのアルバート大学教育学部でおこなわれた Pablo Latapí の講演に負うところが多い．
[78]Arnove, 1986; Arnove, 1994; Carnoy and Torres, 1987.
[79]Zuniga, 1993.
[80]M. Mayo, 1997: 24.
[81]Marks in Gramsci, 1957: 15.
[82]Freire, 1994: 23-26.（里見訳『希望の教育学』:28-34参照，フレイレのこの一節を思いおこさせてくれたのは，Peter McLaren, Silvia Serra, Estanislao Antelo, Gustavo Fischman である．彼らはグラムシと教育についての一書を公刊する予定であるが，その第一次草稿で，このエピソードをとりあげている．また近刊の *The Journal of Thought* でもこのことがとりあげられる）．
[83]Mayo, 1991a.
[84]Arnove, 1986: 55; Carnoy and Torres, 1987: 31; Lind and Johnston,1986: 62.
[85]Arnove, 1986: 58.
[86]C.A. Torres, 1991; R. M. Torres, 1986.
[87]ICAE, 1990: 5.
[88]Zuniga, 1993.
[89]Carnoy and Torres, 1987.
[90]Melo, 1985.
[91]Mayo, 1991a.

[92]Melo, 1985: 42, 43.
[93]Lind and Johnston, 1986: 61.
[94]Mayo, 1991a.
[95]Korsgaard, 1997: 23, 24.
[96]Korsgaard, 1997: 23.
[97]この点は Mayo, 1996の結論による.
[98]Hall, 1993.
[99]Williams, 1983. この問題については Blackburn, 1989, Westwood, 1993 なども参照されたい.
[100]McIlroy, 1993b: 227.
[101]Mayo, 1997b.
[102]Mayo, 1997b.
[103]Spencer, 1994, 1995.
[104]Spencer, 1995.
[105]Simon, 1992.
[106]Sharp, Hartwig and O'Leary, 1989.
[107]Baldacchino, 1997.
[108]Spencer, 1998a, 1998b.
[109]Spencer, 1998b: 174.
[110]Marshall, 1997; Livingstone, 1997; Spencer, 1998a, 1998b.
[111]Spencer, 1998a: 104.
[112]Spencer, 1998a: 106.
[113]Yarnit, 1980.［イタリア有給休暇制度「150時間コース」については，佐藤一子『イタリア学習社会の歴史像』東京大学出版会, 2010の第3章に詳細な記述がある＊訳注］
[114]Spencer, 1998a: 106.
[115]Marshall, 1997: 59.
[116]Marshall, 1997: 59.
[117]Marshall, 1997; Spencer, 1998a, 1998b.
[118]Marshall, 1997.
[119]Marshall, 1997: 60, 61.
[120]Marshall, 1997: 61; Spencer, 1998a: 107.
[121]Zuniga, 1993: 34.
[122]Kirkwood and Kirkwood, 1989.
[123]Kirkwood and Kirkwood, 1989: 135.
[124]Haughey, 1998: 211.

著者紹介◆

ピーター・メイヨー

Peter Mayo

一九五五年、地中海の小さな島マルタ共和国に生まれる。

マルタ大学、ロンドン大学で教育学を学ぶ。

教員として学校教育と成人教育に従事、
その現場経験とカナダ諸大学での研究生活をふまえて書かれた学位論文が本書の原型になっている。

現在は故郷のマルタ大学で教育社会学と成人教育を講じながら、
NGO、学会誌編集などを通じて国際的な活動を展開している。

本書はイタリア語、スペイン語、トルコ語、ポルトガル語、フランス語、カタロニア語の六言語に翻訳されている。

本書以後、以下のグラムシ、フレイレにかんする著作がある。

Liberating Praxis: Paulo Freire's Legacy for Radical Education and Politics (Critical Studies in Education and Culture) Praeger Pub (2004),
Echoes from Freire for a Critically Engaged Pedagogy (Critical Pedagogy Today) Bloomsbury Academic (2012),
Hegemony and Education Under Neoliberalism: Insights from Gramsci (Routledge Studies in Education and Neoliberalism) Routledge (2014).

訳者紹介◆

里見実

［さとみ・みのる］

一九三六年生まれ。一九六五年から二〇〇七年まで國學院大學に勤務したのち、
現在は現代教育思想や中南米演劇などの研究と翻訳に取り組む。
フレイレに関する著書に『パウロ・フレイレ「被抑圧者の教育学」を読む』、
訳書にパウロ・フレイレ『希望の教育学』［以上、小社刊］、パウロ・フレイレ『伝達か対話か』［共訳・亜紀書房］などがある。
他の主著に『ラテンアメリカの新しい伝統』［晶文社］、『学校を非学校化する』［小社刊］、
訳書にベル・フックス『とびこえよ、その囲いを』［監訳・新水社］、アウグスト・ボアール『被抑圧者の演劇』［晶文社］など。
近くセレスタン・フレネの問題作『言語の自然な学び方』（仮題）の翻訳を刊行予定。

GRAMSCI, FREIRE AND ADULT EDUCATION
by Peter Mayo

グラムシとフレイレ
対抗ヘゲモニー文化の形成と成人教育

二〇一四年六月五日　初版印刷
二〇一四年六月二十五日　初版発行
著者◆
ピーター・メイヨー
訳者◆
里見　実
装幀◆
日下充典
本文デザイン◆
KUSAKAHOUSE
発行者◆
北山理子
発行所◆
株式会社太郎次郎社エディタス
東京都文京区本郷四-三-四-三階　郵便番号一一三-〇〇三三
電話〇三-三八一五-〇六〇五　FAX〇三-三八一五-〇六九八
http://www.tarojiro.co.jp/
電子メール　tarojiro@tarojiro.co.jp
印刷・製本◆
シナノ書籍印刷
定価◆カバーに表示してあります
ISBN978-4-8118-0766-9　C0030